#문과생 #개발자 #입문

#IT #비전공자

인문학도,
개발자되다

YoungJin.com Y.
영진닷컴

인문학도, 개발자되다

ISBN 978-89-314-5959-3

독자님의 의견을 받습니다.

이 책을 구입한 독자님은 영진닷컴의 가장 중요한 비평가이자 조언가입니다. 저희 책의 장점과 문제점이 무엇인지, 어떤 책이 출판되기를 바라는지, 책을 더욱 알차게 꾸밀 수 있는 아이디어가 있으면 팩스나 이메일, 또는 우편으로 연락주시기 바랍니다. 의견을 주실 때에는 책 제목 및 독자님의 성함과 연락처(전화번호나 이메일)를 꼭 남겨 주시기 바랍니다. 독자님의 의견에 대해 바로 답변을 드리고, 또 독자님의 의견을 다음 책에 충분히 반영하도록 늘 노력하겠습니다.

이메일 : support@youngjin.com

주 소 : (우)08507 서울특별시 금천구 가산디지털1로 128 STX-V타워 4층 401호
          (주) 영진닷컴 기획팀

파본이나 잘못된 도서는 구입하신 곳에서 교환해 드립니다.

STAFF

저자 마르코 | **총괄** 김태경 | **기획** 최윤정 | **디자인 · 편집** 지화경 | **영업** 박준용, 임용수

마케팅 이승희, 김다혜, 김근주, 조민영 | **제작** 황장협 | **인쇄** 예림인쇄

◆

2013년에서 2014년으로 넘어가던 그 겨울은 너무나도 추웠다. 그 어렵다는 취업난을 뚫고 들어간 대기업에서 '이게 정말 내가 원하던 삶인가?'라는 질문이 들었을 때, 나는 갑자기 길을 잃어버렸다. 그러던 중 우연히 개발을 만났고, 사람들의 만류에도 개발자가 되었다. 그리고 지금 5년차 개발자로 싱가폴에서 일하고 있다.

그 과정은 절대로 쉽지만은 않았다. 내가 도전을 시작할 당시만 해도 비전공자로서 개발자가 되는 길은 너무나 뻔한 고생길이었는데, 나는 그저 얼른 경력을 쌓고 외국으로 나가겠다는 목표를 가지고 한걸음씩 걸어 나갔을 뿐이었다. 그리고 개발자 생활이 어느 정도 적응이 되었을 무렵, 이후에 나와 비슷한 길을 걷고자 하는 사람이 있다면 도움이 되었으면 하며 글을 써나가기 시작했다. 아니, 한참 시간이 지난 이후 내가 걸어온 길이 환한 꽃길만은 아니었다는 것을 스스로 기억하기 위해 한 문장 한 문장 써내려갔던 것 같다.

그리고 싱가폴에서 우연히 얻게된 출판의 기회를 통해서, 그동안 써놓은 글과 이제는 흐려져가는 기억을 더듬어가며 지난 5년을 다시 정리하기 시작했다. 그리고 그 길을 더듬어 거슬러가다보니, 갓 퇴사한 나에게 무엇이든 도전해보라며 진심으로 응원해주던 지금은 아내가 된 여자친구를 만났다. 그녀의 응원에 힘입어 써내려갔던 한 문장 한 문장이 모여 이 책이 되었다. 나는 이 책이 개발자가 되기 위한 참고서보다는, 전혀 다른 길을 걷기 위해 고군분투했던 한 사람의 일기장으로 읽히길 바란다. 쉽지 않았지만 후회하지 않는 나의 도전은, 여전히 현재 진행형이다.

CONTENTS

PART 1

나는 어떻게 개발자가 되었나

나는 전 세계를 마주할 수 있는 비즈니스를 하고 싶다   008

대한민국 정부님께서 도와주셨다   017

학원에서는 이렇게 공부했다   024

개발자로 일하기 시작했다   032

좋은 스타트업 찾는 법   041

기회가 왔을 때 준비되어 있을 것   049

인문학도가 말하는 개발 이야기   056

나는 개발이 좋다   063

이런 사람에게 개발자가 되기를 권한다   070

효과적으로 개발자의 시간을 관리하는 방법   077

PART 2

개발자들만 아는 이야기

한 눈에 개발 보기   086

내게 딱 맞는 첫 프로그래밍 언어 찾기   095

개발은 왜 배우기 어려울까?   106

개발자들끼리는 어떻게 협업할까?   115

웹 프로그래밍이 뭔가요?   122

데브옵스(DevOps)란 도대체 무엇인가?   131

데이터 분석가? 데이터 과학자? 데이터 엔지니어?   138

알고리즘은 왜, 그리고 어떻게 공부해야 되나요?   147

애자일(Agile)은 무엇인가?   155

PART
3

효과적으로 개발 공부하는 방법

왜 당신은 개발을 공부해야 하는가?   164

어떻게 공부할 것인가?   172

좋은 개발자의 자질이란?   179

나는 이렇게 개발을 공부했다   187

효과적으로 책 활용하기   195

오픈소스 참여하기   204

개발자와 영어   212

회사에서 내 공부하기   221

좋은 사수란 없다   228

PART
4

다양한 개발자의 삶

개발자에게는 어떤 선택지의 회사가 있을까   236

다양한 근무의 형태   242

개발자로 창업하기   250

조은성 – 비전공자에서 데이터 분석가로   256

정승욱 – 오픈소스, 개발자 커뮤니티, 그리고 해외 취업   266

김정훈 – 비전공자로서 국내 대기업, 그리고 해외 취업 개발자로   283

이중이 – 스타트업 개발 팀장으로 일하기   298

곽동우 – 대기업을 퇴사하고 비전공자로 스타트업으로   306

서준용 – 실리콘밸리, 그리고 원격 근무   318

김희중 – 스타트업 코파운더, 그리고 해외 취업   341

#문과생 #개발자 #입문

#IT #비전공자

How A Historian Became A Developer
From The Stone Age To Apps

나는 어떻게
개발자가 되었나

～～～～

많은 부모들은 대학교만 들어가면 신세계가 기다리고 있을 거라고 말하지만, 많은 학
생들은 막상 대학교에 입학하고 나면 그제야 내가 앞으로 어떻게 살아야 할지 고민을
시작한다. 이 전공이 나랑 맞는지, 나는 무엇을 하며 살고 싶은지. 이와 비슷하게, 사
람들은 대학생에게 좋은 직장만 들어가면 빛나는 미래가 펼쳐질 것처럼 말하지만, 회
사에 다니기 시작해서야 나는 회사 생활이 성취나 끝이 아니라 다시 시작이라는 사실
을 깨달았다.

나는 전 세계를
마주할 수 있는
비즈니스를 하고 싶다

1

2012년 2월 나는 스페인으로 떠났다. 대학 생활의 마지막 1년을 놔 두고 스페인으로 떠난다고 하니, 사람들은 취업 준비할 때라고 말렸다. 하지만 나는 이번이 아니면 절대로 해외 생활을 못한다는 절박함이 있었 다. 지금도, 그때 떠나지 않았다면 지금 해외 생활을 하고 있기 힘들 것 이라고 생각한다. 그리고 스페인으로 떠날 때가 얼마 남지 않자 사람들은 다시 기왕 떠날 거면 영어를 배우러 영미권으로 가거나, 혹은 한창 경제 가 급성장하던 중국으로 떠나는 것이 어떠냐고 했다. 하지만 나는 견문을 넓히러 가는 거라면 다른 사람들이 잘 가지 않는 곳으로 떠나는 것이 더 많은 것을 배울 수 있을 거라고 생각했다. 미국이나 영국 문화는 영화나 책으로도 자주 접할 수 있으니까. 물론 스페인으로 떠나게 된 것에는 당 시 한창 배우던 스페인어의 영향도 컸다. 사실 말이 배우고 있었다지, 제대로 알아듣지도 못하고 자기소개 정도만 하는 스페인어였지만, 정열의 나라라고 불리는 스페인이 당시에는 참 매력적으로 느껴졌다. 내 안의 열정을 찾고 싶었던 것일지도 모르겠다. 그렇게 나는 부모님의 적금 통장을 하나 털어 스페인으로 떠났다.

용감하게 떠난 스페인 생활은 쉽지만은 않았다. 첫 3개월은 정말 고생을 많이 했는데, 말이 통하질 않으니 현지 친구를 사귀기도 힘들었고, 제대로 외국어를 배워보겠다며 한국인 친구들과는 거리를 두고 지냈기 때문에 외롭기도 했다. 특히 첫 한 달은 말을 한마디도 알아들을 수 없어서, 내가 현지인 꼬마보다 나은 게 무엇인지에 대해서 진지하게 고민해 보기도 했다. 하지만 시간이 점점 지나면서 현지 친구들도 많이 생기고 외국에서 온 다양한 친구들과 만나면서 한국에서 모두가 옳다고 믿는 것이 반드시 진실이 아닐 수도 있겠다는 생각이 들기 시작했다. 스페인에서 전 세계에서 온 사람들을 만날 수 있었는데, 저마다 처한 상황이 달랐고 신념, 그리고 꿈마저도 제각기 달랐다. 이렇게 다양한 사람들을 만나고, 그 사람들의 다양한 꿈도 만나며, 나도 나만의 삶을 살고 싶다고 생각했다. 스페인 생활이 9개월이 되던 무렵, 스페인어 자격시험인 DELE를 보고, 너무나 가보고 싶던 남미에서 3달을 살아보기로 결정했다. 당시 스페인어와 함께 브라질 문화원에서 배우고 있던 포르투갈어의 영향으로 브라질에 가기로 한 것이다.

왜 기껏 말이 통하기 시작하던 스페인 생활을 정리하고 말도 잘 안 통하는 브라질로 다시 떠났는지는 아직도 잘 이해가 되지 않는다. 아마도 취업 전 내게 주어진 유일한 1년 동안 최대한 다양한 경험을 해 보고 싶다는 욕심이 아니었나 싶다. 그렇게 나는 다시 브라질로 떠났다. 아무 연고도 없이, 아무 생각도 없이 브라질에 가겠다며 해맑게 웃고 있는 나를 보니 브라질 출신 포르투갈어 선생님이 많이 걱정이 되었나 보다. 제대로 된 숙소를 구하기 전까지는 꾸리치바(Curitiba)라는 도시의 자기 친구 집에 가 있으라며 연락처를 하나 알려 주었다. 다행히 그곳에서 한 달을 보내면서 브라질에서 조심해야 할 부분에 대해서 많이 익힐 수 있었고, 이후에는 브라질의 가장 큰 도시인 상파울루로 넘어갔다. 브라질에서의 생활은 스페인에서의 생활보다 훨씬 위험했기 때문에 대체로 거의 집과 포르투갈 어학 프로그램을 운영하던 대학교를 왔다 갔다 하면서 보냈다. 이곳에서도 주로 여러 남미 나라에서 포르투갈어를 배우러 온 학생들과 어울리며 '여기 사람들은 이렇게 생각하는구나'라고 느낄 수 있었다. 그리고 브라질에서는 현지 한인 2~3세들과도 어울리며 같은 한국인이지만 다른 곳에서 자란 사람들은 어떻게 다른지에 대해서도 생각할 수 있었다. 한국만이 전부이던 내 좁디좁던 세상에 유럽과 아메리카 대륙이 들어오고 있었다.

2013년 2월, 이제는 현실로 돌아갈 시간이었다. 브라질에서 한국으로, 남반구에서 북반구로, 여름에서 겨울로, 지구 반대편으로 넘어왔다. 몇 시간 전까지만 해도 머리를 말리지 않고 나가도 금방 머리가 마르던 브라질에 있었는데, 동생이 두꺼운 겨울 점퍼를 들고 공항에 마중 나왔다. 뼛속까지 시린 날씨였다. 그리고 사람들이 바뀌었다. 스페인과 브라질에서는 그 누구도 취업에 관해서 이야기하지 않았다. 물론 한참 스페인 경제가 곤두박질치느라, 그리고 스페인과 브라질에서 만났던 친구들이 아예 취업과 상관없을 정도로 나이가 어리거나 아예 나이가 많은 사람들이었기 때문에 그랬을지도 모르겠다. 하지만 그곳의 사람들은 나라는 사람의 이야기에 귀를 기울여 주었고, 그 누구도 한국에서처럼 '당연히 해야하는 무언가'에 대해서 이야기하지 않았다. 그저 나의 모험을 지지해 주었다. 나와 전혀 다르게 생긴 사람들 속에서 나는 나답다고 느꼈다.

그런데 한국으로 돌아오자 많은 것이 순식간에 바뀌었다. 당장 대학교 졸업까지 1년만이 남아 있었다. 대학교에서 만나는 모든 사람들이 그저 취업 이야기만 늘어놓았다. 대학교 4학년 학생에게 인생의 방향과 꿈은 배부른 소리였고, 나에게 주어진 삶의 목표는 오직 초봉을 많이 주는 회사에 입사하는 것이었다. 남은 두 학기 중에 첫 학기는 순식간에 지나갔다. 잠시 멀어졌던 대학교 공부였지만, 그래도 3년간 쌓은 내공으로 적당히 공부하며 적당히 학점 받는 것은 크게 어렵지 않았다.

취업 게임은 시작되었다

마지막 한 학기를 앞둔 방학이 되자 많은 것들이 숨 막히게 돌아가기 시작했다. 학교 게시판에는 취업 스터디를 하자는 게시글이 넘쳐났다. 사람들은 인·적성 검사 문제집을 사서 풀기 시작했고, 회사에서 쓰지도 않을 영어를 위해 영어 자격증 점수를 만들었다. 그리고 비싼 돈을 내고 회사 소개서와 업계 정보를 사서 돌려보기도 했다. 그리고 지금껏 준비한 것 없는 불안한 학생들은 학교 취업센터에 몰려가서 취업 연계 수업들을 찾아 듣기 시작했다. 무엇을 할지도, 무엇을 하고 싶은지도 모르는 대학생들은 옹기종기 모여 앉아 회사에 들어가서 하게 될 직무 교육을 받고, 자기소개서를 고쳐 쓰고, 그리고 모의 면접을 받았다. 누구도 내가 이걸 왜 하는지 물어보지 않았다. 마치 내리막 외길에 커다란 바퀴가 굴러 내려오고 있는 것처럼 앞사람을 밀치며 뛰어 내려가고 있었다.

그렇게 나도 뜀박질을 시작하고 있었다.

나는 전 세계를 마주할 수 있는 비즈니스를 하고 싶었다

학교 취업센터에 나가면서도 한참 동안 내가 취준생이라는 사실을 인정하지 않던 나는, 마지막 방학이 끝날 무렵이 되자 이게 내 눈앞에 직면한 현실이라는 것을 깨달았다. 그제야 내가 무슨 회사에 다니고 싶은지 생각을 시작해 볼 수 있었다. 당연히 어떤 회사에서 일하고 싶은지 크게 생각해 본 적이 없었기 때문에 쉽사리 정할 수 있을 리가 없었다. 그래서 그동안 살면서 어떤 것이 가장 즐거웠는지 뒤돌아보기로 했다. 그랬더니 나는 외국어를 공부하고 다양한 나라의 사람들을 만나면서, 내가 생각해 본 적 없던 새로운 세상을 마주하는 게 너무 즐거웠다는 사실을 깨달았다. 그리고 내가 하는 일이 한국에 머무는 것이 아니라 전 세계를 누비고, 전 세계 사람들에게 영향을 줄 수 있으면 좋겠다고 막연하게 생각했다. 여전히 무엇을 해야 할지는 막막했지만, 그래도 처음으로 회사를 선택하는 데 나만의 첫 기준이 생긴 것이었다.

물론 여느 대학생과 다르지 않게, 내가 생각하는 최소한의 연봉을 주는 모든 회사에 지원했다. 일단 면접이라도 보고 연습이라도 하자는 생각이었다. 적어도 50개 회사에는 지원했던 것 같다. 그런데 연습은 무슨, 매일 불합격 통보가 날아들었다. 서류 통과하는 게 이렇게 어려운 일인지 그때 처음으로 알았다. 나는 분명히 열심히 대학 생활을 보냈던 것 같은데, 회사는 별로 그렇게 생각하지 않더라. 취업 준비를 해 보기 전에는 별일 아니라고 생각했는데, 계속되는 탈락 소식에 나는 점점 무너져 내리고 있었다. 취업은 이제 더 이상 내가 선택하는 것이 아니라, 내가 지원하는 '회사님'께서 나를 선택해 주는 것을 기다리는 일이라는 걸 깨달았다. 몇 달간의 긴 좌절의 시간 끝에 그래도 운 좋게 은행 하나, 외국계 IT 회사 하나, 그리고 대기업 무역 상사 하나에서 최종 면접을 볼 수 있었다. 나는 고민하던 끝에 무역 상사를 선택했다.

많은 것을 고민했지만, 무역 상사를 가는 것이 취업 준비를 하면서 세웠던, '전 세계를 누빌 수 있는 비즈니스'를 하고 싶다는 목표를 이룰 수 있는 가장 좋은 방법이라고 생각했다. 그땐 그랬다. 참 어리석었다.

나는 막내였다

많은 부모들은 대학교만 들어가면 신세계가 기다리고 있을 거라고 말하지만, 많은 학생들은 막상 대학교에 입학하고 나면 그제야 앞으로 어떻게 살아야 할지 고민을 시작한다. 이 전공이 나랑 맞는지, 나는 무엇을 하며 살고 싶은지. 이와 비슷하게, 사람들은 대학생에게 좋은 직장만 들어가면 빛나는 미래가 펼쳐질 것처럼 말하지만, 회사에 다니기 시작해서야 나는 회사 생활이 성취나 끝이 아니라 다시 시작이라는 사실을 깨달았다.

나는 막내였다. 상사, 선배가 집에 가라고 하기 전에는 집에도 갈 수 없었다. 카페에 가면 팀원들의 메뉴를 외워서 달려가 커피 주문을 해야 했고, 팀 프린터에 종이가 떨어지면 비품실에 가서 종이를 채워야 했고, 식당에 가면 선배들이 시키는 메뉴를 기억해 대신 주문하고 테이블 세팅을 순식간에 마쳐야 했다.

내가 이런 일을 하기 위해서 이 회사에 기를 쓰고 들어온 건가 생각이 자주 들었지만, 이런 일보다도 더 끔찍했던 건 회식이었다. 회식은 보통 저녁 7시부터 시작했는데, 나는 항상 한 시간이 채 되기도 전에 기억이 없었다. 그리고 술자리는 자정 넘게까지 이어졌다(워낙 술을 많이 마셔대는 통에, 회식이 시작하고 1시간 정도 지나면 기억이 없으니 정확히는 모르겠지만, 그렇단다.). 일주일에 적어도 3번이 넘는 회식을, 대기업에 들어간 아들을 자랑스러워하는 부모님 생각을 하며 버텼다. 하루가 다르게 얼굴은 잿빛이 되어 갔고, 만나는 사람들로부터 얼굴이 어두워졌다는 이야기를 들었다. 여느 때처럼 회식으로 떡이 된 다음 날 아침, 제대로 씻지도 못하고 어제 입고 잠든 양복을 그대로 입고 출근하면서, 올라오는 구역질에 버스에서 잠시 내려 정류소 화단에 다 토하고 다시 다음 버스에 올라탔다. 그리고 오전에도 두어 번 회사 화장실 변기에 머리를 박고 다시 게워내는데 도저히 더 못하겠다는 생각이 들었다. 그렇게 회식 다음 날 아침이면 술에 취해 바닥에 굴러 너덜너덜해진 양복과, 언제 다쳤는지도 모르는 시큰거리는 손목은 일상이 되었다. 얼마 전에 술에 취해 집에 가다가 화단에 얼굴을 박아 흙을 가득 묻힌 얼굴로 집에 들어갔다는 2년 차 선배의 자조 섞인 이야기에 웃을 수가 없었다.

여느 때처럼 숙취에 시달리며 시체처럼 컴퓨터 앞에 앉아 있던 날이었다. 퀭한 눈으로 회사 선배들을 둘러봤다. 그런데 팀 사람들 중 그 누구도 닮고 싶지가 않았다. 5년 뒤에 저 사람들처럼 되어 있고 싶지가 않았다. 집에 들어가기 싫다며 맨날 팀원들 붙잡아서 새벽까지 술 먹이는 차장, 하루걸러 하루꼴로 수화기 너머로 욕이 들려오는 전화를 받고 있는 과장, 집 전세 자금을 회사에서 대출받아서 수천만 원 빚이 있는 또 다른 대리. 정말 그 누구도 닮고 싶지가 않았다.

그렇게 하루하루를 힘겹게 버티고 있는데, 지금은 부인이 된 여자친구가 진심으로 나를 걱정해 주었다. 어렵게 들어온 회사는 회식과 군대 같은 조직 문화로 몸과 마음이 지친 상태였지만 쉽사리 그만둘 수가 없었다. 매일 같이 하얗게 질린 내 얼굴을 보는 것이 정말 가슴 아프다고 했다. 첫 회사의 퇴사를 어렵사리 고민하고 있던 무렵, 그녀는 내가 가진 회사의 이름이 아니라 내 행복, 그리고 내 결정을 진심으로 지지해 주었다. 그녀가 없었다면, 글쎄 내가 과연 그만둘 수 있었을까? 지금도 술에 찌들어 눈치 보며 하루를 보내는 대리가 되어 있지 않을까?

그렇게 난 걱정은 많되, 미련은 없이, 내 인생 첫 회사를 그만뒀다.

개발을 배워보기로 했다

퇴사를 하고는 바로 여행을 떠났다. 퇴사 후에 통보하듯 부모님께 말씀을 드렸고, 집에서는 난리가 났다. 이 사건을 계기로 부모님과 심하게 다퉜고, 무거운 마음으로 여행을 떠났지만 돌아올 때는 제법 홀가분하게 돌아올 수 있었다. 물론 앞으로 무엇을 해야 할지 머릿속에는 물음표만 가득 찬 상태였다.

나는 내가 포기했던 IT 산업으로 눈을 돌리기로 마음먹었다. 당시에 한국에서는 IT 산업이 힘들고 3D 산업이라며 말리는 사람도 많았지만, 한창 해외에서는, 특히 실리콘밸리를 중심으로 유명한 스타트업이 생겨나던 시기였다. 한국에서 몇 년 경력을 쌓고 나면 외국에 나가서 일을 할 수 있을 거라고 생각했다. 그리고 전 세계를 대상으로 하는 비즈니스를 할 수 있다는 점도 매력적으로 다가왔다. 소프트웨어라는 것은 국경도 없이 퍼져나갈 수 있으니 말이다.

그런데 문과생인 내가 할 수 있는 건 결국 IT 영업일 수밖에 없을 것 같았다. 입사했던 무역 상사와 함께 최종 면접을 봤던 회사도 외국계 IT 회사의 영업직이기도 했다. 그런데 한국 영업 문화를 익히 들어왔던 터라 아무리 외국계 기업이라고 해도 내가 경험한 무역 상사의 분위기와 크게 다를 거 같지 않았다. 물론 분위기 자체는 훨씬 나을 수도 있겠지만, 나는 그 '나음'이 결국 정도의 차이라고 생각했다. 나는 IT 산업을 이해하고, 이 산업에 깊이 들어갈 목적으로 개발을 배워보기로 마음먹었다. 그래도 최소한 개발을 이해해야 개발자들과 의사소통은 할 수 있을 거라고 생각했다.

물론 개발을 배우기로 결심한 후 한국 개발자의 처참한 업무 환경에 대해서도 많이 듣게 됐지만, 일단 내가 먼저 경험해 봐야겠다고 생각했다. 해보지 않고 조언을 하고 싶어 하는 사람들은 너무나 많고, 내가 가려는 길과 비슷한 경험을 해 봤더라도 누가 하느냐에 따라서 전혀 다른 경험을 할 수 있다고 믿었다. 그렇게 나는 다른 사람의 '조언'을 듣지 않고, 남들이 다 말리는 길로 걸어가고 있었다.

개발을 처음 배우기 시작할 때는 반드시 개발자가 되어야겠다고 생각한 건 아니었다. 처음 도전해 보는 분야에 5년씩, 10년씩, 길게는 20년씩 일을 해 보겠다고 결심을 하는 건 불가능한 것이 아닌가? 당시에는 개발을 이해하는 기획자만 되어도 좋겠다고 생각했다. 그렇게 개발자가 되기 위한 한 걸음을 내디뎠다.

대한민국 정부님께서 도와주셨다

2

전공생도, 심지어 공대생도 아닌 내가 개발자가 되려고 하니 꽹장히 막막했다. 마침 지인을 통해서 국가에서 지원하는 '국가기간 전략산업직 종훈련'이라는 개발자 양성 과정이 있다는 사실을 알게 되었다. 이 과정에 대해서는 정부에서 운영하는 워크넷(www.work.go.kr)에서 더 자세한 정보를 찾을 수 있는데, 간단히 설명하자면 정부 기관인 고용노동부에서 훈련 기관(학원)에 전문기술과정, 베이비부머, 여성 재취업 과정 등을 맡기고, 학생이 과정을 마치면 훈련비 전액을 지원해 주는 과정이다.

마침 회사를 그만두고 수입이 없는 상황에서 큰 비용을 들여서 새로운 걸 배운다는 게 쉽지 않았는데, 이런 교육 과정이 있다는 사실에 편한 마음으로 상담을 받기로 했다. 내가 신청한 6개월 과정은 정부에서 대학교 4학년 및 졸업생들에게 용돈도 줘 가면서, 강의 때 필요한 교재를 포함해서 무료로 강의를 제공해 준단다. 크게 마다할 이유가 없었다. 6개월이라는 시간이 절대로 짧지는 않지만, 2014년 당시에는 스타트업 열풍이 이제 막 한국에서 시작되던 때였기 때문에 요즘에 쏟아지는 부트캠프 같은 수업은 거의 찾기 힘들었다. 지금이라면 저런 공장에서 찍어내듯 진행되는 강의를 신청하지 않았겠지만, 주위에 물어볼 사람 하나 없었던 당시에는 저런 인증서가 나오는 공식 프로그램이 아니면 개발자로서 준비가 되었다는 것을 증명할 길이 없어 보였다. 그리고 수업을 듣다가 정 적성에 맞지 않으면 6개월 과정 중에 면접을 보고 취업을 해도 전혀 불이익이 없다는 이야기에 수강을 결정했다.

학원에서 상담을 마치고 미리 들어야 한다는 온라인 교육을 듣고 서울서부 고용복지센터를 찾아갔다. 짧게 상담을 했다. 주로 이 과정을 통해 정말로 취업할 의사가 있는지를 확인하는 질문들이었는데, 아무래도 취업률을 높이기 위해 준비된 과정이다 보니 그냥 시간을 보내기 위해 신청하는 사람들보다는 적극적으로 취업할 의사가 있는 사람들을 선호하는 것 같았다.

커리큘럼대로 안 하더라

나는 분명히 빅데이터와 보안 과정을 신청했는데, 미리 말하자면 빅데이터와 보안에 대해서는 한 글자도 배우지 못했다. 내가 여러 학원에 다녀본 것이 아니라서 모든 학원이 그렇다고 말하기는 어렵지만, 정부 지원 사업을 운영하는 학원 대부분이 정부에서 육성하고자 하는 빅데이터 같은 그럴싸한 이름을 써놓고는 실제로 대부분은 프로그래밍 언어인 자바(Java)와 그 언어를 통한 웹 프로그래밍을 공부하고 포트폴리오를 만들게

파트1 ··· 나는 어떻게 개발자가 되었나

된다.

한국은 SI(System Integration의 약자, 주로 외주 용역 파견 업체를 가리킨다. 이하 SI) 산업이 매우 발달했는데, 쉽게 말하면 외주 용역 업체들이다. 이런 업체들은 한국 정부, 혹은 주로 대기업이 발주한 프로젝트를 제작해 주면서 돈을 버는데, 한국 정부는 자바라는 언어로 프로젝트를 진행하도록 규정을 두고 있기 때문에 한국 개발자는 거의 자바를 다루게 된다. 정부는 취업률을 바탕으로 학원을 평가하는데, 대부분의 업체가 SI를 하기 때문에 학원에서는 취업률을 높이기 위해 주로 자바를 가르치고 다른 언어를 거의 다루지 않는다.

그리고 전공생들이 취업이 안 돼서 마지막 관문으로 선택했거나, 교수님이 취업하기 전에 등을 떠밀어서 들어온 학생들이 많기 때문에 기본적으로 수업에 열의가 없는 경우가 대부분이다. 그래서 진도도 더디고, 프로젝트를 진행할 때 어려움을 겪기도 한다.

게다가 전체 진도를 나가다가 일정이 좀 늦어진다 싶으면 가르쳐야 하는 내용을 건너뛰기도 하고, 6개월 과정이라고 하면 마지막 2달 정도는 구직을 시작하는 학생들이 많기 때문에 면접을 보러 다니느라 빠지는 학생들과 교육 과정을 포기하는 학생들도 생기면서 수업 분위기가 많이 어수선해진다. 따라서 실제로는 계획된 교육 과정의 50~70% 정도를 배우게 된다고 생각하면 된다.

포트폴리오를 만들어 준다

좀 더 자세히 이야기해 보자. 보통 6개월 과정을 듣게 되면, 한 달은 자바를 공부한다. 이때 짧게 배운 자바로 데스크톱용 프로그램을 만들어

보기도 한다. 그 이후에는 데이터베이스를 다루는 언어인 SQL(Structured Query Language, 이하 SQL)을 조금 맛만 보고는 바로 웹 개발로 넘어가게 된다. 웹 개발은 보통 HTML, CSS, 자바스크립트(Javascript)로 시작하고, 웹 개발 프레임워크를 배우는 순서로 진행된다. 그리고 웹 개발 공부가 끝나면 팀을 구성하여 포트폴리오를 만드는 작업을 하게 된다.

팀을 짜는 과정은 학원마다 다르게 진행되겠지만, 내가 공부했던 학원에서는 자기가 만들고 싶은 프로젝트가 있는 사람들이 나와서 진행하고 싶은 프로젝트를 소개하고 사람들을 직접 뽑을 수 있도록 했다. 나는 당시에 만들어 보고 싶은 게 정말 많았다. 여행을 좋아해서 여행 관련 서비스를 기획해서 사람들 앞에서 발표했고, 당시 반에서 욕심 많은 친구들과 함께 개발할 수 있었다. 학원에는 간혹 학원에 오지 않아도 될 정도의 업무 경험을 이미 갖고 있거나, 개인 프로젝트를 진행해 본 친구들이 오기도 하는데, 이런 친구들과 함께 팀을 꾸린다면 많은 것을 배울 수 있다. 다만, 프로젝트에 적극적으로 참여하지 않는다면, 이런 잘하는 친구들 속에서 제대로 된 코드 한 줄 못 쳐보고 이력서에 포트폴리오로 내가 직접 하지도 않은 프로젝트를 적어야 하는 불상사가 생길 수도 있으니 참고하면 좋겠다.

갓 프로그래밍을 배운 학생들은 사실 제대로 된 웹 서비스를 하나 만들기도 버겁다. 하지만 팀을 짜서 기획하고, 조악한 디자인에 내 손으로 직접 코드를 한 줄 한 줄 써넣어 서비스를 만드는 기쁨은 정말 말로 다 할 수 없을 정도로 컸다. 6개월을 공부해도 사실 실무에서 한 사람 몫을 하기에는 아직 많이 부족하지만, 개발이 대충 이런 것이구나 하는 감을 얻을 수 있다. 그리고 앞으로 내가 계속 개발을 할 것인지 결정할 수 있는 아주 소중한 기회라고 생각한다.

창업을 해 보고 싶었는데

나는 내가 이맘때 기술로 창업을 하지 않은 나의 결단력 없음에 큰 박수를 쳐 주고 싶다. 사실 내가 개발을 공부하기로 결정한 데에는, 이후에 내 사업을 하고 싶다는 이유도 크게 작용했다. 학원에 6개월 정도 다녔을 때쯤, 간단한 웹 사이트 하나는 혼자서 만들 수 있게 되면서 창업을 해 보고 싶다고 생각했다. 그래서 함께 포트폴리오를 만들었던 팀원들 중에서 창업에 관심이 있는 친구들과 함께 국가 지원 창업 프로그램 몇 개에 지원해 보기도 했다. 하지만 나는 이때 직접 창업하지 않은 것을 잘했다고 스스로에게 이야기해 주고 싶다.

창업을 해 보거나 꿈이 있어서 개발을 배우기 시작한 사람이라면, 초반에 좌충우돌하더라도 뭔가 내 손으로 바로 만들어 보고 도전해 보고 싶은 욕심이 날 수도 있다. 그리고 실제로 몇몇 학생들은 수료할 때가 다가오면 다른 학생들에 비해 월등한 실력을 보여 주기도 한다. 시간이 지나 그때를 되돌아보자면, 어떻게든 서비스는 만들 수 있고, 고생해서 런칭은 할 수 있다. 하지만 마케팅은 어떻게 할 것이며, 운이 좋아 마케팅을 하지 않았는데도 사용자가 급속도로 늘어나서 더 이상 내가 가진 지식으로는 해결할 수 없는 상황이 온다면 어떻게 할 것인가? 나는 당시 많은 사용자를 감당해 본 경험이 전혀 없었지만, 무식하면 용감하다고 당시에는 무슨 서비스든 할 수 있을 거 같은 그런 용기가 있었다.

만약 내가 당시 정부 지원 사업에 합격했다면, 성장 가능한 서비스를 만들 수 있었을까? 물론 이게 불가능하다는 것은 아니다. 인스타그램 창업자도 인터넷 비즈니스를 하고 싶은 마음에 프로그래밍을 공부해서 두 번째 사업 모델로 인스타그램을 출시했다. 동영상(유튜브 링크: https://youtu.be/vBNl_PvylqU)을 보면, 그는 "최고일 필요는 없다(You don't have to be the best)."라는 말을 한다. 맞다. 서비스를 하기 위해서 당신은 최고의 프로그래머가 될 필요는 없다. 하지만 그는 또한 "사고 칠 실력은 갖추어야 한다(You have to be dangerous)."라는 말을 한다. 지금 사업을 도전할 만큼 경제적 여유가 있는가? 그럼 도전하라. 그럼 사고 칠 만한 실력인가? 그럼 도전하라. 이도 저도 아닌가? 그럼 후일을 도모하라. 최대한 많이 배울 수 있는 회사를 선택해서 많이 배우고 도전해도 절대로 늦지 않다. 회사는 단순히 개발 경험뿐만 아니라 어떻게 시장을 찾고, 서비스를 고객에게 알릴 수 있을지를 배울 수 있는 최고의 학교이기도 하다.

속닥속닥

　　몰래 하고 싶은 이야기가 하나 있는데, 보통 학원에는 실습 교사라는 명칭의 선생님이 제도적으로 배정되어 있어야 한다. 무슨 말이냐 하면, 하루에 8시간 동안 학원에 있다고 하면 4시간은 한 선생님이 담당하고, 그 이후 4시간은 실습 선생님이 지도를 해야 하는 시간이 있다는 것이다. 그런데 난 6개월간 한 번도 그 실습 교사라는 사람을 보지 못했다. 마치 정부에는 실습 선생님이 있는 것처럼 신고하고, 실제로는 실습 선생님에게 지급되어야 하는 월급을 학원에서 꿀꺽하고 있다는 이야기다. 간혹 학생들의 출석 체크가 제대로 이뤄지고 있는지 확인한다는 명목으로 정부에서 공무원을 보낸다고도 하는데, 나는 실제로 한 번도 보지 못했고, 학원에서도 크게 걱정하지 않는 내색이었다. 실습 선생님의 존재가 아예 없다는 것 자체가 그런 감시를 두려워하지 않는다는 의미이기도 할 테니까.

　　그리고 또 하나 더. 정부에서 학원 선생님에게 주는 돈이 꽤 크단다. 아마 정부에서 제대로 된 교육을 하겠다고 선생님에 대한 보수를 아끼지 않는다는 의미일 것이다. 그런데 돈이 꽤 되니까 학원에서 선생님 통장에 입금된 돈을 학원으로 다시 재입금하라고 한단다. 하여튼 이놈의 나라는 왜 이런지 모르겠다. 다들 국민의 세금을 눈먼 돈이라고 생각해서, 수단과 방법을 가리지 않고 이 돈을 먹으려고 난리인 것 같다.

학원에서는
이렇게 공부했다

3

학원을 등록하고 학원에 가기 전까지 나에게는 한 달의 시간이 있었다. 나는 이 한 달 동안 공대생이라면 누구든 한 번쯤 배운다는 C언어를 독학하다가 학원에 갔다. 문과대 출신이라 주위에 개발자가 있을 리가 없었다. 주위에 수소문한 끝에 자바를 공부하더라도 C랑 C++을 미리 공부하고 가면 도움이 된다는 이야기를 듣고는 C를 '포인터'라는 부분 전까지 공부하고 학원에 갔다. 결론부터 말하면 별로 쓸모가 없었다. 차라리 학원에 가기 전에 무엇인가를 공부를 할 거였다면, 자바를 공부하고 가는 것이 맞았다고 생각한다.

게다가 내가 한 달 동안 공부했던 내용을 학원에서는 일주일 만에 진도를 나갔는데, 거의 책에 나온 예문을 따라서 치고 넘어가는 수준이었다. 한 달 동안 열심히 공부한 내용이 한 주 만에 끝나는 걸 보면서 진도를 정말 빠르게 나간다고 느꼈다. 물론 진도가 나간다고 해서 다 이해했던 것도 아니었다. 대학교에서 프로그래밍을 전공했던 학생들만 수업을 쉽게 따라갔다.

선생님은 정말 중요하다

　학원에 다니고 한 달이 되었을 때쯤에는 나는 개발에 소질이 없다고 생각했다. 첫 한 달 동안 학원에서는 자바를 가르쳤다. 물론 영혼과 육체가 분리되는 학생들이 내 주위에서 고통받고 있었지만, 나는 당시에 무언가 배우는 데 이 정도로 힘들고 이해가 안 되면 소질이 없는 거라고 생각했다. 당시 선생님은 오랫동안 개발을 하시다가 처음 학원에서 개발을 가르치는 선생님이었기 때문에 정말 잘 가르치지 못했다. 무엇을 잘하는 것과 그것을 잘 가르치는 것은 전혀 다르다. 비슷한 관점에서 명문대 대학생에게 과외를 맡기는 것도 안타깝게 생각하는데, 아무리 수능에 좋은 점수를 받은 학생이라고 하더라도 그걸 잘 설명하는 것은 전혀 다른 능력일 수 있기 때문이다. 아무튼 그 선생님이 얼마나 개발을 잘하는지는 차치하더라도, 개발을 새로 접하는 사람에게 어떻게 개발을 가르쳐야 하는지에 대한 이해가 전혀 없는 사람이었다. 개발 책을 펴놓고 설명을 따라 읽었고, 개발자의 언어로 개발을 설명했다. 그게 이해가 될 리가 없었다.

　그러던 어느 날, 학원 사정으로 선생님이 바뀌었다. 젊어 보이는 남자 선생님이었는데, 이 분의 수업을 듣고 나서부터 생각이 바뀌었다. 수업이 재미있었다. 굉장히 특이하게도 이 선생님은, 일단 지루하고 복잡하기만 하던 책을 덮으라고 하셨다. 그 후로는 내가 복습할 때 이외에는 수업 중에 다시 그 책을 펼 일은 전혀 없었다.

그 선생님은 학생들이 개념을 이해하는 것을 끈질기게 기다렸다. 그리고 마치 수학 공식을 외울 때 증명을 공부하듯, 원리를 통해서 학생들이 자바라는 언어를 더 깊이 이해할 수 있게 도움을 주셨다. 때로는 앞에 나와서 다른 학생들 앞에서 개념을 설명해 보라고 시키기도 하고, 수업이 끝나고 나면 각자에게 코딩 숙제를 내주셔서 카페에 올리도록 하기도 했다. 분명한 것은 이 선생님이 아니었다면, 난 중간에 다른 곳에 취업을 하고 여전히 나는 개발에 소질이 없다고 생각하고 있을 거라는 것이다.

그 선생님은 가끔 학생들에게 많은 것을 가르쳐 주고 싶은 욕심에 너무 깊은 내용까지 알려 주시다가, 학생들 얼굴에 떠오르는 물음표에 좌절하기도 하셨다. 그리고 밀린 진도 때문에 마지막에 많이 고생하기도 했지만, 나는 선생님 덕분에 개발에 재미를 느낄 수 있었다.

6개월은 정말 금방 지나간다

처음에는 반년이라는 시간이 정말 길게 느껴졌다. 다른 어떤 과정을 6개월간 듣는다고 해도 비슷하게 느껴질 거라고 생각한다. 4년간 다니던 대학교를 졸업하고, 처음 취업한 회사를 때려치우고, 완전히 새로운 분야에 도전하겠다며 학원에 다니고 있던 내게 불안감과 걱정은 6개월 내내 따라다녔다. 내가 같은 과 동기들 중에서는 거의 제일 먼저 취업했던 터라, 학원에서 공부하는 동안 하나둘 취업했다는 소식도 들을 수 있었다. 내가 지금 뭘 하고 있는지, 내가 바른 선택을 한 것인지에 대해 끊임없이 고민했지만, 대기업은 결국 정도의 차이일 뿐 비슷한 업무 환경을 갖고 있을 거라는 생각이 나를 붙잡았다. 그리고 나만의 기술이 없다면 결국 언제든 대체될 수 있는 소모품으로 취급될 것도 자명해 보였다.

6개월은 정말 눈 깜짝할 새 지나갔다. 첫 한 달은 교재를 따라 읽는 선생님을 만나 낭비하고, 둘째 달부터는 거의 처음부터 자바를 공부했다. 약 한 달 반에서 두 달 정도 다시 공부를 하고 나니 자바만 공부하는 데 3개월이라는 시간이 훌쩍 지나가 있었다. 3개월이 지나자 두 손에는 순수 자바로 만든 데스크톱용 프로그램 포트폴리오가 남겨져 있었다. 학원이나 학교에서 학생들 간에 채팅을 하고, 선생님이 임의로 발표할 수강생을 정하는 등 학원 생활에 필요함을 담아낸 프로그램이었다. 지금 생각하면 디자인은 애초에 고려할 여지도 없고, 기획이나 기술 등은 바닥이었다. 순서를 틀리면 프로그램은 에러를 내면서 죽어버렸다. 1차 프로젝트를 발표하는 날에는 에러가 나지 않는 흐름을 외웠다가 마치 제대로 작동하는 양 사람들 앞에서 발표하기도 했다. 그래도 재밌었다. 내 손으로 내가 필요한 걸 만드는 과정은 정말 상상 이상의 쾌감을 주었다.

그다음에는 데이터베이스를 처리하는 SQL이라는 프로그래밍 언어를 배웠다. 약 한 달이 조금 안 되는 기간을 공부했던 것 같은데, 실제로 이후 프로젝트에서 사용된 범위는 정말 협소한 부분이었다. 그래도 데이터베이스를 설계하고, 데이터를 넣고 다루는 과정은 마치 내가 진짜 개발자가 된 기분을 가져다주었다. 이미 자바를 다시 공부하는 데 시간을 너무 많이 빼앗겨서 시간이 없었기 때문에, 대부분의 내용은 혼자 공부하듯 지나갔다.

나머지 두 달은 웹 개발을 공부하고 웹 프로젝트를 하나 진행하는 시간이었다. 우선은 웹 페이지에 가장 기본이 되는 HTML, CSS, 자바스크립트를 배웠다. 개발에 대한 이해가 없는 사람들을 위해 간단히 설명하자면, HTML은 웹 페이지의 구조를 잡아 주는 역할을 한다. 그리고 CSS는 HTML을 통해 구조를 잡은 내용을 조금 더 아름답게 꾸밀 수 있다. 마지막으로 자바스크립트는 화면을 움직이거나 데이터를 변경하는 역할을 하도록 도와준다. 특히 HTML과 CSS는 새하얀 도화지에 코드로 그림을 그리는 듯한 기분을 느끼게 해 주었는데, 내가 발가락에 붓을 끼우고 그린다면 이럴까 하는 정도로 뭐 하나 내 마음대로 되는 게 없었다. 그리고 자바스크립트를 배울 때는 자바와 비슷한 듯 달라서 자바도 아직 제대로 쓰지 못하는 학생들을 매우 헷갈리게 만들었다. 이걸 배우고 나서야 이제 자바로 웹 개발을 할 준비가 완료되었다. 웹 개발이라는 건, 지금까지 배운 자바와 데이터베이스, HTML, CSS, 자바스크립트를 한 번에 쏟아 넣는 과정이었다. 엄청나게 뭔가 많이 배웠던 것 같은데 막상 프로젝트를 진행하려니 코드 한 줄, 한 줄이 장애물이었다.

정보처리기사가 되다

개발을 공부하던 중에 학원에서 정보처리기사라는 자격증을 딸 것을 추천했다. 정보처리기사 자격증은 4년제 대학교를 졸업한 사람이 볼 수 있는 컴퓨터 공학과와 관련된 국가 공인 시험이다. 자세한 내용은 Q-Net(http://www.q-net.or.kr)에서 찾아볼 수 있다. 간단히 말하면 원래 정보처리 '기사' 같은 제도는 관련 전공자의 최소한의 실력을 인증하기 위한 시험인데, 정보처리기사의 경우에는 비전공자라도 4년제 대학교를 졸업한 사람이라면 누구나 볼 수 있다. 시험은 데이터베이스, 전자계산기 구조, 운영체제, 소프트웨어 공학, 데이터 통신 등을 다루는데 컴퓨터 관련 학과에서 기본적으로 다루는 내용이다.

좋은 점은 이 시험을 통과한 경우 국내에서는 비전공자도 어느 정도 자격을 갖췄다고 인증을 해 준다는 점이다. 다만 해외에서는 이 시험이 전혀 인정받지 못하고, 시험 자체의 난이도가 어렵지 않아서 크게 실무에 도움이 되지 않는다. 그리고 국가에서 발주하는 프로젝트의 경우에는 저 자격증을 요구하는 경우가 종종 있다고 하는데, 내가 일했던 스타트업계에서는 단 한 번도 정보처리기사 자격증을 요구한 적이 없다.

시험 준비의 경우에는 책을 사서 따로 공부하기보다는 정보처리기사 기출 문제집 한 권과 인강을 들으면 어렵지 않게 통과할 수 있는 수준이었다.

나에게 이 시험을 꼭 봐야 하냐고 묻는다면, SI 업체로 갈 게 아니라면 꼭 볼 필요가 없다고 말하고 싶다. 다만, 나는 이 시험을 통과했는데, 이 시험을 준비하면서 비전공자라서 배우지 않던 컴퓨터와 관련된 기본적인 지식들을 정말 많이 공부할 수 있었다. 이것이 회사에 다니면서 쓸모가 있었다고 말하기는 힘들지만.

안드로이드 앱 포트폴리오를 만들다

학원에서 자바를 공부하면서, 그리고 자바로 웹 사이트를 만들기 시작하면서 모바일 앱 개발에 관심이 생기기 시작했다. 요즘은 안드로이드 앱 개발 과정의 수업도 워낙 많이 있지만, 당시에는 모바일 앱 개발 과정 수업이 거의 없었다. 그리고 내가 수강했던 과정은 웹에만 국한된 과정이라, 모바일 앱 개발을 너무 배우고 싶은데 어떻게 배워야 할지 고민하고 있었다. 사실 나는 아이폰을 쓰고 있어서 아이폰 앱 개발을 하고 싶었지만 아이폰 앱 개발은 애플사의 맥북이 필요하다는 이야기를 듣고는 일단 안드로이드 앱 개발을 배워보기로 했다.

다행히 학원 선생님이 안드로이드 앱 개발을 해 본 적이 있어서 이에 대해 설명해 줄 수 있었고, 팀원 중 한 명이 대학교에 다니며 대학교 앱을 직접 만드는 등 안드로이드 앱 개발 경력이 있는 친구가 있었다. 게다가 안드로이드 앱 개발은 그간 배웠던 자바로 가능했다. 다른 학생들이 취업하고 어수선하던 무렵 선생님을 졸라 안드로이드 강의를 들었고, 안드로이드 앱 개발을 해 본 그 친구와 함께 안드로이드 앱을 같이 만들었다.

안드로이드 앱 개발은 웹 개발과는 다른 매력이 있었다. 웹 개발이 프로그래밍 언어, 데이터베이스, HTML, CSS 등 온갖 기술을 접목해서 무엇인가를 만들어 내는 느낌이었다면, 앱 개발은 프로그래밍 언어와 안드로이드라는 플랫폼에서 제공하는 기능을 잘 이용해서 개발하는, 조금 더 일관성 있는 느낌이었다. 그렇게 다른 친구들이 웹 포트폴리오만 준비해서 취업 준비를 하는 사이에 나는 웹 포트폴리오와 함께 안드로이드 앱 포트폴리오를 준비할 수 있었다. 물론 이후 구직하는 과정에서 웹 개발만 하는 친구들보다 훨씬 더 할 이야기가 많아서 취업하는 데 도움이 되었던 것도 사실이다.

개발자로 첫 회사에 취업하고 나서는 아이폰 앱 개발에 대한 열망이 점점 커져 갔다. 하지만 당시에 전 회사를 퇴사하고 부모님과 관계가 계속 좋지 않은 상태였고, 오랜 학원 생활로 통장 잔고도 거의 바닥이었다. 회사에 입사했지만, 수습 기간 동안 거의 제대로 된 월급을 받지 못했기 때문에 아이폰 앱을 개발하기 위해 맥북을 사기는 힘들었다. 하지만 너무나 아이폰 앱 개발을 하고 싶다는 열망이 강했기 때문에, 친구들과의 단체 채팅방 이곳저곳에 혹시 새로운 경력을 시작하는 친구에게 맥북을 쾌척할 친구가 없냐고 메시지를 남겼다. 그러던 중 고등학교 동창 한 명이 선뜻 맥북을 사 주겠다고 나섰다. 다들 막 사회생활을 시작하거나 아직 대학교에 다닐 때라 사실 크게 기대하지 않고 있었는데 정말 고마웠다. 그때 친구가 딱 한 마디를 했다. "너 이걸로 큰일 할 거 아니니?" 그 친구에게 꼭 성공해서 이 고마움 갚겠노라 이야기를 하고, 출퇴근할 때 인터넷 강의를 들으며 iOS 개발을 공부했다. 그리고 그다음 회사는 iOS와 안드로이드 앱을 동시에 개발할 수 있는 곳으로 이직했다.

　나는 항상 남들이 하지 않더라도, 내가 관심 있는 것을 조금 더 하려고 노력했다. 학원에서는 다들 웹 개발만 할 때 안드로이드를 기웃거렸고, 그 결과 안드로이드 개발 기회가 있는 회사에 입사할 수 있었다. 그리고 첫 회사에 다니면서 친구에게 선물 받은 맥북으로 iOS 개발을 영문 인터넷 강의로 혼자서 공부했고, 그 덕분에 다음 회사에 좋은 조건으로 이직할 수 있었다. 남들보다 조금 더 준비했고, 덕분에 기회가 왔을 때 잡을 수 있었다. 무엇보다 당시에는 새로운 것을 배우는 것이 너무 즐거웠다. 누가 시키지 않아도 출퇴근 시간에 공부했고, 집에 와서는 늦은 시간까지 공부한 내용을 직접 서비스로 만들었다. 이러한 경험은 정말 해 보지 않으면 모른다.

HOW A HISTORIAN BECAME A DEVELOPER

개발자로
일하기 시작했다

4

　학원은 생각보다 배울 게 너무 많아서 쉽지 않았고, 그럼에도 생각보다는 6개월이라는 시간이 빠르게 지나갔다. 계획된 수업 일정에 비해 시간은 턱없이 부족했고, 학생들이 에러에 막히거나 질문을 하면 선생님 혼자서 30~40명을 도와줘야 했기 때문에, 수업은 자주 중단되곤 했다. 그리고 취업만 하면 된다는 생각을 갖고 의욕 없이 학원에 앉아 있는 학생들도 많았기 때문에, 반 분위기는 전반적으로 활발하지 못했다. 그랬기 때문에 열정적으로 배우고 고민하는 친구들은 더 쉽게 티가 나기도 했다.

　한편, 개발이라는 완전히 새로운 분야를 배우는 동안 같은 시기를 보내는 사람들과 소소한 즐거움을 나누기도 했다. 당시 학원은 신촌에 있었는데 점심때마다 몰려나가서 오늘은 뭘 먹을지 고민하기도 했고, 한두 달 후에는 사람들과 제법 친해져서 종종 신촌 술집을 몰려다니며 회식을 하기도 했다. 오전 수업이 끝나고 오후에 다 함께 프로젝트를 만들다가, 시간이 부족하면 저녁을 먹고 돌아와서 계속 작업을 이어 나가기도 했다. 마음이 맞는 사람들은 전우 같은 느낌이었다. 그리고 학원을 수료하면 각자 어떤 진로를 고민하고 있는지 의견을 나누기도 했다.

취업하기 시작하는 사람들

수료가 한두 달 정도 남자, 학원에서는 본격적으로 취업을 권하기 시작했다. 주로 학원은 SI 업체를 연결해 주었다. 매주 다른 업체의 이름이 교실 칠판 옆에 붙어 있었고, 학생들은 자기소개서를 고치고 포트폴리오를 정리했다. 그리고 사람들은 면접을 보러 다녔고, 굉장히 쉽게 면접에 합격했다는 소식을 알려왔다. 참고로 어떻게 저 실력으로 회사에 취업할 수 있을까 싶었던 친구들 중에서도 취업을 못하는 친구들은 정말 하나도 없었다. 점점 반에 한 자리 한 자리 비어 가기 시작했다.

많은 학생들은 SI 업체를 선택했다. 그리고 그중 일부는 대기업 전산실에 들어가기 위해서 준비했다. 나와 같은 팀이었던 친구들 몇 명은 사업 계획서를 쓰고 정부 지원 사업에 지원하기도 했다. 그렇게 수료일이 다가왔다. 이미 취업해서 일하고 있는 사람들도 이날은 다 학원에 오랜만에 얼굴을 비췄다. 수료증을 받았고, 서로의 안부를 물었고, 그리고 앞으로의 경력을 응원했다. 그렇게 개발자로 세상에 첫 발을 내디뎠다. 사람들은 상기된 얼굴로 새로운 경력을 시작할 준비를 하고 있었다.

가끔 SI 업체에서 일하고 있는 친구들과 연락을 하곤 하는데, 몇 년이 지난 지금은 서로가 쓰는 기술들이 많이 달라져 정말 같은 개발자가 맞나 싶을 때도 있다. 같은 개발 분야라고 하더라도, 업계마다 선택하는 기술이 많이 다르기 때문에 2~3년 정도 다른 업계에서 일하고 나면 옮기는 것이 점점 어려워지는 것으로 보인다.

다시 취준생으로

나는 남들이 취업하는 동안, 사업 계획서를 쓰느라 거의 수료일까지는 취업 준비를 하지 않았다. 그러다 지원했던 정부 지원 사업에 떨어지자 취업을 하기로 결심했다. 죽어도 SI 업체를 가고 싶지는 않았다. 매일같이 야근이 이어지는 바쁜 일정에 일하는 이유도 찾지 못한 채 클라이언트의 끊임없는 수정을 처리하는 과정을 상상하기만 해도, 이제 겨우 시작해서 흥미를 갖게 된 개발에 흥미를 잃게 될까봐 너무 두려웠다. 나는 규모가 작더라도 자신의 서비스를 가진 스타트업에서 고객을 위한 제품을 만든다는 자부심을 갖고 일하고 싶었다. 사용자와 직접 마주할 수 있는 서비스를 내 손으로 만드는 상상은 나를 설레게 했다. 당시 많이 부족했지만 그래도 내 손으로 무엇인가 만들어 내는 즐거움을 느끼고 있던 때라 더욱 그랬다.

그렇다면 어떤 스타트업이 있는지 어떻게 찾을 수 있을까? 만약 스타트업 취업을 생각한다면 처음으로 찾아갈 곳은 로켓펀치(https://www.rocketpunch.com)라는 사이트다. 간단하게 설명하자면 국내에서 스타트업 관련 채용해서는 가장 많은 데이터를 보유하고 있는 플랫폼이다. 혹시 취업을 하거나 아르바이트를 하기 위해서 사람인이나 잡코리아 같은 서비스를 들여다본 적이 있는가? 그런 곳에서 직원을 찾는 경우는 대체로 채용 프로세스가 딱딱한 경우가 많다. 틀에 박힌 이력서와 자기소개서를 요구하고, 회사에 대한 설명도 상투적인 경우가 많다. 나도 첫 개발자로 취업할

때 저런 사이트를 통해 몇 군데 면접을 보았는데, 좋게 말하면 어느 정도
는 규모가 있는 회사의 채용 공고를 상대적으로 많이 만날 수 있었지만,
면접장에서는 딱딱한 인상의 면접관들을 많이 만날 수 있었다. 그들의 태
도, 복장, 그리고 면접관들의 관계에서 제법 보수적일 거라는 생각이 들
었다. 하지만 로켓펀치라는 서비스의 스타트업 공고는 훨씬 평이하고 진
솔한 문장으로 쓰여 있는 경우가 많다. 어깨에 힘을 좀 뺀 느낌이랄까? 물
론 연봉, 복지 등 뭐 하나 제대로 줄 수 없는 스타트업이 결국 기업 문화
를 팔아서 사람을 모은다는 비판적인 시각도 존재하지만, 그래도 기업 문
화는 회사를 결정하는 데 빼놓을 수 없는 요소다. 이미 기업의 규모가 어
느 정도 있는 경우에는 신규 사업 개발에 참여하거나 혹은 업무의 전체 프
로세스를 파악할 기회가 매우 적기 때문에, 나는 이런 조직에서 훨씬 더
많은 것을 배울 수 있을 것이라고 생각했다. 조금 정돈되지 않고 혼란스
럽더라도 스타트업에서 일한다면 얼마든지 새로운 프로젝트에 도전할 수
있고, 훨씬 자유로운 분위기에서 일할 수 있을 거라고 생각했다.

　　로켓펀치를 한참 들여다보다가 가장 처음 면접을 봤던 회사는 팀원
이 4명 있는, 여행 스타트업이었다. 학원에서 가장 마지막 프로젝트를 여
행 관련 서비스로 했기 때문에, '내가 비슷한 서비스를 개발해 보았노라'
전략으로 접근했다. 면접을 봤는데, 회사 내에 개발자가 단 한 명도 없고
아직 제품도 없는 정도의 초기 스타트업이었기 때문에 대표님이 아는 다
른 개발사 대표님과 개발 면접을 진행했다. 내가 마음에 들었는지 따로
식사도 한 번 하자고 했다. 그리고 입사 제안을 받았다. 그런데 개발자가
아니라 기획자로서의 가능성을 보고, 기획자 자리를 제안했다. 며칠 고민
한 끝에 제안은 감사하지만 함께하기 힘들 거 같다고 연락을 했다. 나는
정말 제대로 개발을 해 보고 싶었다.

　　다른 몇몇 회사들도 면접을 봤다. 꽁꽁 얼어붙은 공채 시장과는 다

르게 마음만 먹으면 하루에 두 번 세 번도 면접을 볼 수 있었다. 인터넷이 안 되는 컴퓨터로 알고리즘 코딩 테스트를 본 회사, 원하는 금액을 이야기해 보라기에 원하는 연봉을 이야기했더니 눈빛이 흔들리던 대표가 있던 회사, 작은 사무실에서 쇼핑몰을 찍어 내는 회사 등 여러 회사를 만났다. 위압적이었던 대기업 면접과는 다르게 면접을 몇 번 보고 나니 어떤 부분을 주장해야 할지, 무엇을 물어봐야 하는지, 이 회사는 어떤 분위기인지 느낄 수 있게 되었다. 나중에는 거의 내가 회사를 면접 본다는 자세로 면접을 보러 다녔는데, 기술이 있다는 것이 기업과 대등한 관계로 면접을 볼 수 있게 도와준다는 것은 정말 색다른 경험이었다.

참고로 최근에는 원티드라는 서비스도 있다. 기존의 헤드헌팅을 지인의 추천과 소셜 미디어를 통한 공유라는 방식으로 풀어낸 서비스인데, 쉽게 말하면 사람들이 써 주는 추천서를 통해서 사람을 뽑도록 도와주는 방식이다. 이런 서비스에 등록된 회사들도 살펴보면 좋은데, 채용 성공 보상금을 지급하겠다고 생각하는 회사라면, 좋은 사람을 찾는 데 비용을 쓰겠다고 생각하는 조직이라는 뜻이고, 항상 그렇지는 않겠지만 상대적으로 사람을 뽑는 걸 중요하게 생각하는 회사라고 판단할 수 있겠다. 다만 앞서 설명한 것처럼 지인 추천을 바탕으로 하는 서비스이고, 주로 경력직을 찾는 거 같으니 이직 때 고려하면 좋다.

개발자로 일하기 시작하다

그러다 로켓펀치에서 너무나도 마음에 드는 회사를 찾았다. 회사 소개에는 최고의 회사가 되고 싶다는 비전과 조직원들이 그 일에 집중하기 위한 회사의 노력에 대해 적혀 있었다. 회사에 지원했고, 다행히 연락이

와서 면접을 보러 갔다. 50평 가량 되는 방 3개짜리 집을 사무실로 쓰고 있는 작은 스타트업이었다. 팀원은 나를 제외하고 5명이 있었다. 처음 면접을 보러 갔더니 콜라 한 캔을 꺼내 주며 방에 앉아 있으라고 했다. 조금 이따가 대표가 방으로 들어왔다. 대표는 개발자 출신이었고, 서비스를 만든 지 2~3년 정도가 되었다고 했다. 학원에서는 전혀 배운 적 없는 PHP 기반으로 서비스를 개발하고 있다면서, 자바를 할 줄 알면 들어와서 금방 배울 수 있다며 개발에 대한 질문은 거의 하지 않았다. 대신 따로 준비했던 안드로이드 포트폴리오를 보여 주며 안드로이드 개발자도 겸하고 싶다는 욕심을 내보였다. 질문은 왜 이 회사에서 일하고 싶은지, '나'라는 사람을 이해하기 위한 질문들이었다. 면접을 보고 그 다음 날 입사 제안을 받았고, 개발 인턴으로 나의 경력을 시작했다. 정말 기뻤고, 나는 그때까지만 해도 '아주 좋은' 선택을 했다고 생각했다.

회사에 들어가서는 정말 많은 걸 배웠다. 처음에 들어갔을 때는 단 한 명의 개발자가 회사에 있었고, 덕분에 안드로이드 앱부터 웹 사이트까지 정말 많은 일들을 할 수 있었다. 학원에서는 한 번도 해 보지 않았던 것들을 많이 배웠다. 어떻게 개발자와 제대로 협업하는지, 작업한 내용을 어떻게 서버에 올리는지, 내가 만든 기능이 고객들에게 어떻게 전달되는지 등 비즈니스의 가장 가까운 곳에서 개발을 배워 나갔다.

개발을 공부하는 사람들이 많이 고민하는 것 중의 하나는 얼마나 개발을 공부해야 취업을 할 수 있냐는 것이다. 그런데 일하기에 충분한 실력을 갖추고 취업하는 건 생각보다 중요하지 않다. 그리고 학원에서, 혹은 독학으로 회사에 필요한 수준의 개발 실력을 완벽하게 갖추기란 사실 불가능하다. 이렇게 조언하면 사람들의 얼굴에는 수십 개의 물음표가 떠오른다.

'개발자로 취업하는 데 개발 실력이 중요하지 않다고요?'

우선, 회사마다 사용하는 기술이 매우 다르기 때문에, 모든 회사에서 일할 수 있는 기술을 다 공부한다는 게 불가능하다. 그리고 지금 배운 기술도 반년만 지나면 옛 기술이 되는 개발 업계에서 실무 경험이 없는 사람이 독학으로 혹은 학원에서 해당 기술을 빠르게 배우는 데는 제한이 있을 수밖에 없다. 어차피 회사에 들어가서 거의 다 새로 배워야 한다고 생각하면 된다. 그러니 완벽한 준비를 할 생각하지 말고, 어떻게든 개발을 공부하면서 면접을 보고 첫 회사에 빨리 취직하기를 권한다. 일하면서 가장 빨리 배운다.

예를 들면 이렇다. 만약 학원에서 개발을 공부하고 있을 때 한 달에 1이라는 양을 공부하게 된다고 해 보자. 그러면 이걸 온라인에서 좋은 강의를 골라서 공부하면 3~5 정도의 양을 같은 기간에 공부할 수 있다. 그런데 회사에서 일을 하면서 배우면 아무리 안 좋은 회사라도 최소한 7~8을 같은 기간에 배울 수 있다. 내가 한 달 내내 독학했던 걸 학원에서 일주일 만에 끝냈던 것처럼, 아무리 혼자서 6개월 내내 열심히 공부해도 회사에서 한 달 일한 것만 못하다. 진심이다.

그러니 부디 직업으로서의 개발자가 되기를 원하는 사람이라면 개발 공부는 취업을 위한 수단으로 생각하고, 비록 아직 일을 하기에는 부족한 실력이라는 생각이 들더라도 일을 시작했으면 좋겠다. 부족한 실력은 남들보다 더 많은 시간을 들이고, 퇴근 후 스스로 부족한 부분을 채워나가는 과정으로도 충분히 따라잡을 수 있다. 그런데 부족하다고 자신을 믿지 못하면서 계속해서 취업을 미루면, 최대한 빨리 취업하고 일을 시작한 사람들과 점점 실력 차이가 나기 시작한다. 만약 1년 정도 늦게 취업을 했다면, 개발에 대해 전혀 다른 이해를 갖고 있다고 해도 과언이 아니다.

스타트업은 천국이기만 할까?

하지만 회사에 입사하고 나서 얼마 지나지 않아서 스타트업이라는 조직에 내가 많은 환상을 가지고 있었다는 사실을 깨달았다. 외부에서 그려지는 스타트업의 모습은 열정이 넘치는 젊은이들이 모여 의견을 자유롭게 나누고, 치열하게 고민하고, 자신들만의 서비스를 만들어 가는 그런 모습이 아니던가. 그런데 실제로 내가 만났던 스타트업의 현실은 작은 대기업이라고 불러도 크게 손색이 없었다. 물론 조직 문화 자체는 훨씬 더 유연했다. 반바지를 입고 슬리퍼를 끌고 출퇴근할 수 있었고, 직원들끼리는 영어 이름을 쓰고 존댓말을 했다.

그런데 작은 회사였기 때문에 오히려 대표의 성향에 따라 회사 전체 분위기가 크게 달라질 수 있는 것 역시도 스타트업이었다. 대표가 대화에 열려 있고 더 많은 사람들이 주도적으로 일할 수 있는 분위기를 만들기 위해서 노력한다면 그렇게 되고, 반대로 대표가 자신의 주장만 하면서 다른 사람들의 의견을 듣지 않고 귀를 막는다면 또 그렇게 되기가 쉬웠다. 국내에서 5인 미만의 소규모 사업장은 노동법상 예외 적용을 받아 해고에도 제한이 없기 때문에, 정말 나빠지려고 마음만 먹는다면 회사 분위기는 순식간에 최악이 될 수 있었다.

그리고 대기업의 경우에는 최소한의 채용 시스템이 갖춰져 있기 때문에, 최고의 인재는 뽑지 못할지라도 최악의 인재는 피할 수 있는 경우가 많다. 하지만 스타트업은 채용 경험이 적은 대표나 인사 담당자가 채용을 담당하는 경우가 많은데, 보통 본인의 직감을 통해서 사람을 채용하는 경우가 많아서 그렇게 뽑힌 사람이 다른 팀원에게 스트레스를 받을 가능성이 높다.

야근이나 업무 강도 측면에서도 일반 기업에 비해 복지나 금전적인 대우가 좋지 못하기 때문에 업무를 강하게 강요하기는 어렵지만, "우리는 스타트업이니까요."라는 말을 방패 삼아 야근을 강요하거나, 불합리한 업무 지시를 내리기도 한다.

하지만 특히 신입사원에게 제대로 된 업무를 거의 주지 않는 한국에서 굉장히 넓은 범위의 업무를 주도적으로 할 수 있다는 기회는 스타트업만이 줄 수 있는 특별함이기도 하다. 나도 한국에서 3개의 스타트업을 다녔는데, 모든 회사가 나름의 불합리함을 가지고 있었다. 하지만 그와 동시에 내가 원한다면 언제든지 새로운 프로젝트를 시작할 수 있는 자유도 동시에 주어졌다. 박봉으로 시작했지만, 개발자로서의 꿈은 작지 않았기에 많은 업무도 웃으며 할 수 있는 날이 많았다. 사람으로 힘들어하는 날들도 있었지만, 지금까지도 연락하는 소중한 사람들도 많이 생겼다.

스타트업이 마냥 천국이 아니라는 것. 스타트업을 고민하는 사람들이 꼭 생각해 봐야 하는 점인 것 같다.

좋은 스타트업
찾는 법

5

6개월간의 정부 지원 교육 과정을 마치고 스타트업에 일하기로 결심한 다음 나의 가장 큰 고민은 어느 회사에서 일할까 하는 것이었다. 대학교를 졸업할 시점에는 어느 회사에서 일할지에 대해서 완벽하게 백지상태였는데, 다행히 이번에는 한 번 구직이라는 경험을 해 본 상태였기 때문에 다니고 싶은 회사를 찾는 데 조금 더 명확한 기준이 생겨 있던 때였다. 대기업과는 전혀 다른 작은 규모의 기업들로 눈을 돌리자 엄청나게 많은 회사가 구직자를 찾고 있었다. 대기업은 공채라는 상대적으로 공식적인 기간에 대규모의 인원을 채용하는 것에 비해, 스타트업은 회사에서 꼭 필요한 한두 사람을 비정기적으로 뽑는 것이 일반적이었다. 심지어 채용 공고가 올라오지 않은 회사에 연락해서 지원하기도 했고, 실제로 그런 회사에서 입사 제안을 받기도 했다.

프로그래밍 교육 기관에서는 학생들이 구직을 해야 할 시기가 되자 좋은 회사를 찾는 몇 가지 지표에 대해서 이야기해 주었는데, 가장 중요한 것이 연 매출과 종업원 숫자라고 했다. 연 매출을 종업원 숫자로 나누었을 때, 약 1억 정도의 규모가 나오면 그래도 안정성이 있는 회사라나. 그런데 이것은 SI 업체의 이야기였다. 나는 스타트업에서 일하고 싶었고, 스타트업은 매출이 없는 경우가 대다수였다. 서비스를 만들기 위한 종잣돈에 해당하는 시드(Seed) 머니를 직접 투자하거나 혹은 투자를 받은 경우, 혹은 어느 정도 사업이 성장하여 시리즈 A에 해당하는 수억 원 대의 투자를 받은 경우가 일반적인 스타트업이라고 할 수 있다. 물론 국내에도 배달의 민족이나 직방 같은, 이제는 커져 버린 스타트업들도 있지만, 이런 케이스는 극히 드물다. 그래서 지금 당장 매출이 없다는 이야기는 자본금을 계속 까먹고 있다는 이야기고, 가시적인 성장을 이뤄 내지 못하면 추가 투자를 유치하지 못해 결국 문을 닫을 거라는 이야기다.

당연히 내가 선택한 회사가 당장 다음 달에 문을 닫는다고 해도 크게 이상할 것이 없다. 사람을 채용하는 과정에서는 회사의 미래와 비전에 대해 이야기하겠지만, 스타트업을 운영하는 사업가라면 항상 가슴 한 켠에는 망할지도 모른다는 불안감을 안고 살아가리라 생각한다. 그래서 안정적인 직장에서 상대적으로 긴 시간을 일하는 게 중요한 사람이라면 스타트업에서 일하기 전에 충분히 고민해 보라고 말하고 싶다.

그럼에도 스타트업에서 일하고 싶다면

완벽한 고용 불안정의 세계에 온 것을 환영한다. 물론 많은 스타트업이 '정직원'을 채용한다. 하지만 내일모레가 없는 스타트업에 정직원 채용은 사실상 의미가 없다. 회사가 망하면, 대표는 직원들을 해고하고 싶지 않더라도 나는 비자발적 백수가 되는 환경이다. 그런데 이게 굉장히 매력적이다. 대기업을 선택하는 사람들은 내 앞에 탄탄대로가 펼쳐지리라 생각한다. 주위 사람들은 요즘 같은 시기에 그렇게 좋은 회사에 들어가게 되었다며 축하해 준다. 그리고 다른 사람들보다 높게 시작하는 연봉에 괜히 어깨가 으쓱하기도 한다. 그런데 정말 그런가? 내가 대학교를 졸업하면서 들어갔던 첫 직장이었던 대기업에서 느낀 건 상사들을 닮고 싶지 않다는 절망감이었다. 그리고 "사람이 미래다"라고 외치던 대기업도, 세계 최고의 휴대폰 제조회사도 이제 더 이상 당신에게 안정된 미래를 보장해 주지 않는다. 당신이 그리는 대기업 생활의 안정성은 환상이다. 열심히 일하면 연봉도 오르고 진급도 하겠지, 하지만 회사가 어느 날 기운다면?

스타트업은 매일이 도전이다. 그 무엇도 나를 지켜 주지 않는다. 그렇기 때문에 항상 스스로 고민하고 발전해야 한다. 나는 분명히 어제보다 나은 사람이어야 한다. 그리고 대체 불가능한 사람이어야 한다. 오직 그 사실 하나만이 나를 지킬 수 있다.

스타트업과 투자 규모

우선 스타트업에 입사하기 전에 어느 정도 투자를 받았는지를 꼭 확인하자. 투자 금액을 물어봤는데 제대로 말하지 않고 말을 얼버무린다면 사실상 거의 자본금이 없다고 생각해도 무방하다.

많은 기업이 시드(Seed) 투자를 받았다는 기사가 나온다. 시드 투자라는 건 보통 스타트업이 첫 서비스를 만들기까지 필요한 금액을 투자받았다는 이야기다. 따라서 어느 업계에 있느냐에 따라서 시드 금액은 전혀 달라질 수 있다. 예를 들어, 앱 하나를 만드는 스타트업이라면 5천만 원 정도도 충분한 금액의 시드 투자가 될 수 있고, 이와는 다르게 복잡한 핀테크 기술을 개발하는 회사라면 5억도 시드 투자금으로 부족할 수 있다. 보통 시드 단계의 회사는 매출이 있더라도 아주 작은 규모로, 거의 자본금을 까먹으면서 서비스를 한다고 보면 된다.

시리즈 A는 실제 서비스가 시작하고 난 다음에 이뤄지는 투자를 의미한다. 시드 투자가 가능성을 보고 시제품을 만들기 위해 노력하는 단계라면, 시리즈 A 단계부터는 실제로 시장에서 평가를 받고 있는 서비스를 가치 평가해서 투자를 하기 시작한다. 투자 금액이 커질수록 투자사에서 받는 압박이 커지기 때문에 성과에 대한 압박이 굉장히 심할 수 있다.

그 이후로는 시리즈 B, C, D, E 같은 식으로 계속 다음 알파벳이 나오는데, 보통은 회사가 더 큰 기업 가치를 인정받으면서 후속 투자를 받는 것을 의미한다.

스톡옵션

사람들은 왜 스타트업에서 일하는가? 다양한 경험의 기회, 수평적인 기업 문화 등 다양한 이유가 있겠지만, 빼놓을 수 없는 것이 일확천금의 기회다. 일반 회사에서 아무리 열심히 일한들 회사가 직원에게 돌려주는 것은 계약서에 적힌 연봉과 실적에 따라 늘어났다 줄어들었다 하는 보너스가 전부이다. 하지만 회사 가치가 성장할 때 실제로 많은 돈을 손에 거머쥐는 사람들은 그 기업을 보유하고 있는 사람들, 즉 주주들이다.

스톡옵션은 주로 창립 멤버 혹은 초기 멤버가 회사가 아주 적은 기업 가치를 보유하고 있을 때 싼값에 주식을 보유할 수 있게 도와준다. 특히 이런 초기 회사의 기업 성장은 아주 가파른 편이기 때문에 몇 년 사이에 주식의 가치가 수십 배에서 수백 배, 혹은 수천 배까지 치솟기도 한다.

하지만 초기 기업 입장에서 주식을 나눠 준다는 것은 회사에 주인이 여러 명 생긴다는 이야기도 된다. 따라서 이런 기업들은 주식을 바로 주기보다는 직원들이 일정 기간 이상 회사에 기여했을 때 주식을 보유할 수 있도록 제도를 만들어 놓았는데, 이것이 스톡옵션이다. 스톡옵션은 크게 두 가지 조항을 통해서 무분별한 주주의 증가를 막는데, 바로 클리프(Cliff)와 베스팅(Vesting)이다.

클리프는 스톡옵션을 받을 수 있는 최소한의 근무 기간을 의미한다. 보통 1년을 제시하는 경우가 많은데, 이 경우에는 회사에 입사 후 1년 안에 퇴사하거나 해고를 당할 경우, 계약서상의 스톡옵션의 권리를 하나도 행사할 수 없다는 의미가 된다. 그리고 베스팅은 약속받은 전체 스톡옵션을 몇 년에 걸쳐서 받게 되는지를 약속하는 조항이다. 만약 베스팅이 4년이라면 스톡옵션을 4년에 걸쳐서 조금씩 받게 된다.

예를 들어, 계약서에 '클리프 1년, 베스팅 4년'이라는 조항이 있다면, 총 4년이 지나야 전체 스톡옵션을 행사할 수 있는 권리가 생기고, 1년 안에 퇴사/해고가 있을 경우 하나도 인정받지 못한다는 의미이다. 베스팅은 클리프가 끝난 시점부터 보통 한 달 단위로 계산하는 경우가 많은데, 클리프 1년이 지나면 몰아서 12개월 치 스톡옵션을 행사할 권한이 생기고 그 이후로는 매달 스톡옵션의 비율이 늘어나는 것이 일반적이다. 하지만 세부적인 사항은 계약서를 따르니 스타트업에서 스톡옵션을 제안한다면 꼼꼼하게 계약서를 검토하는 것이 중요하다.

스톡옵션은 정확히는 지분, 주식 그 자체가 아니라 그 주식을 살 수 있는 권리를 의미한다. 대신 그 주식을 오늘의 가치가 아니라, 계약 당시의 가치로 살 수 있게 해 줘서 시세 차익을 누릴 수 있는 권리를 주는 것이다. 따라서 스톡옵션 전체를 행사할 수 있는 권리를 갖게 되더라도 그 주식을 살 수 있는 충분한 현금을 보유하고 있지 못하다면 스톡옵션을 하나도 행사하지 못하게 될 수도 있으니 참고하길 바란다.

이렇듯 스톡옵션에는 창업가를 보호하기 위한 다양한 장치를 가지고 있기 때문에, "아직 우리 회사가 초기 단계라 스톡옵션을 논의하는 게 무의미하다" 등의 '주식을 주기는 힘들다'는 말을 완곡하게 돌려서 하는 대표를 만난다면 고민해 볼 필요가 있겠다. 스톡옵션이라는 제도에 대해 잘 모르는 초보 창업가이거나, 구성원의 노력을 하나도 나눠 갖고 싶지 않다는 의미일 수 있기 때문이다.

좋은 스타트업이란

이런 차이점 때문에 좋은 스타트업은 일반 대기업과는 조건이 조금 다르다. 회사가 지금 나에게 연봉 1억을 약속한다고 생각해 보자. 혹은 큰 비율의 스톡옵션을 약속했다고 생각해 보자. 정말 좋기만 한 일일까? 그 회사는 2달 뒤에 사라지고 없을 수도 있다.

정말 좋은 스타트업은 내가 하고 싶은 일을 할 수 있게 해 주는 곳이다. 아무리 달콤한 약속을 하더라도 스타트업은 도박에 가깝기 때문에, 실제로 약속된 것들이 내 손에 들어오기까지는 많은 시간과 운이 필요하다. 그렇기 때문에 스타트업에 다니면서는 내가 이 기업을 키워서 제대로 된 보상을 가져가겠다는 욕심을 가지고, 내가 그 조직에 기여하고 싶은 부분이 분명히 있어야 한다.

"나는 이 회사에서 애플리케이션의 에러를 모조리 잡아내겠어."

"나는 앞으로 동영상이 비전이 있는 것 같으니, 그쪽 기술을 갈고 닦겠어."

"나는 데이터를 통해서 사용자를 이해하는 과정이 좋으니, 그로쓰 해 킹(Growth hacking)을 해 보겠어."

위와 같이 회사에서 일하는 분명한 목표와 전문성이 당신을 돋보이게 만든다. 스타트업은 작은 조직이다. 그 누구도 당신에게 학교처럼 친절하 게 알려 주지 않는다. 당신은 회사에 들어가서 '내가 무엇을 해야 하지'라고 고민하는 것이 아니라, 이미 내가 할 수 있는 것을 알고 있어야 한다.

만약 신입 개발자라면? 최소한 내가 개발하고 싶은 서비스와 플랫폼 에 대해 생각해 두었어야 한다.

"전자상거래 서비스에서 안드로이드 애플리케이션을 만들고 싶다."

"O2O 서비스에서 서버 개발을 하고 싶다."

이런 목표는 내가 그 분야의 회사에 들어갔을 때, 더 신나게 일을 할 수 있는 동기를 제공해 준다. 내가 관심 없는 분야의 제품을 만드는 건 회 사 입장에서나 개발자 입장에서 모두 손해이다.

이건 꼭 확인하자

- 함께 일하기 전 수습 기간을 두는 회사가 있다. 수습 기간이 월급을 제 대로 주는 형태라면 오케이. 하지만 수습 기간에 비용을 깎는 회사라면 다시 한번 생각해 보자. 돈은 제대로 주지 않으면서 열정을 강요하는 회사일 가능성이 높다.
- 로켓펀치를 통해 회사를 찾은 경우라면, 회사 소개 글을 잘 살펴보자. 회사 소개 글은 보통 대표가 쓰기 마련이다. 그런데 성의 없는 글이라 면? 혹은 팀원이 아니라 값싼 노동력을 구하는 것 같다면? 거긴 조용

히 뒤로 가기를 누르자.

- 지나치게 힘든 회사는 선택하지 마라. 만나서 회사가 얼마나 어려운지 토로하며 매우 낮은 연봉으로 협상하려는 경우가 있다. 대표가 혹은 구성원들이 고생하는 건 가슴 아픈 일이지만, 내가 너무 관심이 있는 서비스이고 내가 이 서비스를 맡아서 성공으로 이끌 수 있다는 생각이 드는 것이 아니라면 죄송하다고 말씀드리자.

- 대표 중에 직접 실무에는 참여하지 않고 훈수를 두는 경우가 있다. 이건 같이 일해 보기 전에는 알기 힘들다. 대표가 실무에 경험이 많다거나 합리적으로 논의를 이끌어 가는 경우라면 괜찮다. 그런데 문제는 서비스가 나오는 프로세스를 전혀 이해하지 못하면서 "그냥 내 눈에는 그래 보여요."라는 식의 예술가적 접근을 한다거나, '내가 돈을 낸 서비스'라는 생각에 하나부터 열까지 다 개입하는 경우이다. 첫 사회 경험으로는 오케이. 하지만 내가 주도할 수 없는 업무는 재미가 없다.

- 이 중 최악은 꼰대 마인드다. 자리에 오래 앉아 있어야 좋은 서비스를 만든다고 생각하는 사람들이 있다. 절.대.로. 근처로도 가지 마라. 내가 지금까지 사회생활을 하면서 들었던 제일 어이없는 피드백은, "다른 사람들 일하는데 일찍 들어가면 미안하지 않아요? 적당히 눈치 보면서 한 시간만 더 앉아 있다가 가요."였다. 물론 그만뒀다.

기회가 왔을 때 준비되어 있을 것

6

첫 회사에서 많은 것을 배웠다. 학원에서는 자바를 공부했는데, 회사에 들어가니 바로 PHP로 만들어진 사이트를 던져 줬다. 하지만 다행히 한 프로그래밍 언어를 공부한 후에 다른 걸 배우는 건 어렵지 않았고, 크게 어렵지 않게 PHP로 일을 시작할 수 있었다. 나에게 처음 던져졌던 일은 주로 비즈니스에 대한 깊은 이해가 없이도 할 수 있는 일들이었다. 부트스트랩(https://getbootstrap.com)이라는 CSS를 간편하게 작성하게 해 줄 수 있는 라이브러리를 이용하여, 프로젝트를 적용해서 사이트 전체 레이아웃을 바꾸는 게 나에게 처음 떨어진 프로젝트였고, 전체 레이아웃을 고치면서 실제로 돌아가는 서비스는 어떻게 구성되어 있는지 배울 수 있었다.

그 이후에는 면접 때 안드로이드 앱 포트폴리오를 제출했던 덕분에 회사에서 1년 정도 방치했던 안드로이드 앱을 업데이트하라는 업무를 받았다. 그 안드로이드 앱을 하나하나 뜯어보면서 아주 낮은 수준이었던 안드로이드 앱 개발에 대한 이해도를 제법 높은 상태까지 끌어올릴 수 있었다. 다른 사람이 짜 놓은 코드를 보는 것은 굉장히 즐거운 경험이었는데, 사실 학원에 다니면서는 거의 다른 사람의 코드를 볼 기회가 없고, 특히 높은 수준의 코드를 볼 기회는 전무하기 때문에 회사에 들어가서 오랜 경력을 가진 사람이 짠 코드를 보는 건 정말 재미있었다. 물론 작은 규모의 스타트업답게 업무 인수인계가 거의 이루어지지 않았기 때문에, 정말 그냥 아무런 설명 없이 코드만 툭 던져진 상태로 일을 시작해야 했고, 누구한테 이 코드는 왜 이렇게 짜여있는 거냐고 물어볼 틈도 없이 일을 처리해야만 했다. 하지만 그만큼 일에 대한 자유도도 높았다.

기존 안드로이드 앱의 업데이트가 끝날 무렵, 회사에서는 신규 안드로이드 프로젝트를 시작했는데, 마침 회사 내에서 내가 유일한 안드로이드 개발자였기 때문에 회사의 지원을 받으면서 신규 앱을 만들고 런칭할 수 있었다. 하지만 다양한 프로젝트를 하면서 마음속에는 아이폰 앱 개발을 함께 해 보고 싶다는 생각이 커져 갔다. 내가 개발을 배우기 시작한 이유는 내가 사업을 시작할 때 준비되어 있어야 한다고 생각했기 때문이었다. 국내에서는 안드로이드를 먼저 출시하기는 하지만, 서비스가 커진다면 결국 아이폰 앱도 출시하는 것이 일반적이기 때문에 꼭 배워야겠다는 생각이 들었다. 물론 내가 아이폰을 사용하고 있다는 사실도 크게 작용했다.

구하는 자에게 복이 있나니

그런데 아이폰 개발을 하려면 꼭 필요한 준비물이 있었으니, 바로 맥북이다. 아이폰은 스티브 잡스의 역작으로, 애플사에서 나온 맥북, 아이

맥 등의 컴퓨터로만 개발을 할 수 있었다. 하지만 당시에 나는 첫 회사를 때려치우고 6개월 동안 학원에서 나라에서 주는 용돈으로 연명하며 겨우 개발자로 일을 시작한 시기였고, 당장 맥북을 살 수 있을 리가 없었다. 먼저 회사 생활을 시작한 동생에게 생활비로 수백만 원 빚까지 있던 시기였다. 하지만 아이폰 앱 개발을 배우고 싶다는 열정을 주체할 수가 없었고, 머리를 굴리기 시작했다.

그리고 그렇게 결정하기 쉽지는 않지만, 친구들 단체 채팅방에서 방황하는 친구를 위해 맥북을 사달라는 영업을 하기 시작했다. 다 같이 고만고만하게 대학교를 졸업해 몇몇은 회사에서 일을 하고, 몇몇은 자기 일을 시작하던 시점이었다. 친구에게 컴퓨터 하나를 흔쾌히 사 줄 수 있을 만한 경제력이 있기 어려운 시기였다. 하지만 당시에 새로운 도전을 하고 싶다는 생각이 절박했고, 맥북을 사기 위해 월급을 모아야 하는 그 몇 달조차 너무 답답했기 때문에 부끄러움을 무릅쓰고 가장 저렴한 맥북 모델을 구매해 줄 친구를 찾아 나섰다. 물론 적지 않은 금액이라는 것을 너무나 잘 알고 있었기 때문에, 큰 기대는 하지 않고 있었다. 그런데 고등학교 친구 한 명이 선뜻 맥북을 사 주겠다고 하는 것이 아닌가? 정말 고마웠는데, 친구는 딱 한 마디를 남겼다. "이걸로 앞으로 큰일 할 거 아니니?"

일주일 정도 뒤에 맥북을 택배로 받았고, 드디어 맥북을 장착한 개발자가 되었다. 드디어 아이폰 앱 개발을 할 수 있는 환경을 갖추게 되었다.

아이폰 앱 개발 공부를 시작하다

원하던 맥북이 생겼지만 회사에서 아이폰 개발을 공부하는 데 한계가 있었다. 당시 회사에서는 아이폰 앱 시장이 작다고 판단해서 내부적으로 아이폰 앱을 개발할 계획이 전혀 없었기 때문이다. 하지만 그렇다고 해서 회사가 아이폰 앱 개발을 배울 수 있는 기회를 주기만을 기다리고 있을 수도 없었다.

그래서 아이폰 앱 개발을 공부할 수 있는 방법을 다양하게 알아보기 시작했다. 그러다가 유데미(https://www.udemy.com)라는 온라인 강의 사이트를 통해서 아이폰 앱 개발 강의를 찾을 수 있었다. 그 이후로 출퇴근할 때마다 인터넷 강의를 듣는 삶이 일상이 되기 시작했다. 회사에서 안드로이드 앱 개발을 하면서 잘 모르는 부분을 퇴근하는 길에 인터넷 강의를 들으면서 채웠고, 집에 도착해서 실제로 연습을 해 봤고, 그 다음 날 출근하면 공부했던 내용을 실제 앱에 반영했다. 아이폰 앱 개발도 마찬가지였다. 출퇴근하면서 공부한 인터넷 강의 내용을 집에 가서 실제로 만들었고, 그걸로 포트폴리오를 하나둘 만들어 나갔다.

온라인 강의를 들으면서 깨달은 점은 그동안 개발 공부를 한참 잘못하고 있었다는 점이었다. 학원에서는 주로 교재를 통해서 개발을 가르쳤다. 실습도 주로 책에 나와 있는 내용을 따라서 쳐 보기 바빴고, 이걸 왜 쓰는 건지는 아무도 알려 주지 않았다. 그저 수업을 통해서는 "원래 이런 거니까 그냥 외워, 나중에 다 이해가 될 거야."라는 식으로 가르치는 게 전부였다. 시중에 나와 있는 책 대부분이 이런 식으로 구성되어 있다. 그런데 온라인 강의를 통해서, 그리고 내가 만들고 싶은 것을 분명히 가지고 있는 상태에서 개발을 공부하자 많은 것이 다르게 다가왔다. 일단 공부하는 많은 내용들을 내가 어디에 쓸 건지, 그리고 왜 배우는 건지 충분히 이해한 상태였다. 그리고 그것이 단순히 머릿속의 지식으로 남는 것이 아니라 실제 서비스로 옮겨졌다. 그 과정을 통해서 프로그래밍 개념과 다양한 기능을 충분히 연습할 수 있었고, 그리고 단순히 책으로 공부하는 것보다 더 큰 즐거움과 흥미를 느낄 수 있었다. 학원에서는 경험하지 못

했던 즐거움이었다.

　개발을 처음 공부하는 많은 사람들이 책을 처음부터 끝까지 이해하기 위해 노력한다. 그런데 그런 방법은 잘못되었다. 우선 그렇게 공부하면 끝까지 도달하기조차 힘들다. 보통 이걸 학생의 근면성의 문제로 치부하는 경향이 있는데, 그런 방식으로 공부할 수 있는 건 정말 소수의 사람에게만 가능하다. 나는 실제로 내가 만들고 싶은 서비스를 정하고, 이걸 만들기 위해서 노력하는 방식으로 훨씬 더 빠르고 즐겁게 공부하는 나만의 방법을 찾을 수 있었다.

기회가 찾아왔다

　그렇게 회사에서 안드로이드 앱을 만들며, 개인 프로젝트로 아이폰 앱을 몇 개 만들었을 때였다. 지인을 통해서 한 회사에서 안드로이드 앱과 아이폰 앱 개발을 동시에 하고 싶어 한다는 이야기를 들었다. 이 회사는 온라인 광고 대행사였는데, 온라인 마케팅 관련 앱을 한 번 출시한 경험이 있는 회사였고, 이번에 온라인 광고와는 조금 거리가 있는 새로운 서비스를 기획하고 출시할 계획이라고 했다.

　그리하여 그 회사 대표님을 직접 만나게 되었고, 앞으로 아이폰 앱과 안드로이드 앱을 동시에 출시할 계획이 있다는 이야기를 듣게 되었다. 특히 20대가 주로 사용하게 될 서비스의 특성상 아이폰 앱을 먼저 만들고 싶다는 의지를 보이셨다. 나는 대표님께 무조건 할 수 있다고 말씀드렸다. 특히 회사에서 따로 아이폰 앱을 개발해 본 적이 없는 개발자에게 아이폰 앱 개발을 처음부터 끝까지 맡기겠다니 이건 힘들더라도 꼭 도전해야 하는 기회라고 생각했다. 그뿐만 아니라, 안드로이드 앱부터 서버까지 혼자서 다 해 볼 수 있는 이런 기회는 정말 흔치 않았다. 물론 겁이 나지 않았겠는가? 당연히 내가 제대로 할 수 있을까 겁이 났다. 하지만 나는 이미 다양한 온라인 강의가 있다는 사실을 알고 있었고, 이미 몇 달을 혼자서 많은 부분을 공부해 왔기 때문에, 마음만 먹는다면 지금 모르는 부분도 충분히 혼자 공부해서 만들 수 있을 것 같다는 자신감이 생겨나고 있을 때였다. 그래서 도전해 보기로 마음먹었다.

그렇게 이직을 하고 새로운 회사에서 일하기 시작했다. 회사 내에 제대로 된 개발 조직이 없는 회사였기 때문에 제법 어려움이 있었다. 개발자가 아닌 사람들에게 개발에 대한 개념을 설명하고, 일정을 조율하는 일은 쉬운 일이 아니었다. 하지만 회사에서 이 프로젝트를 위해 새롭게 뽑은 디자이너도 있었고, 출시 계획이 앞당겨져 안드로이드 개발자를 추가로 채용하게 되면서 팀으로 함께 일할 수 있는 기회도 생겼다. 함께 고민하고 생각하면서, 개발뿐만 아니라 프로젝트 관리까지 경험할 수 있는 정말 값진 경험이었다.

이후에도 나의 온라인 강의 사랑은 계속되었다. 아마 개발자가 되고 나서 2년 동안은 끊임없이 인터넷 강의를 사 모았던 것 같다. 그 결과 지금 내 유데미 계정에는 거의 200개에 가까운 강의 구매 내역이 있다. 그리고 유데미 외에도 유다시티에서 강의를 수강하거나 코세라(https://www.coursera.org)에서 대학 강의를 찾아 듣기도 했다. 강의 비용은 몇만 원에서 수십만 원까지 다양했는데, 돈 얼마 아껴 보겠다고 혼자서 책을 사서 공부하다가 포기하는 것보다는, 비용을 들이더라도 제대로 배우고 확실히 성과를 내는 게 훨씬 더 효과적이라고 판단했다. 실제로 혼자서 공부했다면 2~3주가 걸릴 내용도 온라인 강의를 들으면 1~2일이면 다 공부할 수 있는 경우도 많았다.

원하는 것을 얻기 위해서는 미리 준비되어 있어야 한다

2018년 현재 나는 싱가포르에서 개발자로 일하고 있는데, 싱가포르에 넘어올 당시에도 온라인 강의 덕분에 좋은 기회를 얻을 수 있었다. 싱가포르로 넘어오던 당시 나는 스칼라(Scala)라는 프로그래밍 언어에 관심이 생긴 상태였고, 스칼라를 만든 사람이 코세라에서 직접 하는 강의를 다 공부한 상태였다. 그리고 그 수료증을 링크드인(https://www.linkedin.com)에 올려 두었는데, 마침 싱가포르에 있던 핀테크 스타트업에서 내 이력과 스칼라 학습 상태에 관심을 가졌고 면접 기회를 가질 수 있었다. 그 덕분에 새로운 나라에 안정적으로 정착할 수 있었다.

내가 이런 이야기를 통해서 전달하고 싶은 건 딱 한 가지다. 정말 원하는 것을 얻고 싶다면, 그 기회가 왔을 때 잡을 수 있도록 준비되어 있어야 한다는 사실이다. 공부하려고 마음만 먹는다면, 세상에는 끝도 없이 많은 교육 자료들이 펼쳐져 있다. 요즘 세상에 어떻게 공부할지 모르겠다고 불평하는 건 사실 어리광이라는 생각도 든다. 최소한 유튜브나 구글에서 배우고 싶은 내용을 한 번은 검색을 해 보면, 정말 양질의 자료가 끝도 없이 펼쳐져 있음을 알 수 있다. 우리가 할 일은 그런 자료들에서 시작해서, 더 양질의 자료로 옮겨 다니며 자신이 진짜 원하는 일을 계속해 나갈 수 있도록 끊임없이 공부하는 일이다.

그리고 특히 개발자는 머릿속에 들어 있는 지식만으로는 아무것도 말할 수 없기 때문에, 내가 가고 싶은 분야에 관련된 개인 프로젝트를 만들고 블로그를 정리하는 등의 노력이 꼭 필요하다. 정말 원하는 것을 얻기 위해서는 준비되어 있어야 한다. 그리고 그 준비는 증거를 반드시 가지고 있어야 한다.

인문학도가 말하는
개발 이야기

7

　개발자로 경력을 시작하면서, 그리고 개발에 관련된 글을 쓰기 시작하면서, 최근에는 개발 강의를 시작하면서 점점 많은 사람들이 비전공자로서 개발자가 되었을 때의 강점이 무엇인지 묻는다. 이건 너무나도 자연스러운 고민이다. 사실 개발자로 경력 전환을 꿈꾸는 사람이 '대학교에서 4년이라는 긴 시간 동안 개발을 배운 전공생들과 경쟁했을 때 내가 더 잘할 수 있을까'라는 고민을 충분히 할 수 있기 때문이다. 지금부터는 의도하지는 않았지만 대학교에서 역사학을 배우고 졸업한 후 개발을 배우고 개발자로 일하면서 '이 시대가 찾는 융·복합형 인재'가 되어 버린 사람의 주관적인 이야기다.

　나는 외국어 배우는 걸 좋아한다. 그리고 프로그래밍도 참 재밌다. 둘 다 함께하다 보니 공통점이 보이는데, 그건 바로 언어라는 점이다. 다시 말해, 외국어와 프로그래밍 언어는 그 자체가 목적이 아니라 내 의지를 전달하는 매개체 혹은 수단이다. 물론 전문 통역사나 번역가, 그리고 프로그래머는 언어를 통해서 생활을 영위하는, 수단보다는 목적으로 언어를 사용하는 사람들이라고 할 수 있지만, 대부분의 사람들에게 언어는 수단이다. 우리는 언어를 통해서 사람들과 대화를 나누고, 일을 하고, 조직을 만든다. 마찬가지로 우리는 프로그래밍 언어를 통해 만들어진 컴퓨터를 쓰고, 서비스를 사용한다.

프로그래밍은 0과 1이라는 숫자로 이뤄진 가상의 세계에 생기를 불어넣는 일을 한다. 어떤 프로그래머는 이 가상의 공간에 은행을 짓고, 다른 누군가는 이 가상의 공간에 수백만 채의 집을 짓는다. 또 다른 누군가는 자신만의 영토를 쌓아 올려서, 사람을 모으기도 한다.

자동화 대표주자 프로그래밍

특히 이 가상의 공간 속에서 프로그래밍이 가장 탁월한 성과를 내는 부분은 자동화다. 컴퓨터는 인간이 상상할 수도 없는 고속 연산을 이용해서 사람이 도저히 따라갈 수 없는 수준의 속도로 여러 작업을 처리한다. 수십 명이 수기로 작성해야 했던 것을 컴퓨터만 있으면 몇 명이 할 수 있는 것으로 바꾸는 프로그래밍은 산업 전반을 바꿔 놓았다. 프로그래밍은 수많은 사람의 일자리를 빼앗았고, 다시 그 기술에 기반한 수많은 일자리를 창출해 냈다. 결국 프로그래밍의 의미는 '기존의 업무를 얼마나 편리하게 만들 수 있는가'이다. B2B 비즈니스에서 프로그램은 말할 것도 없고 이제는 스타트업이라고 부르기 힘든 배달의 민족이나 직방 같은 O2O 서비스도 모바일 애플리케이션이라는 프로그램을 매개로 사람들에게 편리함을 제공하는 훌륭한 도구이다.

프로그래밍이 중요한 이유가 기술 그 자체가 아니라 사람들에게 편리함을 제공하기 때문이라면, 비개발 전공으로 개발에 도전하려는 사람들이 각자 대학교에서 보낸 4년은 결코 헛된 것이 아니다. 오히려 강점이 된다고 생각한다. 사람에게 편리함을 제공한다는 것은 사람에 대한 고민이 선행되어야 하는 작업이고, 다양한 분야에서 쌓아온 경험은 고객을 보다 더 다채롭게 이해하고 고객이 진정으로 원하는 서비스를 만들 수 있도록 돕는다.

한 예로, 아직 로스쿨 도입과 관련해서 국내에 잡음이 많은 것으로 알고 있는데, 로스쿨의 장점은 다양한 전공을 익힌 사람들이 법을 추가적으로 공부함으로써 법리 해석을 더 풍부하게 할 수 있다는 것이다. 기존의 사법 시험을 통해 배출된 법관들이 법에 대해서는 잘 알겠지만, 그 외 사회 여러 분야의 산업에 대해서 이해하지 못했기 때문에 현실과는 동떨어진 판결이 나오는 상황을 개선하기 위해서라고 한다. 비전공자들은 자신이 배운 지식을 프로그래밍과 접목해서 시장이 원하는 것, 즉 사람들이 더 원하는 것을 찾아낼 수 있는 능력이 있다고 믿는다. 아마 코드 말고는 아무것도 신경 쓰고 싶지 않아 하는 개발자와 함께 일해 본 경험이 있는 사람이라면 내 말에 고개를 세차게 끄덕일 것이라고 확신한다.

나는 4년간 역사학을 배웠는데, 그 덕에 역사적 통찰력을 배울 수 있었고, 과거의 사례에 비추어 미래를 그릴 수 있는 능력을 키웠다고 믿는다. 그리고 이런 경험이 더 나은 서비스를 위해 색다른 아이디어를 만들어 내는 데 정말 결정적인 능력이라고 생각한다.

인문학도 개발자의 강점

나는 비전공자로서 개발에 대해 말하고, 글을 쓰고, 콘텐츠를 만든다. 유튜브에 온라인 강의를 찍어서 배포하기도 하고, 직접 강의를 만들어서 강의 사이트를 운영하고 있기도 하다. 어려운 개념을 설명하기 위해 더 어려운 번역어를 쓰는 게 아니라 일반인도 알아들을 수 있는 평이한 어휘를 사용하는 것이 비전공자의 장점이다. 굉장히 실력이 좋은 개발자들은 많지만, 이미 개발 경력이 오래된 사람들은 개발을 배운 지 너무 오래되었기 때문에 이런 개념을 비전공자도 쉽게 이해할 수 있도록 설명하는 능력이 떨어지는 경우가 많다. 그런데 개발자는 사람과 일한다. 혼자서 컴퓨터랑만 함께 일할 수 있는 개발자는 많지 않다. 프로그래밍 관련 기술뿐만 아니라, 사람을 대하는 기술까지 함께 가진 개발자라면 누구나 함께 일하고 싶은 사람이 된다.

그리고 경력을 전환한다는 것은 자신이 쌓아온 전문성과 단절하는 것이 아니라, 내가 쌓아온 경험을 바탕으로 더 많은 것을 경험할 수 있게 도와주는 경력의 확장이다. 남들이 하지 않은 경험과 새로 배우는 것이 결합했을 때의 그 파괴력은, 왜 그토록 정부가 애타게 '융·복합형 인재'를 찾는지 이해하게 만든다. 외국에서는 다양한 배경을 가진 사람을 뽑으려고 노력하는데, 개발 분야도 예외는 아니다. 실제로 외국에서 개발자로 일하다 보면 제법 많은 비전공자 출신의 개발자를 만날 수 있는데, 회사에서 전략적으로 다양한 배경을 가진 개발자를 확보하고 그 안에서 시너지를 기대하는 경우가 많다.

또한 나는 1~2년 차 개발자가 비전공자라서 전공 관련된 지식이 부족한 건 이해할 수 있지만, 3년 차 이상의 개발자가 비전공자라는 이유로 평생 족쇄를 발에 차고 살아가야 할 이유는 전혀 없다고 생각한다. 소프트웨어 개발은 그 어떤 산업 분야보다도 학습량이 방대하고, 더 빨리 변화한다. 정말 많이 공부해야 한다. 필요하다면 개발자로 일을 시작하고 난 이후에 컴퓨터 공학 지식을 습득하기에 개발자로서 2년은 결코 짧지 않은 시간이다. 즉, 필요하면 공부하면 된다는 말이다. 물론 회사 출퇴근 도장만 열심히 찍어서는 부족한 부분이 채워지지 않는다. 그걸 원하면 과욕이다. 요즘은 워낙 MOOC 등 혼자서도 공부할 수 있는 자료가 많으니 더 치열하게 갈고 닦으면 된다.

프로그래밍은 가상의 공간에 새로운 세상을 만드는 일이다. 하나의 세상을 만드는 일은 몇 개의 조각을 맞추는 일과는 달라서 철학이 필요하다. 새로운 세상을 그리기 위한 본인만의 철학, 개발 기술과 함께 시장을 보는 눈, 사람을 이해하는 인문학적 마인드, 그리고 회사에 다녔다면 회사 실무 경험까지, 이 모두가 합쳐지면 개발은 당신에게 정말 큰 기회를 가져다줄 것이다.

새로운 시작을 앞두고 고민하는 사람들을 위한 조언

사람들이 종종 묻는다.

"나이가 많은데 괜찮을까요?"

"개발을 한 번도 해 본 적이 없는데 괜찮을까요?"

"비전공자인데 학사를 하지 않아도 괜찮을까요?"

이런 분들에게 꼭 드리고 싶은 말은 시작하기 전에 너무 걱정부터 하지 말고 최소한 한 번쯤은 개발하는 즐거움에 푹 빠져 봤으면 좋겠다는 것이다. 나도 물론 개발을 처음 시작하면서 고민이 많았다. 그리고 개발에 소질이 없다고 생각했으니 더 그랬을 것이다. 그리고 지금이라고 개발자로서의 진로를 고민하지 않는 것은 아니다. 개발자로 진로를 시작해도 앞으로 다양한 길이 펼쳐져 있기 때문에 무엇을 할 것인지에 대한 고민은 끊임없이 이어진다.

그런데 지금 돌아보면 조금 더 개발 자체를 즐기면서 배울 수 있는 시간이 있었더라면 좋았겠다 싶다. 대학교 4년 동안 '원한다면' 충분히 개발을 즐길 시간이 있었던 전공생과는 다르게, 개발자로 전향을 희망하는 사람들은 항상 조급함에 시달린다. 어떻게 최대한 빠르게 배우고, 포트폴리오를 만들고, 취업해서 일할 실력을 쌓아서 일을 시작할 수 있을까가 최대 관심사가 된다. 그러는 과정 속에서 개발에 대한 즐거움은 뒤로 밀리고 일처럼 느껴지기 쉽다.

나 역시 개발을 수단으로 대하며 배우기 시작했다. 물론 개발을 배우기 시작한 이후에는 기술에 흠뻑 취해 살았다. 개발의 즐거움은 내 손으로 무엇인가를 만들어 낸다는 그 희열이 아닌가? 나는 퇴근하고, 새벽에 일어나서 계속 새로운 기술을 공부하고, 계속해서 서비스를 만들어 냈다. 최소한 한 번은 흠뻑 빠져 봐야 그 즐거움을 알 수 있다. 내가 만들 수 없던 무언가를 새로 배워서 내 손으로 만들었을 때의 그 희열은 경험하지 않으면 알기가 정말 힘들다. 하지만 한편으로는, 기술 자체에 더 깊숙하게 파고들 여유가 없었다는 생각이 든다. 그래서 개발을 처음 배우는 분들에게는 생각보다 개발자로 일을 시작하는 것은 어렵지 않으니, 끊임없이 탐구하고 즐겨 보라고 말하고 싶다.

목적으로써의 프로그래밍과 수단으로써의 프로그래밍의 균형을 잘 맞춰야 한다는 의미인데, 프로그래밍이 너무 수단으로만 남으면 오래 개발을 하기가 힘들어진다. 처음에 개발을 배우면서 이것저것 직접 만들어 보면 정말 재밌다. 그런데 개발을 오래 한다는 것은 개발이라는 분야에 굉장히 전문성이 필요하다는 이야기다. 그러면 단순히 무언가를 만드는 것에만 그치는 것이 아니라, 이것이 어떻게 작동하는지를 점점 더 깊이 이해해야 한다. 바로 컴퓨터 전반에 대한 지식이 필요한 시점이 온다. 그런데 프로그래밍이 단순히 취업하기 위한 수단이었던 사람에게는 이것이 참 힘들다. 그런 것까지 몰라도 필요한 기능들은 대충 만들 수 있기 때문에 자세히 알고 싶지 않고, 하던 것만 하고 싶어 하는 사람들이 많다. 물론 이런 경우에 시간당 생산성을 향상시켜서 많은 돈을 버는 프리랜서가 되는 경우도 있지만, 좋은 회사에서 똑똑한 동료들과 훌륭한 제품을 만들고 싶은 개발자라는 경력에 욕심이 있는 사람이라면, 개발을 즐길 수 있어야 오래 갈 수 있다고 말하고 싶다.

같은 맥락에서 프로그래밍을 처음 배우고 있는 사람이라면, 내가 이 일을 하면서 즐길 수 있을지 잘 생각해 보면 좋겠다. 좋아하지 않는 일을 하면서 회사 생활을 하는 건 자신을 속이는 일이기 때문이다. 그리고 자신을 속이는 건 너무나 고통스러운 일이다.

나는 개발이 좋다

8

　나는 개발을 늦게 시작했다. 대학교를 졸업하고 회사도 다니다 그만두고 개발을 시작했으니, 컴퓨터 공학을 전공으로 하거나 혹은 중고등학교 때부터 개발을 시작한 사람이 보기에는 개발 꼬꼬마임이 틀림없다. 그리고 개발을 10여 년 혹은 수십 년 동안 한 사람이 보기에는 저 경력 몇 년 안 된 개발자가 뭘 그리 잘 안다고 개발 관련된 책을 쓰냐고 생각할지도 모르겠다. 하지만 내가 이런 자기 부정과 자기 검열 과정을 뿌리치고 계속해서 글을 쓸 수 있는 이유는 개발이 즐겁기 때문이다. 내가 하는 일이 너무나 즐겁다고 말할 수 있는 사람이 세상에 얼마 되지 않는다는 사실을 알기 때문에, 내 글을 읽고 누군가 이 길을 걸을 수도 있다는 생각을 하곤 한다. 나의 글이 그런 사람들에게 조금이라도 이 길을 걸을지 판단하는 기준이 되거나, 혹은 이 길을 걷기로 결정한 사람이 보다 시행착오를 덜 겪을 수 있다면 그것만으로 충분히 감사한 일이라고 생각한다.

나에게도 개발을 하지 말라고 말리던 사람들이 있었다. 국내에서 개발자의 대우는 요즘에야 눈에 띄게 좋아졌지만, 예전에는 3D 직종의 상징적인 직업이 아니었나. 특히 나는 인문학을 전공했기 때문에 주위에 개발자가 거의 없었는데, 직접 해 보지도 않고 조언해 주고 싶어 하는 사람들이 많았다. "내 친구 중에 개발자가 있는데 힘들다더라", "그거 맨날 야근하는데 박봉이라더라" 등등 온갖 안 좋은 이야기들로 가득했다. 그런데 나는 그런 주위의 이야기에 크게 신경을 쓰지 않았고, 설령 한국에서 개발자로 일하는 것이 그만큼 힘든 일이라고 하더라도 국내에서 충분히 경력을 쌓고 외국으로 나가자고 다짐했다. 개발자로 일하고 있고 심지어 해외에서 지내고 있는 요즘은 아무도 나에게 그런 이야기를 하는 사람이 없다.

나에게도 개발이 싫던 날이 있었다. 물론 요즘도 구글에서 찾을 수 없는 에러 코드를 만날 때마다 아주 조금 싫을 때도 있지만, 처음 만났던 개발은 너무 어려웠다. 개발을 공부하기 위해 6개월짜리 국비지원사업 강의를 신청하고, 강의가 시작하기 전 한 달 정도의 시간을 혼자서 C 언어를 독학하면서 보냈다. 아주 간단한 내용만 실습해 보면서 '포인터'라는 개념 전까지 공부를 하고, 학원에서 자바를 배우기 시작한 첫째 주. 오호라, 한 달간 틈틈이 책으로 공부했던 내용이 일주일 만에 끝나는 기적을 볼 수 있었다. 다행히 나는 예습을 하고 갔기 때문에 충격이 덜 했으나, 반에 절반 정도 되는 비전공생의 얼굴에는 어두운 좌절의 그림자가 내려오고 있었다. 특히 자바 프로그래밍에서 아주 중요한 요소를 차지하는 '컬렉션 프레임워크'라는 내용을 가르치면서, 그 이유에 대한 단 하나의 설명도 없이 책 속의 예제를 따라 치던 선생님을 바라보며 학생들은 비통함에 빠졌다. 그래, 우리는 느낄 수 있었다. '너도 이해 못 했구나, 임마.' 그것은 진한 전우애였다. 분명히 내가 멍청해서 이해하지 못한 건 아닌 것 같은데, 나는 내가 뭘 배우고 있는지 이해할 수 없었고 좌절했다. 그러다 책 진도만 나가는 것이 아니라, 왜 이 개념을 알아야 하는지 알려 주는 선생님을 만났을 때 처음으로 개발에 흥미를 되찾을 수 있었다. 그리고 나는 아래와 같은 프로그래밍의 오해를 헤쳐 가며 성장해 왔다.

01 | '에러는 나쁘다'

아니다, 에러는 개발자가 프로그램에서 발생하는 문제를 해결하도록 알려 주는 신호이다. 이 신호가 없다면 개발은 훨씬 더 괴로워질 것이다. 처음 개발을 배우는 사람들에게 에러는 하나도 이해할 수 없는 암호처럼 보이지만, 이런 에러 메시지가 나오지 않는다면 이 문제가 어디에서 발생하는지, 그리고 어떻게 해결해야 하는지 찾는 데 오랜 시간이 걸릴 것이다.

02 | '객체 지향 프로그래밍은 절대 선이다'

아니다, 클래스로 대표되는 객체 지향이라는 패러다임은 프로그래밍 기술이 발전하고 프로그램이 커지면서 길어져 가는 코드를 관리하기 위한 기술로써 등장한 것이다. 객체 지향이라는 개념의 상징 같은 클래스, 인터페이스라는 개념도 전부 큰 프로그램을 더욱 효율적으로 관리하기 위해 등장한 것이지, 처음부터 존재하던 것은 아니었다. 그리고 객체 지향뿐만 아니라 함수형 언어를 포함한 다른 언어 패러다임도 다른 방법으로 커다란 프로그램을 효율적으로 짜기 위한 고민을 하고 있다.

03 | '소프트웨어 개발은 고도의 수학적 사고 활동이다'

반반. 보통 개발자를 떠올릴 때 알고리즘을 구현하는 수학적 사고의 달인을 생각하기 쉽지만, 소수의 경우를 제외하고는 대다수의 개발자는 이미 존재하는 도구를 익히고 그것을 이용하는 기술자에 가깝다. 특히 개발을 배우는 초기에는 다양한 도구를 배우는 것에만 시간을 쏟는다. 웹 개발을 예로 들면, 어떻게 데이터베이스에 데이터를 요청하는지, 그리고 특정한 웹 페이지(예, https://brunch.co.kr/@imagineer/130) 주소를 웹 브라우저에 입력했을 때 어떻게 원하는 내용을 보여 주는지는 개발자가 직접 개발하는 것이 아니다. 존재하는 도구를 먼저 배워야 한다.

04 | '개발의 고수가 되는 데는 몇 년이 걸린다'

개발자들을 위한 지식인 서비스인 스택오버플로우의 창시자는 『코딩 호러의 이펙티브 프로그래밍』이라는 책에서 "한 분야에서 12개월 정도 일하고 난 다음에는 그 분야에 정통하거나 아니면 영원히 정통할 수 없거나 둘 중 하나"라고 말한다. 결국 하나의 기술을 충분히 익히는 데는 그렇게 오랜 시간이 걸리지 않는다는 것이다. 그보다 기간이 짧더라도 '얼마나 깊이 있게 공부했는가'가 실력을 판가름한다. 그런데 한국에서는 개발자의 실력을 제대로 판단할 방법을 알지 못해서, 이상한 자격증 시험을 만들고 연차로 개발자의 능력을 판단한다.

내 생각을 현실로

개발의 가장 큰 매력이 무엇이냐고 묻는다면 나는 단연코 '내 생각을 풀어내서 이 세상에 내놓을 수 있는 가능성'이라고 말하고 싶다. 우리가 학교에서 배우는 많은 것들 중에서 그 무엇 하나도 실생활에서 사용할 수 있는 것을 찾기 힘들다. 내가 대학에서 4년간 즐겁게 배웠던 역사학도 나에게 과거와 현재를 아울러 세상을 보는 넓은 눈을 선물해 주었지만, 그

것을 실생활에 접목할 수 있는 부분은 많지 않았다. 대학교에서 교수를 하거나, 학교에서 역사 선생님을 하거나, 혹은 역사에 관련된 글을 인터넷에 쓰는 정도가 아니었을까?

그런데 개발은 내 결과물이 바로 다른 사람에게 닿는 놀라운 경험을 할 수 있게 해 준다. 물론 개발 분야에 따라서 운영체제의 깊은 곳이나 개발에 사용되는 다양한 도구 그 자체를 개발한다면 그런 느낌이 조금 덜 할 수도 있겠지만, 많은 경우 내가 만든 서비스는 서버에 올라가고 사용자의 반응을 이끌어 낸다. 이 쾌감이 내가 자신의 서비스를 개발하는 스타트업에서 벗어나지 못하는 이유일지도 모른다.

수고스럽게 몇 달을 팀원과 같이 논의하고 만들어 낸 서비스가 웹 페이지 혹은 앱스토어나 구글 플레이에 올라갔을 때, 그리고 그 서비스에 누군가 가입할 때, 그리고 그 사용자가 댓글을 남기거나 어떤 행동을 취하는 모습을 지켜보는 것은 정말 큰 즐거움이다. 나는 내가 처음부터 끝까지 만든 서비스를 처음으로 출시했을 때의 그 감동을 아직도 잊지 못한다. 이 즐거움을 맛보았다면, 그 이후에는 어떻게 하면 더 사용하기 편하고 아름다운 앱을 만들지, 그리고 어떻게 서비스의 장애를 없애고 속도를 빠르게 만들지 고민하게 되는 것은 너무나도 자연스러운 순서이다.

지금은 디지털 세계

이미 사람들은 모든 작업을 컴퓨터를 통해서 하고 있다. 개인의 창의성이 가장 중요한 예술 분야도 컴퓨터를 빼고는 존재할 수 없다. 수많은 예술 작품들이 포토샵과 일러스트를 통해서 일어나고, 사진도 디지털카메라와 스마트폰으로 찍는다. 음악을 만드는 것도, 영화를 찍는 것도 전문 편집 프로그램이 그 자리를 차지하고 있다. 인공지능이 글을 써서 일본 문학상 후보에 올랐고, 3D 프린터가 집에서 오늘 입고 싶은 옷을 찍어 줄 날도 얼마 남지 않았다.

변태 같을 수 있지만, 이제 나에게는 많은 것들이 '디지털화'되어 보인다. 음악을 듣고 있으면 이 곡을 디지털 정보로 변환해서 사람들이 더 좋아할 음악으로 변주할 수 있지 않을까 생각한다. 무료로 풀려서 무제한으로 사용 가능한 구글 포토에 올라가는 내 사진은 분석되어서 내가 어떤 옷을 좋아하고, 어디에 가고, 어떤 음식을 먹는지 수치화해서 나에게 돌아올 것이다. 이런 것들을 이해하는 순간, 스마트폰에서 흘러나오는 음악의 한 선율 위에 있는 것처럼 흘러 다니는 디지털 정보 속의 한 가닥 위에 존재한다는 생각이 들 때가 있다. 디지털 세계는 0과 1로 이루어져 있다고 하지만, 아름답고 또 아름답다.

이렇게까지 세상의 모든 것을 디지털화해서 보지 않더라도, 내가 매일 사용하는 웹 사이트와 앱이 어떻게 작동하는지 이해하는 건 즐거운 일이 아닐까? 물론 세상에는 작동 원리를 이해하지 못하고 사용하는 기술들이 넘쳐난다. 물론 한 사람이 그 많은 것을 이해하면서 살 수는 없겠지만, 그중 한 기술을 배워 보는 것만으로 많은 것들이 새롭게 보인다. 특히 비전공자로 개발을 배운다면, 언제든지 새로운 기술을 배울 수 있다는 자신감도 생길 수 있다는 것은 보너스라고 하겠다.

가장 빠른 미래가 내 손에

개발자의 삶은 미래와 가장 가깝다. 무슨 말이냐고? 소프트웨어 개발과 개발 기술이 이끌어 나가고 있는 IT 산업은 가장 빠르게 혁신이 일

어나고 있는 분야이다. 잠시 관심을 다른 곳에 돌리고 있다 보면 수많은 신기술이 등장하고, 사라지고, 그중 몇몇은 널리 퍼진다. 그리고 수많은 서비스가 사용자를 만나기 위해 지금도 열심히 만들어지고 있다. 개발을 시작하고 난 이후로 새로운 서비스에 더 많이 관심을 가지게 되었다. 덕분에 여행을 가서는 Airbnb를 통해서만 숙박을 해결하고, 택시 바가지가 무서울 때는 Uber를 탄다. 한국에서도 쏘카라는 서비스가 등장하고 얼마되지 않아 자동차를 빌려 보았고, 배달의 민족은 야식을 시키기 위해 늦게까지 영업해야 하는 곳을 일일이 확인해야 하는 고생을 덜어 주었다.

개발을 하면서 산다는 것은 이런 기술 발전과 매우 가까이 살아간다는 것이다. 개인적으로는 원하지 않더라도 특정한 기술을 도입하기 위해 다른 서비스를 참고하고 공부해야 하는 일이 비일비재하다. 자연스레 여러 나라의 스타트업과 그 기술에 관심을 가지게 되면서 남들보다 빠르게 산업의 움직임을 이해하게 된다.

그리고 이런 각 산업에서 '새로움'에 도전해야 하는 조직은 어떤 산업보다 빠르게 새로운 문화를 도입하기도 한다. 지금은 한국에서도 꽤 많이 알려진 것 같지만 아직은 한국에서 실제로 도입한 회사를 찾기는 힘든 원격 근무도 사실 개발자 집단이 가장 적극적으로 받아들이고 있다. 왜냐면 개발자의 일이란 컴퓨터에 전적으로 의존해서 하는 일이고, 모든 작업 내용이 동료 개발자와 공유되어 너무나 객관적으로 업무량을 파악할 수 있기 때문이다. 이런 업무의 투명성은 개발자가 전 세계 어디에서 일해도 크게 개의치 않을 수 있는 산업의 분위기를 만들었다. 전 세계적으로 원격 근무를 적극적으로 도입하고 있다.

나는 그래서 개발이 좋다. 더 넓은 세상과 만날 수 있게 도와주었고, 내 상상을 현실로 이룰 수 있게 도와주는 개발이 나는 고맙다.

이런 사람에게
개발자가 되기를 권한다

9

"제가 개발을 잘할 수 있을까요?"

종종 이메일로 받는 질문이다. 정말 대답하기 힘들고 곤란한 질문이기도 하다. 내가 질문한 분을 개인적으로 잘 안다고 하더라도, 한 사람이 개발과 맞을지 안 맞을지를 대답하기는 정말 어렵다. 그런데 한 번도 만나 본 적도 없는 사람에게 어떻게 대답을 해 줄 수 있을까? 이 질문에 대해서는 결국 해 보는 수밖에 없다고 생각한다. 물론 그 도전의 과정에서 더 즐겁게 배울 수 있도록 잘 이끌어 줄 수 있는 사람이 있다면 가장 좋고 말이다.

한 사람이 개발을 좋아할지 싫어할지는 전혀 예언할 수 없지만, 어떤 성향을 가진 사람이 더 개발자로서 성공적으로 일할 수 있을지는 조언할 수 있을 것 같다. 개발자로서 다양한 조직을 거치면서 훌륭한 개발자분들을 많이 만났고, 그런 사람들이 공통으로 가지고 있는 성향이 분명히 보였기 때문이다. 하지만 내가 훌륭한 개발자분들을 모두 아는 것이 아니고 특정한 표본을 통해서 귀납적으로 추론한 성향이기 때문에 참고만 하면 좋겠다. 여기의 모든 요소를 지금 당장 갖추고 있지 않더라도 이후에 노력으로 채울 수 있다면 그것도 좋다고 생각한다.

기본적인 영어 능력

개발자가 왜 영어까지 해야 하냐고 물어보는 사람이 있을 수도 있다. 물론 국내에 영어를 못해도 훌륭하게 경력을 쌓아 나가는 개발자분들도 많다. 따라서 영어를 못하면 개발을 배우기 힘들다고 말하기는 힘들다. 하지만 특히 비전공자로서 개발에 도전하는 사람이라면 기본적인 영어 독해 능력과 듣기 능력은 확실히 큰 장점이라고 말해 주고 싶다.

일단 프로그래밍 언어부터 모두 영어를 기반으로 하고 있다. 가장 기본적인 명령어, 그리고 프로그래밍 과정에서 꼭 필요한 다양한 작명도 대부분 영어로 이뤄진다. 요즘은 중국 개발자 커뮤니티가 빠르게 치고 올라오고 있지만, 아직도 영미권 개발자들이 개발 분야를 이끌고 있다고 해도 과언이 아닌데, 거기서 만들어지는 방대한 자료들도 다 영어로 되어 있다. 서점에서 가끔 개발 관련 코너를 찾아보곤 하는데, 굉장히 오래된 버전의 자료를 판매하는 것을 종종 볼 수 있다. 영어로 발행된 자료를 번역하기까지 시간이 걸리기 마련인데, 개발은 신기술이 끊임없이 쏟아지기 때문에 최신 기술을 빠르게 배우려면 영어 실력은 필수적이다. 아주 간단하게는 문제가 발생했을 때 구글에서 어떻게 검색할 것인지에도 큰 영향을 미친다. 검색을 하려고 해도 뭐라고 검색해야 하는지를 알아야 하니까 말이다.

개발자로 경력을 전환하려고 고민하는 많은 분들이 다른 개발자에 비해서 시작이 너무 늦지 않았을까 고민하는데, 영어 구사 능력이 뛰어나다면 남들보다 더 빠르게 학습하고 그걸 실무에 적용할 수 있기 때문에 더 빠르게 성장할 수 있다.

꾸준히 공부하고 스스로 탐구하는 사람

무엇인가 새로운 걸 배울 때 어떻게 공부하는가? 혹시 학교나 학원처럼 '정식으로' 무엇인가를 배울 수 있는 환경이 아니면 새로운 것을 배우는 것이 어렵다고 느껴진다면, 개발자라는 직업을 선택하는 걸 고민해 볼 필요가 있다.

앞에서 영어 기술이 중요하다는 것과 같은 맥락에서, 개발자는 끊임없이 공부해야 하는 직업이다. 그런데 문제는 이런 공부해야 할 내용들이 중, 고등학교에서처럼 교과서에 예쁘게 정리된 것이 아니라는 것이다. 가장 잘 정리된 자료는 특정 웹 사이트에 문서로 정리되어 있거나, 혹은 누군가의 블로그에, 유튜브 채널에 정말 다양한 형태로 존재할 수 있다. 따라서 누군가가 가르쳐 줘야만 배울 수 있는 사람이라면 굉장히 고생하게 될 가능성이 크다.

회사에 들어가면 선배가 친절하게 가르쳐 줄 거라고 생각하면 큰 오산이다. 개발자들은 대체로 매우 많은 업무량을 소화하고 있기 때문에, 학교에서처럼 친절하게 옆에 앉아서 가르쳐 줄 사람은 거의 없다. 그리고 대부분이 스스로 공부하는 게 습관이 된 사람들이기 때문에 아마 하나하나 물어보는 후배를 답답해할 가능성이 굉장히 높다. 아마 굉장히 친절한 동료 개발자라면 관련 개발 문서의 링크 정도를 공유해 줄 가능성이 크다. 하지만 그걸 이해하는 건 결국 내 몫이다.

그리고 기초적인 개발 관련 자료들은 블로그에서 만날 수 있지만, 조금만 깊이가 있는 내용을 다루기 시작하면 블로그에서 만날 수 있는 내용은 급격히 적어지기 시작한다. 그때부터는 공식 문서를 찾거나, 직접 소스 코드를 찾아 헤매야 하는 시간이 온다. 소스 코드를 직접 들여다보기 시작한다는 건 설명을 곁들이지 않은 코드의 논리적 흐름을 스스로 이해해야 한다는 말이기도 하다. 궁금한 것이 생겼을 때 파고들고, 그에 대한 해답을 스스로 찾을 수 있어야 한다.

독립적이고 문제 해결 능력이 좋은 사람

앞서 말했던 것처럼 개발자는 바쁘다. 본인에게 쏟아지는 일을 처리하기에 벅찬 날들이 많다. 그런데 누군가 스스로 해결할 생각도 해 보지 않고 계속 와서 물어본다면 어떨까? 물론 팀에 새로운 개발자가 들어왔을 때, 팀의 코드에 더 많은 이해가 있는 사람으로서 새로 온 사람을 적극적으로 돕는 것도 동료 개발자의 의무다. 하지만 분명한 것은 질문은 스스로 해 볼 수 있는 해결책들을 모두 시도해 보고 난 이후에 해야 한다는 것이다. 속된 말로 기본적인 검색조차 해 보지 않는 '손가락이 게으른' 핑거 프린스/프린세스들이 개발자 커뮤니티에서 굉장한 공격을 받는 것을 볼 수 있다.

이런 관점에서 누군가에게 의존하지 않고 독립적으로 일을 할 수 있는 능력은 필수적이다. 개발자들은 보통 동료 개발자들과 함께 일하는 경우가 많지만, 코드를 짜는 순간에는 혼자다. 짝코딩 등 특수한 형태로 함께 코드를 치는 경우가 아닌 이상, 문제가 주어졌을 때 스스로 판단하고, 그 결정을 코드로 짜내려 가고, 그 코드에 책임을 지는 것이 개발자의 삶이라고 생각한다. 문제가 생겼을 때 이 문제는 내가 해결하고 만다는 고집에 가까운 성향이 다른 개발자들을 안심하게 만든다. 그래서 주도적인 성향은 매우 중요하다.

의사소통 능력이 뛰어난 사람

앞서 계속해서 독립적인 성향을 강조해 왔는데, 의사소통 능력이라니 상반된다고 생각할 수도 있다. 하지만 개발자는 결코 혼자서 일하지 않는다. 다른 동료 개발자들과 일하고, 다른 팀 사람들과도 함께 일한다. 혼자서는 결코 훌륭한 제품을 만들 수 없다.

그래서 다른 사람들과 협업하기 위해서는 의사소통 능력이 필수적이다. 많은 개발자들이 자신이 하는 일을 쉬운 언어로 설명하는 것에 실패한다. 왜냐면 너무 오랫동안 개발 용어들 사이에 파묻혀 살았고, 개발자 주위에는 개발자들이 많기 때문에 전문 용어나 축약어만 사용해도 대화가 통하는 경우가 많기 때문이다.

나는 특히 이 지점에서 비전공자 개발자가 우위를 가질 수 있는 부분이 있다고 생각한다. 다른 전공을 공부하다가 이후에 개발자가 된 사람들의 경우에는 본인이 비전공자로서 개발을 배우면서 겪었던 어려움을 기억하는 경우가 많다. 이런 사람들은 개발에 대한 배경지식이 없는 사람들에게 보다 쉬운 용어로 풀어서 설명할 수 있는 장점이 있다.

이런 사람에게는 권하지 않는다

개인적으로는 취업의 수단으로만 개발자가 되려고 생각하는 사람이라면 말리고 싶다. 만약 당장 가계를 책임져야 하는 어려운 상황이 아니라면 말이다.

실제로 많은 업체에서 개발자의 생활은 열악한 수준이다. 특히 SI 업체에서 개발자로 일한다면 끊임없이 이어지는 프로젝트에 투입될 가능성이 크다. 대체로 생계 수단으로써 개발을 선택하는 친구들이 취업이 쉽다는 이유로 SI 업체를 선택하는 경우를 종종 봐 왔다. SI는 이후에 자세히 다루겠지만 개발자를 파견하거나 외주 프로젝트를 따와서 업무를 진행하는 형태의 업태를 가리키는 말이다. 국내 개발 산업의 가장 큰 부분을 차지하고 있는 분야이기도 하다. 이 비즈니스 자체가 인건비의 이윤을 남기는 형태이기 때문에 개발자에게는 저임금과 높은 노동 시간을 강요할 수밖에 없다. 그리고 높은 기술 수준보다는 반복적인 일을 수행함으로써 특정 업무의 숙련도를 높이는 데 관심이 많을 수밖에 없다.

한국에서는 개발자의 수명이 짧은 편이다. 왜냐면 국내에서 개발 산업이란 개발자 임금에서 이윤을 남기는 형태로 성장해 왔고, 즉 개발자의 인건비를 비용으로 생각하는 경우가 많기 때문이다. 그래서 연차가 쌓여서 연봉이 높아지면 관리자로 전환을 '권유'하는 경우가 많다. 만약 개발자로 일하면서 쌓은 개발 전문성이 부족하다면, 연봉은 정체되고 개발 일을 계속하기 힘들어 관리자가 되는 경우가 많을 것이다. 하지만 이 관리자라는 포지션은 몇 년 더 회사 생활을 할 수 있는 기회는 주겠지만, 특히 국내에서는 전문성을 쌓기 힘든 경우가 많다. 그래서 보통은 개발자로 몇 년을 일하다가 관리자가 되고, 그렇게 몇 년 후 퇴사를 하는 것이 일반적이다. 동네 치킨집을 가 보면 사장님들이 개발을 나보다 잘한다는 자조가 나온다. 퇴직금을 모아서 치킨집을 차린다는 이야기는 개발자의 오래된 유머다.

따라서 앞에 언급된 소질을 다수 갖추지 못하고 취업만을 위해서 개발을 배우기 시작한다면, SI 업체에서 경력을 시작하고 마치게 될 가능성이 크다. 물론 SI 업체에서도 높은 수준의 개발 실력을 갖춘 분들이 있지만, 전문성 없이 하는 일만 반복하게 된다면 이 업계에서 오래 살아남기 힘들다.

개인적으로는 훌륭한 자질을 가진 사람들이 국내 IT 업계의 개발자로 들어와서 개발 문화를 발전시키고, 다양한 서비스를 국내뿐만 아니라 전 세계로 유통시킬 수 있는 기회를 가졌으면 좋겠다. 내가 보기에 취업만을 위해서 개발을 배우기에는 너무 배워야 할 것이 많고, 끊임없이 변화하고, 그래서 금세 도태되기 쉬운 분야다. 즉, 한 번 들어왔다고 하더라도 버티기 쉽지 않다는 이야기다.

효과적으로 개발자의 시간을 관리하는 방법

❿

개발자로 일하면서 재미있다고 생각하는 점이 한 가지 있다. 바로 개발자라는 직업은 정말 많은 일을 자동화하면서 여러 사람의 일자리를 없애는 일인 동시에, 개발자 본인은 끊임없는 업무와 굉장히 강한 노동 강도를 감내하는 일이라는 점이다. 물론 개발자가 사용하는 기술이 끊임없이 개선되면서 개발을 배우기도 하고 개발자의 생산성도 빠르게 향상되고 있지만, 그와 함께 개발자가 개발해야 하는 서비스의 복잡도도 꾸준히 상승하고 있기 때문에 개발자의 근무 시간은 줄어들 줄을 모른다. 그리고 바야흐로 IT 시대를 맞아 모든 산업군에서 개발자가 없다고 난리인데, 그와 함께 개발자 몸값이 천정부지로 뛰어오르면서 회사에서는 개발자를 하나 뽑아서 아주 끝까지 뽑아 먹자고 작정한 듯싶다. 개발자는 많은 시간 투입을 통해 결과물을 만들어 내는 직업이다.

그래서 개발자에게 시간 관리는 중요하다. 나는 여러 스타트업에서, 그리고 프리랜서로 일을 했는데, 시간 관리는 개인적인 측면에서는 생산성을 향상하도록 돕고, 조직의 관점에서는 다른 사람들이 개발 일정을 예측할 수 있도록 돕는다. 그런데 개발에는 항상 변수가 발생하기 마련이다. 개발을 공부해 본 사람이라면 알겠지만, 개발을 처음 할 때의 가장 힘든 점은 프로그래밍 언어의 문법이 아니다. 오히려 익숙하지 않은 환경 설정을 하거나 거기서 발생하는 문제를 해결하는 데 엄청난 시간이 소요된다. 물론 이런 과정이 점점 익숙해지기 마련이고, 그러다 보면 점점 개발에 소모되는 시간도 줄어든다. 하지만 현업에서 일하는 개발자도 맨날 하던 작업만 반복하는 것은 아니다 보니 예상보다 훨씬 많은 시간을 잡아먹는 일이 생기기도 하는데, 하루 종일 알 수 없는 에러에 매달려 씨름하다가 아무것도 못하고 집에 들어가는 날만큼 개발자에게 힘든 날이 없다. 아무것도 못하는 날은 답답한 마음에 제대로 쉬지도 못하고 하루 종일 컴퓨터 앞에 매달려 있다. 무엇보다 하루를 깔끔하게 마무리했다는 기분이 들지 않는데, 그럴 땐 다 귀찮고 집에 들어가서 씻고 이불에 들어가서 자고 싶은 기분이다.

그뿐만 아니라, 개발자는 한 업무 단위가 상대적으로 긴 편이다. 엑셀 작업을 하거나 이메일을 보내는 일반 사무의 경우 한 업무를 종료하는 데 시간이 오래 걸리지 않는다. 하지만, 개발의 경우에는 완결된 한 덩어리의 코드를 만드는 데 적어도 30분에서 많게는 5~6시간이 걸린다. 그러다 보니 한 번 컴퓨터 앞에 앉으면 2~3시간이 훌쩍 지나가기 일쑤다. 그런데 문제는 2~3시간 집중하는 것은 좋은데, 사람인 이상 집중력과 체력에는 한계가 있고 장시간의 집중 후에는 다시 그 집중력을 이어나가기 힘들다. 그래서 나 같은 경우에는 하루 종일 개발한 날은 멍하니 앉아 있는 경우가 많다. 워낙 집중력을 유지해야 하는 일인 데다가 그 집중력을 상당히 오랜 시간 동안 유지해야 하기 때문이다.

해결 방법 1. 일을 잘게 쪼개라

그렇다면 어떻게 하면 주어진 시간을 좀 더 효과적으로 쓰고, 내 작업 시간을 더 정확히 예상할 수 있을까? 개발자에게 작업 예상 시간을 물어볼 때 이렇게 대화가 진행되는 경우가 많다. 국내에서는 주로 기획자가 프로젝트를 관리하는 경우가 많아서 기획자와 개발자의 대화를 구성해 보았다.

> **기획자 :** "이 기능 A가 구현되는 데 얼마나 시간이 걸릴까요?"
> **개발자 :** "기능을 좀 더 세부적으로 살펴봐야 알 거 같은데요."
> **기획자 :** "대충이라도 얼마나 걸릴지 말씀해 주실 수 없을까요?"
> **개발자 :** "3일쯤 걸리지 않을까요?"

이 대화에서 기획자의 관점에서나 개발자의 관점에서 불편함을 느끼지 못했다면 당신은 끊임없는 일정 지연을 경험하고 있거나 앞으로 경험하게 될 가능성이 높다.

우선 여기서 기획자는 왜 일정을 대충이라도 알려 달라고 하는 것일까? 물론 프로젝트를 관리하는 사람으로서 어떤 개발 계획이 어느 정도 일정이 걸릴지 파악하고 있는 것은 중요하다. 그런데 그 일정을 대충이라도 알려 달라고 한다. 부정확한 일정을 알려 달라고 하고 있는 것이다. 그리고 이후에 이 일정보다 오랜 시간이 걸리면 "이 기능을 구현하는 데 3일 정도 걸린다고 하지 않으셨나요?"라고 물어볼 가능성이 크다. 그러면 그 다음에는 어떤 일이 일어날까? 개발자는 항상 이 사람과 일정에 관한 이야기를 할 때 시간을 부풀려서 이야기할 가능성이 크다. 그러면 더 일찍 끝날 수 있는 일도 항상 더 많은 시간 여유를 두고 계획하게 되니 일정이 전반적으로 늦어질 것이다.

그렇다면 개발자는 제대로 대응한 것일까? 개발자는 우선 해당 기능에 필요한 소요 시간을 파악할 시간을 벌었어야 했다. "제가 좀 살펴보고 말씀드려야 할 거 같은데, 1시간 뒤에 알려 드려도 될까요?" 정도면 충분할 테다. 물론 프로젝트의 사이즈에 따라 일정 산출에 걸리는 시간은 차이가 날 수 있다. 그 이후에 해야 할 일은 그 업무를 최대한 잘게 나누는 일이다. 사람은 대체로 커다란 덩치의 일을 작게 보는 경향이 있다. 따라서 이 업무를 아주 세부적인 수준으로 나누면 실제로 걸릴 시간에 가까운 예측이 가능하다. 그러면 얼마나 업무를 잘게 나누면 좋을까? 나는 개인적으로 25분 이내에 할 수 있는 정도의 업무로 나누면 가장 좋다고 조언한다. 왜 25분 이내인지는 조금 뒤에서 설명하겠다.

해결 방법 2. 투입되는 시간을 파악하라

많은 개발 조직과 개발자들과 함께 일하는 팀에서 하는 실수가 바로 업무가 불확실하거나, 개발자가 프로젝트 관련 경험이 없는 상태에서 마감 시간을 준다는 것이다. 그런데 이건 열이면 열, 모두 실패한 계획이 되기 마련이다. 일정은 계속해서 밀린다.

그런데 이런 상황뿐만 아니라, 오랜 경력의 개발자도 익숙한 업무를 진행하면서 해당 업무의 소요 시간을 명확히 파악하지 못하는 경우가 제법 있다. 이건 업무에 투입되는 시간을 제대로 파악하는 연습을 한 번도 하지 않았기 때문이다. 개발자라면 특정 업무에 소요되는 시간을 제대로 측정하고 자신의 생산성을 파악하는 연습이 꼭 필요하다고 생각한다. 물론 업무 시간 예측이 항상 정확할 수는 없겠지만, 익숙한 업무라면 각 업무에 소요되는 시간을 어느 정도 파악하고 있어야 같이 일하는 동료들에게 신뢰감을 줄 수 있다. 아무리 실력이 뛰어난 개발자라고 하더라도 매번 약속한 시간을 맞추지 못한다면, 결국 팀원들의 신뢰를 점점 잃을 수밖에 없다. 그뿐만 아니라 개인적인 관점에서도 주어진 업무에 걸리는 시간을 파악할 수 있어야, 휴식과 업무를 적당히 배분해서 지치지 않고 일을 지속할 수 있다.

이런 식으로 연습해 보자. 항상 업무를 시작하기 전에 해당 업무를 앞에서 언급한 것처럼 최대한 세부적으로 나눈다. 그리고 업무마다 소요될 예상 시간을 적는다. 그리고 각각의 업무 시간을 측정하면서 진행해 보고, 예상 시간과 얼마나 달랐는지 기록하고, 하루 업무를 마감하면서 어떤 부분에서 차이가 발생했는지 그 원인을 써 본다. 그러면 점점 예상 시간과 실제 업무 시간이 비슷해지는 경험을 할 수 있다.

해결 방법 3. 계획하고 소통하라

업무를 잘게 나눴다면 이제는 이 일을 실제로 할 수 있는 시간을 확보하고 일이 언제 끝날지를 계획할 시간이다. 시간 관리에서 많은 사람들이 간과하는 부분은 바로 실제로 업무 할 시간을 확보하는 일이다. 하루 종일 업무 할 때 이틀 정도 걸리는 일이 있다고 할 경우, 내가 이틀 동안 이 업무에만 집중할 수 있는 시간이 있는지, 해당 업무 외의 미팅 등 다른 일을 처리해야 하는 건 아닌지 미리 생각할 필요가 있다. 그리고 당연히 해당 작업을 수행 중에 먼저 처리해야 하는 다른 업무가 생긴다면 전체 일정을 늘려

서 잡는 것이 맞다. 이걸 제대로 하지 못한다면 기본적으로는 프로젝트를 관리하는 매니저의 역량 부족이겠지만, 이차적으로는 일정이 조절되어야 하는 것을 제대로 설명하지 못한 개발자의 책임도 분명히 존재한다. 왜냐면 내 업무에 소요되는 시간은 본인이 가장 잘 알기 때문이다.

그리고 혹시 특정 업무가 에러 등으로 지연된다면 그 사실을 빠르게 알리는 것이 좋다. 일을 하다 보면 예상치 못한 일이 생기기 마련인데, 사람들은 그걸 공유하기 어려워하고 혼자서 끙끙대는 경우가 많다. 그런데 이걸 제때 밝히지 않고 계속해서 프로젝트 진행이 늦춰진다면 결국 같이 일하는 사람들의 신뢰를 잃게 될 가능성이 크다. 따라서 특정한 업무가 지연되거나 혹은 빠르게 마무리되었다면, 꾸준히 변경 사항을 업데이트하고 신뢰를 쌓는 것이 정말 중요하다.

이렇게 일정 변경에 대해 꾸준히 소통했을 때 좋은 점은 '업무가 늘어나면 일정도 늘어난다'는 아주 기본적인 사실을 팀원들 전체와 공유할 수 있다는 것이다. 특히 한국에서는 업무는 더 하길 원하면서 일정은 그대로 지켜지길 원하는 문화가 있는데, 이런 것을 초기에 제대로 말하지 못하고 야근이나 주말 출근으로 해결하려 든다면 결국 개발자의 번아웃으로 이어진다. 결국 조직에도, 개발자 본인에게도 좋지 않은 상황으로 이어지는 것이다.

해결 방법 4. 효과적으로 집중하라

자, 이제 업무도 아주 작게 나눴으니, 실제로 소요될 시간을 최대한 효과적으로 보낼 차례이다. 여기서 왜 앞서 25분 단위로 업무를 나누라고 제안했는지 이유가 나온다. 뽀모도로(Pomodoro)라는 시간 관리 방법론

파트1 ··· 나는 어떻게 개발자가 되었나

을 만나 보자. 뽀모도로는 이탈리아어로 토마토라는 의미인데, 이탈리아에서 토마토 모양의 알람 시계로 처음 시작해서 이런 이름을 붙였다고 한다. 방법은 간단하다. 25분 알람을 맞춰 놓고, 그동안은 다른 일을 아무것도 하지 않고 업무를 마친다. 그리고 5분 쉬고, 다시 25분간 일을 한다. 이렇게 4번 일을 하고 나면(약 2시간가량), 20분 정도의 휴식 시간을 준다. 각자 하루 목표에 따라서 적게는 6 뽀모도로, 많게는 10 뽀모도로를 하면 좋다. 가장 많이 일해도 10 뽀모도로라면 휴식 시간을 포함해서 5시간이 조금 넘는다. 여기서 포인트는 25분간 다른 걸 아무것도 하지 않고 업무에만 집중하는 것이다.

그런데 직접 해 보면 느끼겠지만, 하루에 10 뽀모도로, 즉 5시간을 온전히 일에만 집중하는 것이 결코 쉬운 일이 아니다. 이 시간에는 웹 서핑도, 문자 보내기도 금지한다. 쉬는 시간 5분에 화장실도 다녀오고 문자도 보낸다. 이렇게 중간에 쉬는 시간을 통해서 재충전하고, 약 10 뽀모도로를 한 날의 업무 성과를 되돌아보면 스스로도 놀라울 정도다. 아무런 계획 않고 하루에 10시간 앉아 있는 것보다, 뽀모도로를 통해서 5시간을 관리하는 것이 훨씬 효과적이다.

그리고 나와 약속한 뽀모도로를 충실히 이행한 경우 나에게 선물을 주자. 프리랜서라면 컴퓨터 앞을 떠나 읽고 싶었던 책을 읽거나, 회사에 다니는 직장인이라면 혼자서 잠깐의 커피 한 잔의 여유를 갖는 등 스스로를 충분히 보상해 주면 효과가 더욱 좋다.

#문과생 #개발자 #입문

#IT #비전공자

How A Historian Became A Developer
From The Stone Age To Apps

PART

2

개발자들만
아는 이야기

~~~~~~~~~

어느 집단이든 그 집단의 구성원이라면 너무나 당연시되는 이야기들이 있다. 그런 이야기는 그 조직 안에서는 너무나 당연하기 때문에 질문을 받지 않는 이상 따로 설명할 생각조차 하지 않는 경우가 많다. 하지만 새로 그 분야에 들어가는 사람에게는 이런 용어들이나 개념들이 너무나 높은 장벽처럼 느껴지기도 한다.

한 눈에 개발 보기

1

    개발을 공부하기로 마음먹었을 때 가장 곤란했던 점은 '내가 무엇을 모르는지도 모른다'는 것이었다. 나 역시도 개발을 하기로 마음 먹은 후에 가장 막막한 건 뭘 배워야, 그리고 얼마만큼 배워야 개발자가 될 수 있는지 너무 정보가 없다는 점이었다. 나는 지인 한 분에게 조언을 구했는데, 본격적으로 개발을 배우기 전에 개발에는 어떤 분야가 있는지, 그리고 특정 분야를 선택하게 된다면 어떤 공부를 해야 하는지 개발의 전체 과정을 알려 주셨다. 그런데 전공생이기는 했지만 실제로 개발 실무 경험이 많지는 않으셨던 분이어서, 설명을 듣고도 설익고 이해되지 않은 내용을 대충 집어삼켰던 것이 기억난다. 그분의 조언에 따라 C 프로그래밍 책을 한 권 보고, 2달간 학원에서 자바를 공부했지만 이걸 가지고 내가 무엇을 만들수 있을지 모르겠다고 느꼈을 때는 정말 참담했다. 개발 책을 한 권 사서 다 읽거나, 학원에서 개발을 몇 개월 배운다고 해서 '이걸로 뭘 만들 수 있다는 거지?'라는 의문이 머릿속에서 사라지지는 않는다. 그런데 처음에는 3달을 공부하고도 아무것도 만들지 못할 거라는 그 사실조차 몰랐다.

무엇이든 새로운 것을 배울 때는 내가 무엇을 모르는지 아는 것이 정말 중요하다. 아무것도 모르는 상태에서는 당연히 이것을 알 수 없으니 해당 분야에서 오랜 경험을 쌓은 전문가를 찾아가서 물어보는 게 가장 좋다. 특히 개발에서는 이것이 매우 중요한데, 소프트웨어 개발의 범위는 너무 광범위해서 모든 것을 잘하기는 사실상 불가능에 가깝기 때문이다. 더 정확히는 모든 것을 경험하기조차 어렵다고 말하는 게 좋겠다. 그렇기 때문에 처음 프로그래밍에 대해서 배우기 시작할 때 여러 분야를 다양하게 조금씩 맛보며 내가 정말 관심이 가는 분야가 무엇인지 찾아가려는 노력이 필요하다.

노파심에 조금 덧붙이자면, 개발을 처음 배우는 사람들은 보통 어떤 개발 분야를 선택해야 할지 큰 고민을 한다. 그런데 사실 한 분야를 직접 경험해 보기 전에는 그 분야가 나와 맞을지 맞지 않을지 판단하기는 매우 어렵다. 따라서 개인적으로 가장 좋은 방법은 각 분야의 다양한 전문가와 만나서 이야기를 들어 보고 내가 정말 하고 싶은 분야를 선택하거나, 혹은 일단 내가 가진 단편적인 지식으로나마 가장 관심 있는 분야를 선택해서 개발을 시작하고, 개발자로 일하면서 얻는 추가적인 지식을 통해서 더 관심 있는 분야로 이동하는 것이다. 첫 번째 방법은 가장 이상적이지만 각 업계의 전문가를 찾아 만나기 위해서 매우 많은 시간과 노력이 필요하다. 두 번째 방법은 개인적으로는 내가 추천하고 싶은 방법인데, 개발을 하다 보면 점점 보이는 것들이 많아지기 때문에 더 관심 있는 분야로 자연스럽게 넘어갈 수 있다는 장점이 있다. 예를 들어서, 개발 분야 중에 안드로이드 휴대폰을 쓰고 있기 때문에 안드로이드 앱 개발로 개발자 경력을 시작했는데, 점점 백엔드 개발을 하고 싶어서 백엔드 개발자로 전향하는 것은 그렇게 어렵지 않다는 이야기다.

아래에는 일반적으로 프로그래머로 경력을 시작했을 때 마주할 수 있는 분야에 대해서 간단하게 정리해 보았다. 내가 주로 개발하는 분야는 시스템 관리, 서버(백엔드), 그리고 웹 프런트와 모바일 앱을 포함한 클라이언트 부분이다. 따라서 그 외의 부분은 자세하게 조언하기가 힘들기 때문에 '이런 분야들이 있구나' 정도로 생각하면 좋겠다.

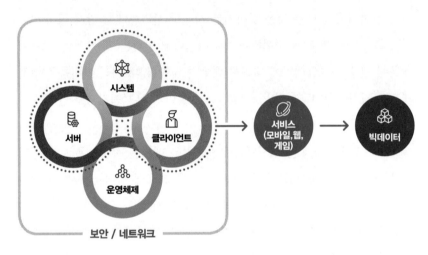

서버 개발

서버 개발은 주로 백엔드(Back-end) 개발이라는 이름으로 불린다. 주로 하는 역할은 데이터베이스를 다루는 SQL을 통해서 데이터를 입출력하고, 사용자가 사용할 기능의 논리적인 흐름을 내부적으로 작성한다. 여기서 말하는 기능은 우리가 웹 사이트에서 사용하는 거의 모든 기능이라고 생각하면 되는데, 회원 가입, 글 작성, 파일(사진) 업로드 등이 여기에 해당한다. 예를 들어서, 페이스북에서 내가 새로운 사람을 친구로 추가하면 새로운 친구가 추가됨과 동시에 관련된 다른 사람들을 추천해 주는데, 이런 내부 추천 알고리즘을 개발하는 일도 백엔드 개발자가 한다.

특히 핀테크 산업, IT 산업 등 굉장히 복잡한 비즈니스의 요구를 코드로 반영하는 일을 주로 하기 때문에, 복잡한 기존의 코드를 빠르게 이해하고 시스템을 이해한 상태에서 안정성과 성능이 높은 코드를 짜는 것이 중요하다. 가장 전통적인 개발 분야이기 때문에 경력자들이 포진해 있고, 그만큼 연봉 수준도 높은 분야이기도 하다.

그리고 이후 시스템 관리에서 더 자세히 설명하겠지만, 아마존(AWS) 등 클라우드 서비스가 유행하면서 시스템 관리와 백엔드 개발을 겸하는 데브옵스(DevOps) 포지션이 각광 받는 등 한 사람이 맡을 수 있는 범위가 점차 넓어지고 있다.

클라이언트 개발

클라이언트는 앞서 설명한 서버에 비해 조금 더 사용자에게 가까이 접해 있는 부분이다. 크게 웹과 모바일, 그리고 데스크톱 애플리케이션으로 구분할 수 있다. 웹의 경우 인터넷 익스플로러(IE), 크롬, 사파리 등으로 접근할 수 있는 모든 서비스를 생각하면 좋은데, 백엔드와의 차별점은 버튼의 위치, 화면의 전환 애니메이션 등 보다 시각적인 요소에 치중한다는 점이다. 백엔드와 비교하여 프런트엔드(Front-end)라고 부르기도 한다. 그 외에도 사람들이 많이 사용하는 아이폰, 안드로이드 애플리케이션이나 윈도용, 맥용, 혹은 리눅스용 애플리케이션을 포함한다.

클라이언트 개발은 서버 개발에 비해 상대적으로 기술이나 프레임워크가 워낙 파편화되어 있다 보니 하나의 프로그래밍 언어 혹은 단일 기술로 통합하려는 움직임이 있는데, 이에 해당하는 것이 웹에서 반응형으로 동작할 수 있게 만든다든지, 하이브리드 앱을 만들어서 최소한의 비용으로 비슷한 기능을 구현하려는 움직임이다. 그리고 트렌드가 빠르게 바뀌는 곳이기 때문에 항상 공부해야 하는 분야이다. 다른 한편으로는 어마어마한 경력을 쌓은 개발자들이 득실대는 백엔드 개발보다는 초보로 들어와서 상대적으로 빠르게 전문가의 위치에 오를 수 있다는 의미이기도 하다.

특히 웹 사이트 프런트엔드의 경우에는 주로 간단한 HTML, CSS, 자바스크립트 등을 이용해 개발하는 분야로 치부되면서 개발 분야이지만 개발 분야로 인정받지 못하는 개발의 변두리였으나, 웹 사이트들이 고도화되고 빠르게 복잡해지면서 인재들이 몰리고 있는 분야이기도 하다.

시스템 관리

시스템 관리는 서버를 '사용자가 이용하는 기능 중심'이 아니라 '물리적'으로 관리하는 것을 말한다. 구글, 네이버 등 거대한 IT 회사는 모두 각자의 데이터 센터를 갖고 관리하고 있다. 서버는 결국 컴퓨터인데, 매일 컴퓨터를 써 봐서 알겠지만 다양한 이유로 에러가 발생하거나 꺼지는 경우가 있다. 서버도 똑같다. 죽는다. 물론 서버용 컴퓨터는 개인용 컴퓨터와 다르게 훨씬 더 안정성을 고려하여 만들어지기 때문에 개인용 컴퓨터를 생각하면 괴리가 있을 수 있지만, 언제든 문제가 생겨서 꺼질 수 있는 컴퓨터라고 생각하자. 만약에 이런 서버에 서비스를 올렸는데, 서버가 죽어버린다면? 그러면 서비스에 접속이 되지 않고, 사용자는 서비스의 안정성에 의문을 제기하고 떠날지도 모른다. 특히 서비스의 안정성이 매우 중요한 핀테크 서비스라면 잠깐의 문제 상황도 서비스의 신뢰도에 큰 흠집을 낼 수 있다. 그래서 우리가 사용하는 대부분의 서비스는 다수의 서버 컴퓨터로 이루어져 있는데, 그걸 관리하는 사람들이 존재한다.

작은 회사의 경우에는 대기업이 관리하는 것 같은 큰 규모의 데이터 센터를 비용과 기술의 문제로 유지하기가 힘들다. 그래서 한국에서는 카페 24(https://www.cafe24.com) 같은 호스팅 서비스를 많이 이용하기도 한다. 최근 시스템 관리 쪽에 클라우드 서비스가 크게 약진하고 있다. 처음에는 데이터 센터의 할부 버전으로만 생각이 되었지만, AWS(Amazon Web Service), Google App Engine, Firebase, Docker, Microsoft Azure 등의 클라우드 관련 서비스가 등장하면서 비용도 합리적으로 바뀌고 점차 서버 관리도 자동화되고 있는 추세이다. 이런 서비스를 통해서 실제로 서버를 구입하거나 호스팅 업체를 이용할 필요 없이, 언제나 원하는 만큼 서버를 가상의 공간에 만들고 사용할 수 있다. 비용은 사용량에 따라 요금이 부과되는 것이 일반적이다. 다만 많이 편해졌다고는 해도 서비스마다 정도의 차이는 있으니, 어느 정도 클라우드 서버의 안정성 관리를 할 수 있어야 한다.

네트워크와 보안

서버(백엔드), 클라이언트(프런트엔드), 시스템 관리 이렇게 3가지가 서비스를 이루는 데 가장 기본적인 요소라면, 네트워크는 이런 서비스가 사용자를 만날 수 있게 해 준다. 네트워크에 연결되지 않은 서버는 사실상 비싼 계산기에 불과하다. 네트워크에 연결이 되면, 사용자가 요청하는 데이터를 넘겨주고 필요한 데이터를 가공 및 저장할 수 있다.

네트워크에 연결된다는 것은 필연적으로 보안과 직결된다. 사용자와 상호작용할 수 있다는 것은 악의를 가진 해커로부터의 공격에도 열려 있다는 의미이고, 이런 해커들의 공격을 막기 위해서 보안 분야도 해를 거듭할수록 주목받고 있다.

운영체제

앞선 4가지가 서비스를 만들고 운영하는 데 초점을 맞추고 있다면, 운영체제 개발은 보다 컴퓨터의 근간을 만드는 일이다. 운영체제는 크게 Windows, Unix, Linux로 구분이 된다. Windows는 우리가 주로 사용하는 그 윈도가 맞고, Unix는 애플사의 맥북에서 사용하는 것으로 유명하다. Linux는 Unix의 형제뻘로 오픈소스로 발전하고 있다.

운영체제를 개발하는 분야의 문은 좁지만 컴퓨터 자체를 움직이는 기반을 개발하는 것은 분명 흥미로운 일이다. 이쪽에 관심이 생긴다면, 오픈소스로 개발되는 Linux로 먼저 운영체제의 작동 원리를 살펴보면 어떨까? 오픈소스라는 말은 라이선스에 따라서 다양한 조건이 붙는 경우도 많지만, 라이선스를 충족하는 범위 내에서 무료로 사용할 수 있고, 프로그래머가 짜 놓은 코드에 직접 접근이 가능하다는 뜻이다.

빅데이터

앞서 서버, 클라이언트, 시스템 관리 3가지를 서비스의 기본 요소라고 이야기하였다. 빅데이터는 이렇게 만들어진 서비스에서 나오는 방대

파트 2 ⋯ 개발자들만 아는 이야기

한 양의 사용자 행동 정보를 처리하는 기술이다. 비즈니스 목적에 맞게 각 서비스는 사용자의 서비스 이용 패턴 및 사용 시간 등 다양한 정보를 로그(Log)라는 이름의 파일로 만들어서 저장한다. 이렇게 파일로 만들어진 정보는 기존에는 주로 서비스의 에러나 성능 개선에 초점을 맞춰 활용되었는데, 최근 들어 사용자의 행동에 기반하여 서비스를 개선하기 위한 용도로 많이 활용되고 있다. 하드웨어 제작 기술이 발전하고 비용이 점점 저렴해지면서, 예전에는 비용상의 문제로 쌓기 어려웠던 데이터들을 모으면서 이런 데이터를 어떻게 활용할지 고민하게 되었다.

생각보다 한 명의 사용자가 만들어 내는 데이터는 많다. 수많은 사용자가 만들어 내는 방대한 데이터를 처리하기 위하여 하둡(Hadoop), 스파크(Spark) 등을 이용하여 데이터에서 연관성을 찾고, 서비스 개선에 활용할 인사이트를 도출한다.

최근에는 데이터 분석가, 데이터 과학자, 데이터 엔지니어 등 정말 많은 회사에서 데이터 관련 포지션을 열고 사람을 찾고 있다. 이 분야들에 대한 자세한 소개는 이후에 자세히 다루도록 하겠다.

게임

게임 개발은 서버, 클라이언트, 시스템 관리 3가지가 모인 서비스의 한 가지 형태이다.

다른 웹이나 모바일 서비스와 다른 점은 사용자 1명이 다른 서비스에 비해 서버를 월등히 많이 사용하고, 동시 접속자 수도 많고, 현란한 그래픽 등 신경 쓸 부분이 많다는 것이다. 그리고 게임도 데스크톱 컴퓨터를 기반으로 한 하드코어 게임부터 시작해서 애니팡과 같은 모바일 게임에 이르기까지 상대적으로 가벼운 게임들도 다룰 수 있다.

　게임 개발자의 경우 특히 업무 강도가 강하기로 유명한데, 대신 회사에서도 게임을 하는 것을 장려하는 경우도 많다고 한다. 게임이 너무 좋아서 만들어 보고 싶은 욕심이 나는 사람이라면 도전해 보면 좋을 것 같다.

그 외

　그 외에도 하드웨어와 결합한 사물인터넷(IoT, Internet of Things) 등이 있다.

내게 딱 맞는
첫 프로그래밍 언어 찾기

2

정보의 바다를 헤매다 재미있는 글(http://geeksta.net/geeklog/exploring-expressions-emotions-github-commit-messages)을 하나 찾았다. 이 글은 처음에는 2012년에 쓰였다가, 2016년 2월에 수정되었다고 하니 어느 정도는 감안해서 봐야겠다. 이 글의 재미있는 점은 '깃허브'에 '커밋'된 메시지를 기반으로 프로그래밍 언어와 프로그래머 기분의 상관관계를 풀어내려고 시도했다는 것이다.

역시 프로그래머들은 호기심 대마왕이다. '깃허브(Github)'와 '커밋(Commit)'이 무엇인지 간단하게 이야기하고 가야 할 것 같은데, 프로그래머는 혼자서 한 프로젝트를 진행하는 경우도 있지만 보통은 프로젝트 규모가 커질수록 여러 명이 함께 협업하게 된다. 그런데 만약에 여러 명의 프로그래머가 자신의 코드를 USB에 담아서 다른 사람의 컴퓨터에 가져가서 복사 붙여넣기를 한다면? 개발자는 자기가 어느 줄의 코드를 고쳤는지 하나하나 모두 기억해야 하는 끔찍한 일이 생긴다. 실제로 처음으로 3~4명 팀 프로젝트를 진행했을 때, USB로 코드를 모아가며 코딩을 한 적이 있는데 각자 2시간씩 코딩하고 모여서 코드를 합칠 때 그것보다 더 많은 시간이 들어가는 엄청난 경험을 했다.

개발자는 모두 효율성에 매우 집착하는 사람들이기 때문에 이런 행동을 극도로 혐오한다. 그래서 오픈소스로 깃(Git)이라는 프로젝트를 만들었다. 온라인 기반으로 명령어 한두 줄만 입력하면 아무리 많은 수의 개발자라도 한 번에 코드를 공유할 수 있는 신세계가 도래했다. 그리고 이런 깃이라는 오픈소스를 이용해서 유료 서비스를 만든 것이 깃허브(Github)이다. 사실상 한강 물을 팔던 봉이 김선달 같은 회사다. 그런데 깃허브는 비밀로 숨겨 놓은 프로젝트(Private)에만 요금을 부과하고, 누구나 볼 수 있게 열어 놓은 프로젝트(Public)는 공짜로 사용할 수 있게 만들었다. 이런 구조를 통해서 많은 오픈소스 프로젝트들이 깃허브로 몰리게 되었다. '오픈소스'가 무엇인지 잘 모른다면, 누구나 코드를 열어 보고 기능을 추가하거나 수정할 수 있도록 열어 놓은 코드라고 생각하면 된다. 개발자는 깃이라는 프로그램을 통해서 자신이 수정한 코드를 커밋(Commit)한다. 이것은 "내가 이거 고쳤어."라고 알려 주는 행위로, 구체적으로 무엇을 고쳤는지 동료 개발자에게 메시지를 남겨 놓는데, 이 메시지를 앞서 언급한 저 글에서 분석했다는 것이다.

분석한 내용을 조금 들여다보면, 자바스크립트로 작성된 커밋 메시지가 가장 많고, 그다음이 자바(Java), 루비(Ruby), 파이썬(Python) 순서라는 것이다. 앞의 4개의 언어가 이 챕터에서 다룰 언어들이라 다행이다. 그리고 상대적으로 파이썬 프로그래머들은 커밋 메시지에 감정을 나타내는 경우가 드물다는 것과 루비가 즐거움의 표현(The expression of amusement)이 가장 많다는 사실이 재미있었다. 루비의 창시자인 '마츠모토 유키히로'가 루비를 만든 이유가 '프로그래밍을 재미있게 할 수 있도록 하기 위해서'라고 말했는데, 그의 목표가 어느 정도 이뤄졌다고 할 수 있겠다. 아래에서는 프로그래밍을 배우고 싶어 하는 사람이 각자의 목표에 따라 어떤 언어를 선택하면 좋을지 이야기해 보려고 한다. 어느 한 언어가 최고라고 말하기는 힘들고, 여러 가지 프로그래밍 언어를 알아야 하는 시대이기 때문에 프로그래밍 입문자가 첫 프로그래밍 언어를 선택하는 데 참고하면 좋겠다.

자바(Java)

자바는 한국에서뿐만 아니라 전 세계에서 가장 많이 사용되는 언어 중 하나이다. 실제로 한국은 자바 공화국이라고 해도 과언이 아닌데, 정부에서 전자정부 표준프레임워크(http://www.egovframe.go.kr)라는 이름으로 공공기관에서 사용하는 웹 페이지는 자바를 이용한 스프링(Spring)이라는 웹 프레임워크(Web framework)를 통해서 개발하도록 강제하고 있기 때문이다. 정부에서 발주하는 프로젝트의 금액이 크다 보니, 많은 SI 업체들은 결국 자바/스프링 개발자를 계속해서 육성할 수밖에 없다. 이것이 자바/스프링 개발자가 한국에 많은 이유다.

'프레임워크'라는 개념을 잠깐 짚고 넘어가자. 나 역시도 처음 프로그래밍 언어를 배울 때 언어만 하나 배우면 프로그램을 뚝딱뚝딱 만들 수 있을 줄 알았다. 그런데 C 프로그래밍 책을 한 권 다 봤을 때도, 자바를 두 달 공부했을 때도, 그것만으로는 아무것도 만들 수 없다는 걸 깨달았다. 우리가 일상생활에서 만나는 프로그램을 만들려면 프로그래밍 언어에 추가적으로 '프레임워크'를 더 공부해야 한다. 외국어로 치면, 프로그래밍 언어는 문법책이고 '프레임워크'는 문장(회화/작문)이라고 할 수 있다. 많은 프로그래머들이 쉽게 제품을 만들기 위해서 '프레임워크'를 만들어 두었고, 그것을 이용해서 빠르고 쉽게 제품을 만들 수 있는 것이다.

만약에 한국에서 프런트엔드 개발자로서가 아니라 대기업, 혹은 SI 업체에서 일하기를 원한다면, 반드시 자바를 공부하라고 권하고 싶다. 그리고 안드로이드라는 모바일 애플리케이션 '프레임워크' 역시도 자바를 통해서 개발하고 있다.

자바스크립트(Javascript)

자바스크립트는 자바와는 전혀 다른 프로그래밍 언어이다. 이름이 비슷해서 이제 막 프로그래밍에 입문한 사람에게 많은 혼란을 자아내는데, 이름만 비슷할 뿐이다. 만약 누군가가 나에게 평생 하나의 프로그래밍 언어만 해야 한다고 말한다면 나는 자바스크립트를 선택하겠다. 왜냐면 언어의 완성도가 낮다고 비난하는 사람들도 있지만, 가장 많은 분야를 개발할 수 있는 프로그래밍 언어이기 때문이다.

우리가 매일같이 접속하는 웹 사이트/웹 페이지는 사실 문서다. 이게 무슨 소리냐고 고개를 갸우뚱할 수도 있지만, 아래의 웹 페이지 예시를 잠깐 보고 가자.

```
<h4>먹고 싶은 과일</h4>
<ul>
    <li>사과</li>
    <li>수박</li>
    <li>귤</li>
```

```
</ul>

먹고 싶은 과일
- 사과
- 수박
- 귤
```

　사실 위의 두 가지는 동일하다. 다만 차이는 아래가 우리가 워드프로세서를 통해서 일반적으로 작성하는 형태라면, 위의 예시는 우리가 사용하는 인터넷 익스플로러, 크롬, 사파리 등의 브라우저가 읽을 수 있는 형태라는 것이다. 전통적으로 자바스크립트는 이러한 위의 예시에서 나오는 인터넷 문서를 움직이거나 데이터를 변경하는 등 웹 브라우저에서 효과적으로 표현하는 데만 사용되었다.

　그런데 구글에서 V8이라는 자바스크립트 엔진을 만들면서 신세계가 열렸다. 이제 자바스크립트로 서버도 개발할 수 있게 되었기 때문이다. 이런 기술적 진보를 바탕으로 나온 것이 바로 노드(Node,js)다. 물론 노드가 모든 기술적 문제에 최고의 해답이 될 수는 없지만, 훌륭한 대안 중 한 가지임에는 분명하다. 그리고 최근 페이스북에서 React Native라는 오픈소스 프로젝트를 공개했는데, 아이폰과 안드로이드 앱까지도 자바스크립트로 다 만들어버리겠다는 시도이고, 제법 훌륭한 수준까지 서비스를 만들게 되었다. 정말로 자바스크립트만 하면 모든 것을 다 만들 수 있는 세상이 올지도 모르겠다. 하나만 배워서 모든 걸 다 하고 싶은 사람이라면 자바스크립트를 배워 보면 좋다.

파이썬(Python)

파이썬이 최근에 널리 사용되면서 최근에 만들어진 언어라고 생각하는 사람들이 많다. 그런데 파이썬은 1991년에 '귀도 반 로섬'이라는 사람에 의해서 만들어졌으니 꽤 역사가 깊다. 파이썬이 활용되는 부분은 크게 3가지 정도로 생각되는데, 서버(백엔드) 언어로, 자동화 스크립트로, 마지막으로는 통계나 데이터 분야의 언어로 활용되고 있다.

서버 언어로써 파이썬은 장고(Django)나 플라스크(Flask) 같은 웹 프레임워크와 함께 사용된다. 참고로 자바에는 스프링이라는 웹 프레임워크가 가장 유명하다. 장고는 '마감이 있는 완벽주의 개발자의 웹 프레임워크(The Web framework for perfectionists with deadlines)'라는 모토를 가지고 있는데, 그에 걸맞게 웹 개발에 필요한 거의 모든 것을 갖고 있고 굉장히 효율성이 높아서 스타트업에서 인기가 많다.

자동화의 도구로써 파이썬은 반복 작업이 많은 개발자가 그 작업 중에 실수를 하지 않도록 도와준다. 웹 페이지 상의 데이터를 긁어 오고, 파일을 생성/삭제/수정하고, 이메일을 보내고, 엑셀 파일을 다루는 등 정말 다양한 라이브러리를 갖추고 있다. 이는 배우기 쉬운 파이썬의 특성 덕분인데, 배우기 쉽기 때문에 더 많은 사람들이 몰려들면서 여러 사람들이 만들어 놓은 툴들이 생기게 되었고, 파이썬 생태계가 더 풍부해지고 있다.

마지막으로, 다른 언어에 비해 간결한 문법은 학문적으로도 더 많이 사용하게끔 유도한다. 실제로 통계 및 분석과 관련해서 수많은 파이썬 라이브러리가 있다. 빅데이터를 다루고 싶은 사람이라면 R, 하둡, 스파크 같은 것들을 공부하기 전에 파이썬에 익숙해지는 것이 큰 도움이 된다. 최근에는 파이썬으로 만들어진 다양한 머신러닝 및 딥러닝 프로젝트가 공개되면서 데이터용 프로그래밍 언어로 확고히 자리매김하고 있다.

루비(Ruby)

    루비는 개인적으로 미니 프로젝트를 하나 정도 진행해 본 것이 다여서 루비의 참맛을 제대로 이해하고 있다고 말하기는 힘들다. 다만 루비로 쓰인 웹 프레임워크인 루비 온 레일즈(Ruby on rails)는 명쾌하고 직관적으로 웹 서비스를 개발할 수 있게 구성되어 있다. 루비로 개발을 하는 사람들을 '루비스트(Rubyist)'라고 부르는데, 루비스트에 따르면 루비 온 레일즈의 맛을 보면 웹 서비스 개발만큼은 다른 프레임워크를 사용하기 힘들다고 할 정도로 잘 짜인 웹 프레임워크를 갖고 있다고 한다.

    프로그래밍 언어 루비를 사용해 본 내 개인적인 감상으로는 코드가 정말 아름답게 작성이 된다는 것이다. 코드의 라인 숫자를 줄이는 것이 항상 능사는 아니지만, 간결한 문법을 자랑하는 파이썬으로도 3~4줄에 작성할 코드를 1줄에, 그것도 너무 명료하게 작성할 수 있는 루비를 보면 그저 감탄이 나온다. 루비 역시 스크립트 언어이기 때문에 파이썬처럼 자동화 툴로도 훌륭하게 활용될 수 있다.

오브젝티브-C(Objective-C)

    애플에 개발자로 입사하고 싶다면? 다른 말이 필요 없다. 아이폰 개발자로 대기업에 입사하고 싶다면? 역시 오브젝티브-C다. C와 C++ 시대의 유산으로 굉장히 오랜 역사를 갖고 있다. 오랫동안 널리 사용된 앱이라면 오브젝티브-C를 사용하고 있을 가능성이 크다. 그리고 인터넷에서 만날 수 있는 많은 아이폰 애플리케이션 개발 자료를 읽으려고 한다면 해당 언어 자체를 이해하는 것이 도움이 된다.

그런데 정말 언어 자체의 문법이 오묘하다. 그 어디에서도 마주할 수 없는 특별함이 있는데, 처음 이 언어를 접했을 때 거부감이 든다. 대안으로는 다음에서 이어지는 스위프트가 있다.

스위프트(Swift)

신생 언어인 스위프트는 애플에서 현대적인 언어를 만들겠다며 뚝딱 만들어 낸 언어이다. 내가 처음 아이폰 애플리케이션 개발을 시작했을 때가 스위프트가 막 등장했을 때였고, 나는 그 이후 스위프트로 주로 개발을 했기 때문에 스위프트가 더 편하다. 혹자는 아직 애플에서 주요 맥용 애플리케이션을 오브젝티브-C로만 만들고 있기 때문에, 스위프트를 사용하는 것은 시기상조라고 이야기한다. 나 역시도 개발을 하다가 스위프트가 업데이트되면서 수백, 수천 줄에서 빨간 에러 코드를 만나는 즐거운 경험을 하기도 했다. 하지만 애플은 스위프트가 오브젝티브-C와 완벽하게 호환되기를 원했고, 그 결과 오브젝티브-C 코드 기반에 스위프트 코드를 추가해도 아무런 문제가 없이 돌아간다.

나는 이제 아이폰 애플리케이션 개발을 공부하는 사람이라면 스위프트를 공부하라고 말하고 싶다. 최근 스위프트가 오픈소스로 공개되면서 더 많은 개발자의 관심을 끌고 있다. 심지어 스위프트를 통한 서버 개발 오픈소스까지 등장하고 있다. 무엇보다 언어 자체가 매우 직관적이고 깔끔하다. 그리고 나온 지 얼마 안 된 언어다 보니, 조금만 깊이 파면 스위프트 전문가가 될 수도 있다.

최근에 나온 언어들은 느리다?

비교적 최근에 등장한 파이썬, 루비 같은 언어들로 개발을 한다고 하면 성능이 느리다고 말하는 개발자들이 많다. 심지어 자바 같은 언어로 오래 개발한 사람들 중에서는 파이썬이나 루비는 장난감이라고 말하는 경우까지 있다. 맞다, 제법 느리다. 새롭게 등장한 언어들은 기존 프로그래밍 언어들이 가진 복잡함은 제거하고, 개발자들이 필요한 부분에만 집중하고 점점 쉽게 개발할 수 있도록 개량되어 가고 있는데, 이 작업이 기본 프로그래밍 언어보다 내부적으로 더 많은 작업이 필요하도록 만들어져서 더 느린 경우가 많다. 특히 파이썬이나 루비의 경우 대표적인 스크립트 언어인데 기존에 많이 사용되던 컴파일 언어들에 비해서는 대체로 느린 게 사실이다. 이 부분은 너무 기술적인 부분이라 언급만 하고 지나가도록 하자. 자료(http://attractivechaos.github.io/plb)를 보면 C 언어에 비해 파이썬은 100배가량, 그리고 루비의 경우 그것보다 조금 더 느리다는 것을 확인할 수 있다. 물론 프로그래밍 언어의 경우 지속적으로 최적화를 통한 개선이 이루어지고 있기 때문에 앞으로 더 속도가 개선될 여지는 있지만, 100배는 큰 차이임에 틀림없다.

그런데 자바가 처음 등장했을 당시에 애물단지 취급을 받았다는 사실을 아는가? 왜냐고? 성능이 너무 느렸기 때문이다. C 언어에 비해서 자바는 너무 느렸다. 그런데 하드웨어 성능이 개선되기 시작하면서 자바를 쓸 수 있게 되었고 강력한 객체지향의 특성과 모든 운영체제에 호환되는 자바의 철학은 널리 퍼져서 어느새 자바의 세상이 되었다. 나는 상대적으로 느린 파이썬이나 루비도 비슷한 길을 걸을 것이라고 생각한다. 파이썬은 느리다. 하지만 생산성은 느리지 않다.

다음과 같은 1에서 10까지 숫자 중에서 짝수를 구하는 자바 코드가 있다고 생각해 보자.

```
List evenList = new ArrayList()

for (int a = 1; a <= 10; a++) {
    if (a % 2 == 0) {
        evenList.append(a)
    }
}
```

물론 for loop 자체에서 증가 값을 2로 주는 방법도 있겠지만, 아래의 다른 예시와 통일성을 위해서 조건 검사를 추가로 수행하였다.

파이썬에서는 아래와 같이 표현할 수 있다.

```
even_list = [a for a in range(1, 11) if a % 2 == 0]
```

참고로 순수한 함수형 언어라고 불리는 하스켈의 표기는 다음과 같다.

```
filter even [1...10]
```

자바처럼 저렇게 코드가 길어지는 특징을 영어로는 verbose 하다고 표현하는데, 인간의 언어에 가깝다고 불리는 루비나 파이썬 같은 고급 언어를 접하고 나면 신세계로 느껴질 때가 있고 이것은 생산성으로 이어진다.

한 달에 10만 명이 사용하는 서비스가 있다고 하자. 어디에 어떤 방

파트 2 ⋯ 개발자들만 아는 이야기

식으로 서버를 사용하느냐에 따라 천차만별이겠지만, 대표적인 클라우드 컴퓨팅 서비스인 AWS에 서버 인스턴스 3대, 프록시 서버, 데이터베이스의 안정성을 위해서 추가로 데이터베이스 레플리카를 이용한다고 생각해 보자. 각각의 인스턴스 사이즈 등에 따라서 한 달에 적게는 50만 원에서 많게는 200만 원 정도 나올 수 있다. 만약에 파이썬과 장고를 이용해서 혼자서 한 달간 작업할 내용을 자바와 스프링으로 작업했을 때 2~3달이 걸린다면? 그래서 자바 개발자가 2~3명이 필요하다면? 인건비를 한 달에 350만 원이라고 단순 계산해 봤을 때, 빠른 생산성으로 작업할 경우 훨씬 비용이 줄어드는 것을 알 수 있다.

이제 이 비용 곡선이 바뀌기 시작하는 때가 바로 사용자가 늘어나기 시작하는 시점이고, 성능이 좋은 언어는 더 많은 사용자가 사용하는 서비스를 만들 때 비용을 극적으로 줄여 준다. 월 사용자가 1억 명쯤 되면 서비스의 속도나 시스템 자원을 얼마나 점유하는지가 중요한 관건이 된다.

이런 관점에서 인스타그램의 창업 스토리(https://www.youtube.com/watch?v=_h_6xM36Z4g)는 굉장히 인상적이다. 인스타그램도 루비 온 레일즈로 서비스를 시작한 것으로 유명하다. 나는 100만 명 정도의 월 사용자를 관리하는 서비스는 파이썬이나 루비 등의 고급 언어로 작성해도 충분하다고 생각하는데, 스타트업에서 일해 본 사람이라면 월 사용자 100만 명이 얼마나 쉽지 않은 일인지 알 것이다. 요약하자면, 자기 서비스를 만들어 보고 싶은 사람이라면 가장 쉽고 빠르게 만들 수 있는 방법을 선택하라는 것이다. 서비스가 너무 잘 되면 투자받은 후에 잘하는 개발자분들을 모셔 오면 된다.

개발은
왜 배우기 어려울까?

3

개발자라는 직업은 끊임없이 배워야 하는 직업이다. 개발자라는 직업만큼 무엇인가를 깊게 안다는 것이 권력이 되는 일이 있을까 싶다. 아무리 경력이 긴 개발자라도 지식으로, 그리고 자신의 코드로 스스로를 증명하지 못하면 큰 목소리를 내기 힘들다. 그래서 개발자의 세계에서는 자신의 분야에 대해 얼마나 깊게 이해하고 있느냐가 개발자의 연봉을 결정하는 경우가 많다. 개발자가 되려고 마음먹은 사람이라면 엄청나게 많은 정보를 공부해야 한다는 것과, 개발자라는 길을 걷는 동안 끊임없이 공부해야 한다는 걸 반드시 염두에 두고 시작해야 한다. 하지만 끊임없이 공부해야 한다는 사실과 별개로 개발은 처음 배울 때 왜 이리도 배우기 어려워 보일까? 그리고 실제로 왜 그렇게 배우기 어려울까?

나도 이런 어려움을 수많은 다른 사람들과 똑같이 겪었다. 내가 무엇을 모르는지도 모르는 상황은 절망스러웠다. 개발자 주위에야 개발자가 많지만 처음 개발을 배울 당시에는 주위에 개발자를 찾기 힘들었기 때문에 제대로 된 조언을 얻기 힘들었고, 개발을 배우기 시작한 이후에도 이걸 배워서 도대체 뭘 할 수 있다는 건지 물음표가 늘 쫓아다녔다. 그리고 이런 질문이 계속될수록, 개발이라는 분야는 2~3주 정도의 짧은 기간에 공부할 수 있는 분야가 아니기 때문에 답답한 마음은 더 커져갔다. 아마 개발을 배우기 시작하는 많은 사람들이 이런 답답함에 잡아 먹혀 개발 공부를 그만두는 것이 아닐까 싶다.

심지어 개발이라는 분야는 수많은 오해와 잘못된 지식이 많은 곳이기도 하다. 원래 프로그래밍이라는 분야는 굉장히 학문적이고 소수의 전문가만이 존재하는 분야였는데, 최근에 IT 대기업의 등장과 수많은 스타트업이 시장에 도전장을 내밀면서 개발자에 대한 수요가 늘어났다. 이 때문에 대학교를 통해서 배출하는 개발자의 숫자가 시장의 요구에 비해 턱없이 부족해지기 시작했는데, 개발 교육이 여전히 대학교 식의 이론 교육에 머물다 보니 개발을 공부하는 과정과 실제로 개발로 일을 할 때의 괴리감이 엄청나다. 특히 컴퓨터에 대한 기본 지식이나 수학적 지식이 향후 장기 경력을 쌓을 때는 필요할지 모르겠으나, 처음 개발을 공부하려는 사람들에게는 꼭 필요하지 않은 경우가 많은데, 대학교식 이론 교육에서 대부분 이런 '기본 지식'들을 강조하면서 처음 개발에 뛰어드는 사람들이 더욱 도전하기 어렵게 만들기도 한다. 심지어 대학교에서 전산학 혹은 컴퓨터 공학을 공부한 사람들 중에서 제대로 코딩을 하는 사람은 10%밖에 안 된다는 자조가 나오는 상황에서, 비슷한 방식의 교육을 받은 비전공자들이 얼마나 어려운 상황일지는 너무 뻔하다.

개발 기술은 계속 발전하고 있다

개발을 배우기 어려운 첫 번째 이유는 개발 기술이라는 것은 한 번 만들어진 이후 고정된 것이 아니라 꾸준히 변하기 때문이다. 쉽게 말하면 기술은 계속 업그레이드되면서 버전이 올라간다는 말이다. 모든 기술은 시장에 존재하는 문제를 해결하기 위해 탄생한다. 그런데 문제는 시장에 존재하는 문제가 끊임없이 변한다는 점이다. 그래서 대부분의 기술은 새로운 문제를 해결하기 위해 끊임없이 변화한다. 물론 이 변화는 개발자를 통해서 이뤄진다. 그래서 프로그래밍 언어든, 프레임워크든 변하지 않는 기술은 개발자에게 더 이상 관심을 받지 못하는 죽은 언어가 될 수 있다. 그러니 우리가 배우려는 핫한 기술은 매우 빠르게 변화하고 있을 가능성이 크다는 말이기도 하다.

예를 하나 들어 보자. 개발자가 되려고 마음먹은 사람이라면 한 번쯤 들어봤을 C라는 언어가 있다. 이 언어는 거의 프로그래밍 언어계의 라틴어 같은 언어로, 이후 등장하는 수많은 언어에 영향을 주기도 했을 뿐만 아니라 컴퓨터를 깊이 이해해야 쓸 수 있는 포인터 등의 개념을 자유자재로 다뤄야 하는 탓에 배우기 어려운 언어이기도 하다. 이후 등장한 C++, 자바라는 언어에서는 C에는 없는 클래스(Class)라는 개념이 등장한다. 왜일까? 클래스라는 개념을 간단히 설명하자면 프로그래밍에서 데이터를 담는 변수(Variable)나 특정한 행동을 정의해 놓은 함수(Function)를 묶어둘 수 있는 개념이다. 이 클래스라는 것이 등장한 이유는 C라는 언어가 굉장히 훌륭한 언어지만, 프로그램이 점점 커지고 요구되는 기능이 많아지면서 복잡성이 너무 높아져서 기존의 기능만으로는 효과적으로 프로그래밍을 할 수 없었기 때문이다. 이후 등장하는 거의 모든 언어에서 클래스는 필수적인 기능이 되었다.

이런 식으로 프로그래밍 기술은 기술적인 요구가 있을 때마다 새로운 기능을 추가하는데, 이런 변화에 대한 맥락을 이해하지 못하는 초심자에게는 너무나 많은 기능이 한 번에 존재하는 것처럼 보인다. 그리고 이런 변화의 맥락을 이해하지 못하는 사람에게 그 개념을 설명하기 매우 힘든 것도 사실이다. 일본의 조선 침략이라는 역사적 배경을 이해하지 못하는 사람에게 어떻게 한국과 일본 사이의 감정의 골을 제대로 설명할 수 있겠는가? 그리고 기존의 프로그래밍 도서들도 프로그래밍 언어나 특정 기술이 새로운 버전으로 업그레이드될 때마다 새로운 도서를 내놓는데, 기존의 내용과 함께 새로 추가된 내용을 한 권에서 모두 다루려면 언급해야 하는 양이 방대해지는 탓에, 특정 기능이 왜 존재하는지를 충분히 설명한 책을 찾기 힘들다. 그래서 많은 교육 과정에서는 "일단 외우고 나면 나중에 이해될 거예요."라고 설명하고 넘어가는데, 가뜩이나 처음 접하는 개념에 당황스러운 초심자에게 이해도 하지 않고 넘어가라는 말이 절대로 쉬울 리가 없다.

한 가지 기술로 모든 것을 개발할 수 없다

개발을 처음 공부할 때 또 하나의 어려움은 하나의 서비스를 만들 때 하나의 기술로만 모든 것을 개발하기는 거의 불가능에 가깝다는 점이다. 만약 당신이 웹 사이트를 하나 만들기로 결정했다면 어떤 기술들을 알아야 할까? 가장 기본적으로는 사용자에게 데이터를 시각적으로 보여 줄 수 있는 HTML, CSS, 자바스크립트가 필요하다. 그리고 회원가입이나 게시물 저장 등의 데이터 처리를 위해서는 데이터베이스에 대한 지식과 SQL을 알아야 한다. 그리고 자바스크립트를 기반으로 하는 노드(Node.js)가 아닝 파이썬 등 다른 프로그래밍 언어를 사용한다면 그 언어도 공부해야 하고, 웹사이트 제작을 도와주는 해당 프로그래밍 언어 기반의 웹 프레임워크도 공부해야 한다. 이제 이걸 다 배웠고 사용자를 만나고 싶다면 작업 내용을 서버에 올려야 되는데, 이걸 위해서는 리눅스 등 서버 컴퓨터에 대한 지식이 필요하다. 이 정도가 아주 기본적인 지식이고, 실제로 많은 사용자를 만나는 서비스를 만나기 위해서는 훨씬 더 방대한 지식을 공부해야 한다.

위에서 본 것처럼 하나의 서비스를 만들기 위해서 알아야 하는 지식의 양이 너무나 많다. 당연히 한 번에 모든 걸 공부할 수 없고, 하나씩 하나씩 공부해서 정복해야 한다. 현업에 있는 개발자라면 해당 내용 중 많은 내용을 이미 알고 있기 때문에, 새로운 내용이 나온다고 해도 공부해야 하는 양이 상대적으로 많지는 않다. 하지만 처음 개발에 입문하는 사람이라면 공부해야 할 양이 너무 많다는 사실에 놀랄 수밖에 없다. 내가 만들고 싶은 건 조그마한 웹 사이트 하나인데, 뭘 이렇게 끝도 없이 공부해야 하냐는 생각이 든다. 그리고 계속해서 새로운 기술이 나오기 때문에 많은 기술 중에서 어떤 기술을 선택해야 할지 고민하는 것도 정말 쉬운 일이 아니다.

그뿐만 아니라, 이렇게 많은 기술을 유기적으로 연결해야 하나의 서비스가 되는데, 새로운 기술이 계속해서 쏟아지기 때문에 현업에 있는 개발자도 이런 기술을 깊이 있게 모두 이해하고 있어야 한다는 것이 굉장히 어려운 일이다. 따라서 제대로 된 조언을 구하기도 힘들고, 체계적인 교육 과정을 만나기란 사실 너무나도 어렵다.

이론에만 집중하는 교육용 자료들

이런 상황을 더 어렵게 하는 건 쉽게 만나 볼 수 있는 교육 자료들이 대부분 개념에만 초점을 맞추고 있다는 데 있다. 오랫동안 개발 도서의 양식은 달라지지 않았다. 내가 처음 개발을 배우기 시작했을 때의 개발 도서와 최근에 나온 개발 도서를 비교해 봐도, 내용적인 부분은 제외하더라도 거의 비슷한 형태의 구성을 갖고 있는 경우가 대부분이다. 이런 구성의 문제점은 이미 개발에 충분히 익숙하고 어떻게 스스로 공부해야 하는지 아는 사람들에게는 괜찮지만, 처음 개발 분야에 입문하는 사람에게는 매우 접근하기가 어렵다는 점이다.

보통 개발 관련 도서는 해당 분야의 전문가가 집필하는 경우가 대부분인데, 이런 경우에 초심자가 다양한 개념을 이해하기 위해 책을 쓰기보다는 내가 아는 내용을 집대성하기 위해서 쓰는 경우가 대부분이다. 그러면 쉽게 설명하기보다는 더욱 깊은 내용 혹은 지엽적인 내용이 그 중요성에 비해 많은 공간을 차지하게 된다. 입문자는 책의 내용을 보고 어떤 부분이 더 중요한 부분인지 알기 힘들기 때문에, 중간에 낙오할 가능성이 크다.

또한 최근에는 한국 개발자들의 집필 활동도 많이 이어지고 있지만, 원서 번역이 개발 분야의 오랜 관행이다 보니 책에 오래된 정보가 담기는 경우가 많고 번역 투로 이해하기 어려운 경우가 많다. 개발 도서를 펴보면 거의 모든 영어가 일상생활에서 사용하지 않는 용어로 가득하다. 마찬가지로 개발자들은 이미 많은 개발 용어에 익숙해져 있고, 개발을 계속하다 보면 영문 자료를 접하는 경우가 많아서 큰 어려움 없이 해당 개념들을 익힐 수 있지만 처음 접하는 경우에는 용어 자체가 난해하기 때문에 겁을 먹기가 쉽다.

한편, 최근에는 동영상 기반의 양질의 자료들이 쏟아지면서 공부하기 좋은 환경이 되어 가고 있다. 특히 영문 자료에 거부감이 없는 경우에는 정말 방대한 자료가 대부분 무료로 제공되기 때문에 공부하기 좋은 환경이다. 그뿐만 아니라, 개발 자체는 모든 과정이 컴퓨터로 이루어지기 때문에 동영상 강의로 전달하기에 정말 좋은 분야다. 개발 입문할 때 정말 어려운 개발 환경을 세팅하는 과정이나 많은 실습의 경우, 동영상만 보고 따라 해도 근사한 프로젝트를 만들 수 있기 때문에, 내 손으로 서비스를 바로바로 만들어 내는 손맛을 느낄 수 있다.

그래서 어떻게 배우라고요?

많은 개발 교육 과정에서는 단 한마디도 언급하지 않는 내용이지만, 개발이란 내가 만든 프로그램으로 더 많은 사람들을 편리하게 도와주는 과정이다. 프로그래밍은 사실 수단이고 본질은 사람이라는 말이다. 그런데 많은 책에서는 이론부터, 그리고 내 일상생활과는 관련 없는 것들을 가르치기 시작한다. 나는 개발을 처음 공부하는 사람에게 우선 프로젝트를 정하라고 권한다. 기술적인 열망이 되었든, 사회문제를 해결하고 싶든, 내 일상의 불편함을 개선하고 싶든, 만들고 싶은 게 없는 사람은 좋은 개발자가 되기 어렵다. 우선 만들고 싶은 게 생기면, 공부는 자연스럽게 따라온다. '이 기능을 만들고 싶은데 이건 어떤 걸 공부해야 알 수 있지?'라는 질문은 정말 강력하다. 무엇인가 만들고 싶다는 열망, 그리고 그 열망을 해결하기 위한 기술적 궁금증, 그 궁금증을 해결하기 위한 학습으로 이어지는 선순환은 누구보다 빠르게 좋은 개발자가 되도록 돕는다. 그래서 나는 항상 개발을 공부하는 것보다 하고 싶은 것을 찾는 것이 우선이라고 말한다.

다음으로는 개발을 처음 배운다면 동영상을 통해서 공부하라고 권하고 싶다. 물론 책을 통해서 개념을 충실히 다지며 공부하는 것을 선호하는 사람이라면 책을 통해서 먼저 개발을 접해보는 것을 말리지 않는다. 다만 개발이라는 분야는 사용자의 컴퓨터나 개발 환경에 따라서 다양한 에러가 발생하기 쉬운 분야다. 이런 특성상 책이라는 매체가 충분히 다양한 문제 상황을 커버하기 힘들 가능성이 크다. 동영상을 통해서 배우면 문자로는 전달이 어려운 과정이나 다양한 예외 상황을 더욱 쉽게 접할 수 있다.

비전공자로서 개발을 배우는 사람이라면 최대 6개월 안에 개발자로 취업하라고 조언한다. 특히 비전공자에게는 완전히 다른 분야에 도전해서 개발자로 일한다는 것이 굉장히 무섭게 다가오는 것이 사실이다. 하지만 앞서 개인 프로젝트를 하면서 배우라는 것과 같은 맥락에서, 내가 혼자서 공부하는 것과 실무에서 개발을 배우는 것은 질적으로 너무나도 다르다. 아무리 독학으로 다양한 내용을 배운다고 하더라도, 실제 회사에서 사용하는 기술이 회사마다 너무 다양하기 때문에 어차피 새롭게 많은 내용을 배워야 할 가능성이 크다. 회사에서 일을 하다 보면 회사에서 사용하고 있는 기술이 더 입체적으로 눈에 들어오기 때문에, 내가 무엇을 알고 있는지 그리고 내가 앞으로 무엇을 공부해야 하는지 파악하기도 쉽다. 그뿐만 아니라, 직접 사용자를 만나는 코드를 짜야 하기 때문에 혼자서 개발할 때 대충대충 넘길 수 있는 부분도 회사에 다니면 좀 더 완성도 있게 코드를 짜게 되기 마련이다. 즉, 더 수준 높은 코드를 개발할 수 있게 된다.

끝으로 개발자로 취업하고 일하는 과정에서 혼자서도 공부할 수 있는 능력을 키워야 한다. 우선 영어 문서를 읽을 수 있는 정도의 영어 독해 능력을 갖추는 것이 좋다. 왜냐면 대부분의 개발 문서는 영문으로 되어 있기 때문이다. 어느 정도 기본적인 개발 능력을 갖추게 되었다면 각 기술을 개발하는 팀에서 제공하는 개발 문서를 직접 읽는 것이 좋다. 개발자의 세상에서는 더 많은 개발자가 사용하는 기술이 곧 힘이기 때문에 더 많은 기술을 무료로 제공하고, 더 좋은 문서를 작성하기 위해서 노력한다. 사실 발행되는 개발 책들은 이런 기술 문서를 바탕으로 하는 경우가 대부분이다. 이런 기술 문서를 읽기 시작하면 가장 정확한 최신 정보를 얻게 되는 것이다. 마지막으로는 코드를 직접 보고 이해하기 위해서 노력하는 것이 좋다. 최근 사용되는 거의 모든 기술은 오픈소스로 공개되어 있다. 마음만 먹으면 언제든지 그 코드에 직접 접근할 수 있다. 실제로 코드를 보고 그 기술 자체를 이해하게 된다면 어떤 기술이든 스스로 이해할 수 있는 능력을 갖췄다고 말할 수 있다.

개발자들끼리는 어떻게 협업할까?

4

개발자가 아닌 사람들이 보기에 개발자가 하는 일은 매우 불투명해 보인다. 웹 사이트 디자인을 직접 바꾸는 프런트엔드 개발자들이 하는 일은 그나마 작업 결과가 눈에 바로바로 보이기 때문에 무엇인가 일을 하고 있는 것 같긴 한데, 서비스 안에서 돌아가는 업무 관련 흐름을 작업하는 백엔드 개발자나 모바일 개발자가 하는 일은 시각적으로 즉각적인 변화가 잘 보이지 않기 때문에 파악하기에 쉽지 않다. 기능을 추가해 달라고 하면 안 된다고 하는 일도 많고, 별거 아닌 것 같은 일도 오랜 시간이 걸리는 것 같기도 하다.

그런데 개발자도 스스로의 업무에 대해서 그렇게 생각할까? 사실 개발자들은 정말 그 어떤 일보다도 투명하게 일하고 있다. 개발자들은 컴퓨터로 일을 하면서 자신이 필요한 도구를 언제든지 만들어 낼 수 있는 사람들이 아니던가. 게다가 개발자들은 반복된 업무를 하고 싶지 않다는 욕망이 너무나 강한 사람들이기 때문에 최대한 업무를 효율적으로 하기를 원한다. 개발자들 사이에서 원활한 협업 환경은 오랜 시간 동안의 염원이었다. 그래서 굉장히 효과적인 도구들이 많이 등장했고, 협업도 너무나 투명하게 이루어지고 있다. 디지털 노마드 생활에 최적화된 직업으로 개발자가 각광 받으면서 개발자라는 직업이 많은 관심을 받고 있는데, 사실이건 개발자 업무의 투명성과 관련이 많다. 개발자들은 하루에 얼마나 작업을 했는지 서로 잔인할 정도로 투명하게 공개하고 있다.

파일 복사 붙여넣기?

협업에 관해 둘째가라면 서러울 개발자들은 어떻게 함께 일을 하고 있을까? 궁금하지 않은가? 처음 개발을 공부할 때 실무에서는 사람들이 어떻게 함께 일하고 있는지 너무나 궁금했지만, 첫 회사에서 일하기 전까지는 알기가 힘들었다. 개발자들이 작성하는 문서를 소스 코드(Source Code)라고 부르는데, 처음 개발을 공부할 때도 이런 코드를 공유하는 툴이 존재한다는 사실은 알고 있었다. 하지만 학원에서는 바쁜 일정을 핑계로 이런 툴을 어떻게 사용하는지 자세하게 알려 주지 않았다.

당시에 학원에서는 처음부터 그런 도구를 쓰면 안 좋다고 이야기했는데, 지금 생각해 보면 그냥 가르쳐 주기 귀찮았던 게 아닌가 싶다. 이런 협업 도구들은 개념 자체가 엄청나게 어렵지는 않지만, 협업이라는 업무에 익숙하지 않은 상태에서는 왜 사용하는지 이해하기가 어려운 점이 많다. 그래서 이런 걸 하나하나 설명하면서 가르치느니 그냥 회사에 가면 다 배우겠지 생각했던 것 같다.

그래서 처음에는 팀원들과 함께 프로젝트를 할 때 어쩔 수 없이 USB에 파일을 담아서 옮겼다. 예를 들어서, 6명이 한 팀이라면 2명씩 세 팀을 만들고, 두 팀은 기능을 개발하고 한 팀은 만들어진 기능을 취합하는데 집중했다. 그런데 초보자들이 모여서 장난감 같은 서비스를 만드는 프로젝트에서도 점점 취합하는 과정이 힘들어지기 시작했다. 프로그래밍은 프로젝트가 커지면 수천 줄, 수만 줄의 코드를 작성하게 되는데, 한 파일에 이렇게 긴 코드가 생기면 코드를 이해하는 것이 거의 불가능해지기 때문에, 정리를 위해서 여러 파일에 코드를 나눠서 작성한다. 따라서 한 기능을 추가하기 위해서는 다른 파일들을 수정해야 하는 일이 비일비재하다. 그런데 이걸 합치려면, 일단 코드를 작성하는 사람이 이후 코드를 취합할 때를 대비하기 위해서 어느 위치의 파일에서 어느 줄을 수정했는지 기억하고 알려 줘야 한다. 일단 여기서부터 고생이 시작된다. 당연히 다 기억하지 못하기 때문에 컴퓨터 메모장을 열어서 기록하기 시작하는데, 열심히 코드를 짜다 보면 내가 어디를 고쳤는지 메모하는 걸 까먹기 쉽다. 그러면 이제 취합하는 팀은 다른 그림 찾기 놀이를 시작하게 된다.

서버에 몰빵

아마도 아주 초창기 개발자들은 협업할 때 저런 방식으로 일하지 않았을까 싶다. 당시에는 USB도 없었을 테니 플로피 디스크나 CD에 담아서 공유했을 가능성이 클 것이다. 하지만 프로젝트가 일정 규모 이상 커지면 저 방식은 불가능에 가까워진다. 그러면 이 문제를 어떻게 해결할 수 있을까? 바로 개발자들이 공동으로 작업하는 서버를 만들고 거기에 코드를 올려서 관리하면 해결은 쉬워진다.

한 프로젝트에서 일하는 모든 개발자는 서버에서 코드를 다운받는다. 그리고 변경된 내용은 서버에 업로드한다. 그러면 다른 개발자는 그 업로드된 내용을 다운받고 계속해서 자신의 업무를 이어나간다.

이런 형태로 개발자가 협업할 수 있도록 도와주는 툴에는 대표적으로 SVN(https://subversion.apache.org)이 있다. SVN이라는 오픈소프 프로젝트는 2000년에 CollabNet이라는 회사를 통해서 시작되었다고 한다. 나는 2000년 이전에 어떻게 사람들이 개발을 할 수 있었는지 도저히 믿어지지 않는다. 물론 요즘처럼 모든 서비스가 다 크지 않았으리라 예상하지만, 그 당시에도 제법 큰 규모의 프로젝트들이 많았을 텐데 제대로 된 협업 툴 없이 함께 일한다는 건 정말 상상하기 어려운 일이다.

각자의 컴퓨터에 분산해서

그런데 서버에 모든 코드의 관리를 맡긴다는 건 사실 위험한 일이다. 만약 서버가 다운돼서 복구가 되지 않는 상황이라면 어떻게 할 것인가? 며칠씩 작업한 내용이 사라진다면 제정신을 유지하기 힘들다. 혹은 서버가 한동안 먹통이 돼서 개발자들이 일할 수 없는 상황이 된다면 매우 큰 손실이 아닐 수 없다.

물론 개발자들은 이런 상황을 그냥 참고 있지 않는다. 개발자들은 귀찮은 걸 참지 못한다고 말하지 않았던가. 개발자들은 서버의 상황에 상관없이 계속해서 일할 수 있기를 원했고, 그리고 서버가 날아가더라도 자신들의 작업물이 그대로 남아있길 원했다. 그 해결책으로 모든 개발자의 컴퓨터가 하나의 서버인 것처럼 작업물을 저장하고 이후 서버에다 올리는 방법을 택하게 되었다.

파트 2 ··· 개발자들만 아는 이야기

이런 방식을 분산형 버전 관리라고 부르는데, 이 프로젝트의 대표주자가 깃(https://git-scm.com)이다. 깃도 오픈소스 프로젝트인데, 개발자가 인터넷에 접속하지 않은 상황에서도 개발을 하고 인터넷에 접속이 가능한 경우 서버에 올리는 것이 가능하도록 개발자에게 더 큰 자유도를 주었다.

깃허브(https://github.com)와 빗버킷(https://bitbucket.org)은 이 오픈소스인 깃을 통해서 서비스를 하고 있는 대표주자이다. 원래는 개발자 개인이나 회사에서 각자의 서버에 세팅해서 사용을 해야 했던 깃을 누구나 사용할 수 있게 서비스화함으로써, 깃이라는 프로젝트를 대중적으로 사용하게 하는 데 큰 기여를 했다.

개발자 업무의 투명성

그렇다면 이 깃은 어떻게 개발자들 사이의 업무가 투명하게 진행되도록 도움을 줄까? 깃을 사용하게 되면 코드의 변경이 있을 경우에 커밋이라는 명령어를 통해서 그 변경 사항을 간단한 설명과 함께 저장한다. 그리고 이 변경 사항을 서버에 올리게 되는데, 서버에 올린 내용은 모든 개발자가 열람할 수 있다. 이때 '누가', '언제', '어떻게', '어떤 코드를' 변경했는지 확인할 수 있고, 해당 코드를 변경한 개발자의 메시지를 통해서 '왜' 변경했는지도 확인이 가능하다.

많은 개발자들이 협업에 더욱 익숙해지기 시작하면서, 개발자들이 작성한 코드를 서로에게 리뷰 받는 문화가 정착하기 시작했다. 개발자들은 서버에 브랜치(Branch)라고 불리는 자신의 공간을 만들어서 자신의 코드를 올리고, 다른 개발자에게 리뷰를 요청한다. 그러면 다른 개발자들이 코드를 보고 정성스레 리뷰를 남긴다. 리뷰에는 정말 다양한 내용이 담기게 되는데, 코드를 쓸 때 다른 사람이 읽기 쉽도록 가독성을 높이기 위한 조언을 해 주거나, 혹은 이후에 반복된 내용을 계속 작성하는 일이 없도록 잘 정리하기 위한 조언 등을 해 준다.

따라서 도대체 개발자가 뭘 하고 있는지 모르겠다고 말하는 조직이라면 개발에 대한 이해가 전혀 없는 조직이라고 스스로 떠들고 다니는 셈이다. 개발자가 아닌 사람들이 보기에는 도대체 뭘 하고 있는지 모르겠다고 하더라도, 개발자들은 오늘도 자신이 작성한 코드를 너무나도 투명하게 남기고 기록하고 있다.

이런 업무 수행 방식은 개발자가 구직을 할 때도 적극적으로 활용된다. 특히 깃허브는 자신의 코드를 공개적으로 올리는 경우에는 무료로 사용할 수 있다. 따라서 많은 개발자가 자신이 개인적으로 작업한 코드를 자유롭게 깃허브에 올린다. 그러면 누구나 자유롭게 코드를 검색해 볼 수 있는데, 많은 회사들이 개발자를 고용할 때 깃허브를 통해서 개발자가 짠 코드를 사전에 확인하고 실력을 검증한 상태에서 개발자 채용 과정에 들어가기도 한다. 개발자에게는 코드 자체가 이력서인 셈이다.

오픈소스 시대의 도래

깃허브는 위에서 설명한 것처럼 코드를 공개할 경우 무료로 사용할 수 있다. 그리고 이 기능은 오픈소스의 시대가 오는 걸 앞당겼다. 개발자들은 누가 시키지 않아도, 돈을 주지 않아도 자신이 짠 코드를 깃허브에 올린다. 내가 짠 코드를 다른 사람에게 평가받기도 하고, 마음이 맞는 프로젝트를 찾으면 다른 사람이 짜 놓은 코드에 자기 아이디어를 보태기도 한다.

이렇게 깃허브 상에는 수많은 공개 프로젝트들이 있는데 이걸 보고 오픈소스라고 부른다. 오픈소스는 누구에게나 공유되고, 코드에 자신이 짠 코드를 추가해 달라고 자유롭게 요청할 수 있다. 다만, 오픈소스는 항상 무료인 것은 아니고 프로젝트에 따라서 다양한 라이선스가 존재하기 때문에 해당 오픈소스가 어떤 라이선스를 따르고 있는지 확인하는 것이 중요하다. 가장 유명한 오픈소스 라이선스에는 GNU(General Public License)가 있는데, 상업적인 용도로 변경까지 가능한 라이선스다.

개발자에 대한 큰 오해 중 하나는 개발자는 모든 알고리즘을 스스로 짤 것 같다는 것이다. 하지만 개발자들 사이에 많이 인용되는 격언 중의 하나는 바로 "이미 있는 바퀴를 재발명하지 마라"는 것이다. 즉, 기존에 존재하는 코드가 있다면 그 코드를 스스로 다시 짤 생각을 하지 말고, 그 시간에 다른 생산적인 활동을 하라는 의미이다. 따라서 자신이 진행하고 있는 프로젝트에 잘 어울리는 오픈소스를 찾고, 해당 오픈소스를 프로젝트에 맞게 적용, 변경하는 것도 개발자의 중요한 능력 중의 하나이다. 적합한 오픈소스를 찾지 못해서 모든 걸 다 만드느라 시간을 낭비하거나, 혹은 오픈소스를 제대로 평가하지 못해서 엉망진창인 오픈소스를 가져다 사용하는 것 모두 조심해야 하는 일이다.

나는 이 오픈소스가 개발자 세계의 강력함이라고 생각한다. 자신이 작업한 내용을 대중에게 공개한다. 그리고 다른 사람의 피드백을 자유롭게 받아들인다. 더 많은 사람이 모여들수록 코드는 안정도가 높아진다. 그렇게 더 많은 사람이 사용하는 프로젝트가 되고, 다른 개발자들이 다른 업무에 더 집중할 수 있는 환경을 만들어 준다. 마치 전 세계의 개발자들이 개발이라는 생태계를 위해 다 함께 달려가고 있는 세상인 것 같다. 이게 개발이라는 세상에 들어올 때 느낄 수 있는 큰 매력이다.

웹 프로그래밍이
뭔가요?

5

이번에 다룰 내용은 프로그래밍 중에서도 특히 웹 프로그래밍이다. 웹 프로그래밍은 비전공자가 프로그래밍을 선택했을 때 가장 처음에 접하게 될 가능성이 큰 영역이다. 그만큼 개발자 숫자도 많고, 기술의 변화 속도도 빠른 분야다. 그리고 일반인이 가장 많이 접하는 분야이기도 하다. 오늘도 분명히 여러분이 들어갔을 페이스북이나 네이버, 브런치 페이지도 웹 프로그래밍의 결과물이다.

나는 자바를 기반으로 한 웹 개발을 가장 처음 공부했다. 그런데 개발을 배우는 한참 동안 웹 개발이 어떻게 이뤄지는지 전체 그림이 잘 그려지지 않아서 고생했던 기억이 난다. 무엇을 배워야 우리가 매일 접하는 이런 웹 페이지를 만들 수 있을까? 웹 페이지를 구성하는 기술은 HTML, CSS, 자바스크립트, 데이터베이스, SQL, 서버 등 다양하다. 이런 기술들이 어떤 이름으로 구분되는지, 그리고 어떤 방식으로 상호작용해서 하나의 서비스를 구성하는지 알아보도록 하자.

백엔드와 프런트엔드, 그리고 풀스택?

이 챕터는 웹 프로그래밍이라는 제목을 갖고 있지만, 웹 프로그래밍은 사실 주로 백엔드와 프런트엔드로 구분된다. 백엔드는 비즈니스 요구에 필요한 내용을 구현하고, 데이터베이스에서 데이터를 불러오거나 시스템상에 서비스가 안정적으로 작동하도록 책임지는 역할을 한다. 보통 하나 혹은 두 개 이상의 프로그래밍 언어와 함께, 데이터베이스를 다루는 SQL, 서버 컴퓨터에 대한 지식이 필요하다. 그에 반해 프런트엔드는 이렇게 만들어진 기능을 사용자가 이용하기 편하도록 시각적인 부분에 좀 더 집중하는 부분을 의미하며, HTML, CSS, 자바스크립트가 주로 사용하는 기술이다. 그리고 이 두 가지를 모두 할 수 있는 개발자를 풀스택 개발자라고 부른다.

백엔드 개발은 가장 전통적인 개발 분야로 굉장히 오랜 개발 경력을 가진 개발자들이 포진해 있는 곳이다. 프런트엔드 개발은 원래는 HTML, CSS와 간단한 자바스크립트를 사용해서 개발한다는 의미의 퍼블리셔(Publisher)라는 이름으로 불렸으나, 최근 React.js, Angular.js 등 고도화된 프런트엔드 프레임워크가 등장하면서 하나의 전문 분야로 자리 잡고 있다. 최근 자바스크립트 기반의 노드(Node.js)가 개발되고 자바스크립트라는 언어로 백엔드와 프런트엔드를 한 번에 개발할 수 있는 길이 열리면서 많은 풀스택 개발자들이 생겨나고 있다.

HTML, CSS & 자바스크립트, 웹 페이지를 꾸미자

HTML은 HyperText Mark-up Language의 약자인데, 영어 단어가 늘어져 있어서 처음에는 굉장히 어렵게 느껴진다. 하이퍼텍스트(HyperText)는 링크를 통해서 옮겨 다닐 수 있는 페이지를 의미한다. 이런 링크 기반의 웹 문서를 작성하는 언어가 HTML이다. 우리가 매일 같이 만나는 그 웹 페이지들이다. 우리는 이런 하이퍼텍스트를 인터넷 익스플로러, 크롬, 사파리 등의 웹 브라우저를 통해서 읽는다. 업무용으로 많이 사용하는 PDF와 비교하자면, HTML 문서는 PDF 파일이고 웹 브라우저는 전용 PDF Reader라고 할 수 있다.

이렇게 설명만 잔뜩 적혀 있으면 무슨 말인지 감이 잘 오지 않으니, 예시를 통해서 HTML이 무엇인지 자세히 살펴보도록 하자. 우리는 보통 글을 쓸 때 목록을 다음과 같이 만든다. 오늘 장 볼 목록이라고 생각해 보자.

- 사과
- 감
- 배

이런 리스트를 HTML로는 아래와 같이 표현할 수 있다.

```
fruits.html

<ul>
    <li>사과</li>
    <li>감</li>
    <li>배</li>
</ul>
```

다들 학창시절 컴퓨터 시간에 한 번쯤 HTML 문서를 만져 본 기억이 있을 거라고 생각한다. HTML은 태그(Tag)로 이루어져 있다. 앞의 HTML '문서'에는 〈ul〉 태그와 〈li〉 태그가 있다. ul은 unordered list의 약자이고, li는 list item이다. 이렇게 표현해 두면 브라우저는 저 문서를 읽어 들일 때 "저것이 리스트구나"라고 인지할 수 있다. 결국 HTML이란 브라우저가 특정 데이터를 읽어올 때 구조를 쉽게 이해할 수 있도록 도와주는 기능을 한다고 볼 수 있다.

CSS(Cascading Style Sheets)는 이런 HTML 문서를 꾸미는 데 사용된다. 항목의 이름을 갑자기 다 빨간색으로 바꾸고 싶어졌다면? HTML은 이름 그대로 '마크업'이기 때문에 문서 내의 요소가 어떤 역할을 하는지만 알려준다. 이제 스타일 시트인 CSS로 색깔을 준다면?

```
fruits.css

li {
    color: red;
}
```

이렇게만 입력해 주면 HTML의 모든 〈li〉 태그 안의 문자가 빨간색으로 바뀐다. 지면상의 이유로 HTML 문서에서 어떤 식으로 CSS 파일을 불러오는지는 생략했다. 한 가지만 기억하자. "HTML은 문서의 구조를 잡아 주고, CSS는 그 문서를 꾸며 준다."

이제 여기에 새도 날아다니고 번쩍번쩍거리게 하고 싶다면? 이것이 자바스크립트가 하는 일이다. HTML이 구조를 잡고, CSS가 예쁘게 꾸며 놓으면, 자바스크립트가 움직이게 만든다.

웹 페이지는 크게 정적(Static)인 페이지와 동적(Dynamic)인 페이지로 구분을 한다. 정적인 페이지는 일반적으로 사용자와 상호작용이 어려운 경우가 많다. 대체로 애플리케이션 홍보용 단일 페이지가 여기에 해당하는 경우가 많다. 이런 페이지는 HTML과 CSS만으로도 충분히 만들 수 있는 경우가 많다.

프로그래밍 언어, 사용자가 입력하는 데이터를 처리하자

이제 우리가 앞에서 다뤘던 프로그래밍 언어가 나온다. 파이썬, 자바, 루비, 자바스크립트 같은 프로그래밍 언어는 사용자가 입력하는 데이터를 처리하는 역할을 한다.

```
form.html

<form>
    <input name="name"></input>
    <input type="submit" value="submit"></input>
</form>
```

* 설명을 위해 〈form〉 태그 안의 action이나 method 등에 해당하는 내용은 생략함

프로그래밍 언어로 넘어가자더니 왜 갑자기 다시 HTML 문서냐고 묻는다면? 이게 다 연관이 있다. HTML에는 〈form〉이라는 태그가 있다. 〈form〉은 사용자의 입력을 처리하는 곳이다. 입력이라는 말이 나오자마자 〈form〉 태그 안에 〈input〉 태그가 보인다. 이걸 브라우저로 실행시키면 길고 네모난 직사각형 창 하나와 "submit"이라는 이름을 달고 있는 버튼이 하나 나온다. 네모난 창에 사용자가 문자를 입력하고 버튼을 누르면, 서버로 데이터를 전송하게 된다.

그러면 이제 프로그래밍 언어가 일을 해야 될 시간이다. 사용자가 "name"이라는 이름을 붙여 놓은 창에 무언가 데이터를 입력했고, 이제 우리는 그 데이터를 가지고 엄청나게 많은 일을 할 수 있다. 다른 페이지로 연결해 주기도 한다. 나중에 다시 사용하기 위해서 데이터를 저장해 둘 수도 있다. 정확히는 프로그래밍 언어로 구현해 놓은 웹 프레임워크로 저런 일을 처리하는데, 프로그래밍에서는 보통 로직(Logic)이라고 부르고 '로직을 구현'한다고 말한다. 파이썬은 장고(Django)와 플라스크(Flask), 자바는 스프링(Spring)과 스프링 부트(Spring Boot), 루비는 레일즈(Rails)와 시나트라(Sinatra), 자바스크립트는 노드(Node.js)와 함께 사용하는 익스프레스(Express.js)가 주요 웹 프레임워크이다. 이런 프레임워크는 프로그래머가 처리해야 하는 많은 일을 간단한 코딩으로 처리할 수 있게 잘 꾸며 놓은 도구이다. 물론 익숙해지기 전까지는 공부해야 하는 애물단지이기 하다.

데이터베이스와 SQL, 내 정보는 소중하니까 지켜 주자

프로그래밍 언어는 데이터를 저장하기도 한다고 위에서 언급했다. 정확히는 프로그래밍 언어는 데이터를 저장소까지 인도하는 역할을 한다. 그런데 한 웹 서비스가 만들어 내는 데이터양은 방대하다. 만약에 똑같은 데이터를 여러 사용자가 같이 수정하려고 한다면?

최초에 데이터베이스는 같은 데이터를 여러 사용자가 함께 관리하기 위해서 만들어졌다. 학교 도서관을 생각해 보자. 책을 연체한 학생이 도서관 반납대에 가서 책을 반납했다. 연체료도 조금 물어야 했을 것이다. 그리고 다시 책을 골라서 대여하는 곳에 왔는데, 연체된 내역이 있다고 한다. 이것이 통합 관리되는 데이터베이스가 없으면 생기는 현상이다.

데이터베이스는 커다란 엑셀이라고 생각하면 된다. 다만 그걸 여러 사용자가 공유하고 있다. 그리고 가능하면 비어 있거나 여러 값이 들어 있는 셀이 없도록 처리하려고 한다. 데이터베이스는 이것만 전문적으로 관리하는 개발자가 있을 정도로 성능에 많은 영향을 미친다. 데이터베이스 관리를 전문으로 하는 사람을 데이터베이스 관리자(DBA, Database Administrator)라고 부르는데, 경력이 쌓이면 연봉이 억대에 이른다고 하여 처음 개발을 배울 때 솔깃했다. 다만 하루 종일 엑셀을 들여다보고 있어야 한다고 생각하니 조금 지겨울 것 같다는 생각도 들었다.

시스템, 이제 서비스를 배포해 보자

이제 위의 단계를 다 거쳤으면 포트폴리오로 삼기에 전혀 문제가 없다. 웹 프로그래밍 신입 개발자로 일할 수가 있다.

하지만 지금까지 배운 거로는 실제 사용자를 받을 수는 없다. 우리가 만든 서비스에 사람들이 접근할 수 없기 때문이다. 이제 우리는 지금까지 만든 서비스를 서버에 '배포'하는 작업을 해야 한다. 서버는 조금 특별한 컴퓨터이다. 혹시 컴퓨터를 끄지 않고 며칠을 그냥 둔다면? 이유 없이 컴퓨터가 느려지는 경우가 많다. 그런데 사용자를 받는 서버 컴퓨터가 느려진다면? 그래서 우리는 그런 경우를 막기 위해 서버용 운영체제를 설치하게 된다. 우리가 일반적으로 아는 운영체제들인데, 윈도, 유닉스, 리눅스가 여기에 해당한다. 그런데 이 중에서 윈도, 유닉스 서버는 유료다. 그래서 많은 서비스가 리눅스 서버를 선택한다.

보통 리눅스 서버는 터미널로 작업을 하는데, 우리가 지금껏 사용해 온 마우스 딸깍딸깍 환경과는 아주 다르다. 'cd'로 시작하는 명령어의 세계에서 리눅스 서버를 설치하고 사용자를 받을 수 있게 도와주는 Apache 나 Nginx를 설치해야 한다. 여기에 데이터베이스도 설치하고 연동하는 작업도 해 줘야 한다.

프로그래밍은 발전하고 있다

그럼 우리가 프로그래밍을 공부하기 시작해서 실제 사용자들이 사용 가능한 서비스를 만들려면 저 엄청난 것들을 다 공부해야 하는 것일까? 원칙적으로는 그렇게 말을 해야 할 것 같다. 하지만 프로그래밍 세계도 빠르게 발전하고 있다. 개발자들이 서비스의 기능 구현에만 집중할 수 있도록 많은 서비스가 쏟아져 나오고 있다.

우선 파이썬 웹 프레임워크인 장고나 루비 온 레일즈 같은 경우에는 프로그래머가 코드를 작성하면 자동으로 데이터베이스에 해당하는 테이블을 설계해 주고, 데이터베이스를 처리하는 SQL을 전혀 몰라도 데이터베이스에서 데이터를 꺼내고 집어넣을 수 있게 해 주고 있다.

서비스를 정식으로 릴리즈하는 데 가장 걸림돌이 되는 부분은 바로 서버에 대한 지식일 것이다. 이 부분도 아마존에서는 AWS의 Elastic Beanstalk라든지 혹은 구글에서는 Google App Engine 등의 서비스를 통해서 개발자가 리눅스나 시스템 관리에 대한 이해가 전혀 없더라도 서비스를 배포할 수 있도록 돕고 있다. 개발자는 정말 자신의 서비스를 어떻게 만들지만 고민하면 되는 시기가 오고 있는 것이다.

마무리하면서

프런트엔드 프레임워크의 왕좌를 한동안 Angular.js와 React.js가 경쟁하다가, 요즘은 React.js와 새로 등장한 Vue.js가 경쟁하는 모양새다. 이런 프런트엔드 프레임워크를 이용하거나 혹은 모바일과 데이터를 주고받아야 한다면 REST API에 대한 공부도 필요하다. 그리고 요즘은 시스템 관리 쪽으로는 Docker라는 컨테이너 기술이 핫하니 이쪽에도 관심을 가지면 좋을 듯하다. 프로그래밍은 공부해야 할 내용이 많다. 그리고 만약 처음 공부하는 사람이 이걸 다 공부할 때쯤이면 다시 무엇인가 새로운 기술이 나올 가능성이 크다. 하지만 입문하는 사람에게 이런 프로그래밍 분야의 특성이 큰 장점이 되기도 한다. 이런 부분을 빠르게 공부해서 실력을 쌓으면 이 부분에서 최고 전문가가 될 수도 있다.

빠르게 배우는 데 자신이 있는 사람이라면 이곳은 기회의 땅이 될 것이고, 아니라면 트렌드를 쫓다 힘들게 프로그래밍 세상을 떠나게 될지도 모른다.

데브옵스(DevOps)란 도대체 무엇인가?

❻

　개발 업계에서는 제대로 된 데브옵스가 너무 찾기 힘들어서 유니콘 같다는 말이 돈다. 덕분에 데브옵스 연봉은 계속해서 치솟고 있다. 들어 본 개발자들도 많겠지만, 아직은 개발자들에게도 생소한 이 데브옵스라는 개발자 직군은 도대체 무슨 일을 하는 사람을 가리키는 걸까?

　데브옵스란 개발(Development)+운영(Operation)의 줄임말이다. 이름에서 알 수 있듯, 기존의 개발자가 하던 소프트웨어 개발 업무와 운영 업무를 동시에 하는 포지션이라는 사실을 알 수 있다. 그런데 '운영'이라는 단어가 조금 명확하지 않은 느낌이 든다. 개발자가 개발한다는 말은 알겠는데, 뭘 운영한다는 것일까? 설마 회사 매출을 처리하는 세무 업무나 고객을 응대하는 서비스를 하는 개발자를 말하는 것일까? 물론 그렇지 않다. 여기서 운영이란 '시스템 운영'을 의미한다. 개발을 배운다고 할 때 거의 모든 사람이 프로그래밍 언어를 공부하고 서비스를 어떻게 만드는지에 집중하지만, 서비스를 만든다고 하더라도 이 서비스를 어떻게 관리하고 운용하는지의 수준은 천지 차이로 달라질 수 있다. 조금 과장하자면 똑같은 서비스라도 하루에 수천만 명이 들어와도 괜찮을 수도 있고, 수십 명이 동시에 서비스에 접속하는 것만으로도 서비스가 다운되는 일이 발생할 수도 있다. 시스템을 운영한다는 것은 개발에서는 이렇게 중요하다.

다시 말해, 데브옵스란 기존에 분리되어 있던 개발 업무와 시스템 운영 업무를 한 번에 소화할 수 있는 자리를 의미한다. 이름에서 느껴지는 것처럼 굉장한 전문성이 필요한 자리로 정말 많은 회사에서 데브옵스를 찾을 수 없다고 난리이고, 데브옵스의 몸값은 덩달아 엄청난 속도로 뛰고 있다.

왜 갑자기 데브옵스일까?

하지만 왜 갑자기 데브옵스라는 포지션이 각광을 받게 된 것일까? 기존에는 개발과 운영을 함께 할 수 있는 개발자가 없었을까? 이런 데브옵스의 등장은 클라우드 기술의 발전과 연관이 깊다. 클라우드 기술이란 실제로 서버 컴퓨터를 구매해서 직접 세팅을 하는 것이 아니라, 아마존, 구글 등이 제공하는 서비스를 통해서 가상 환경에서 서버를 구축하고 운영할 수 있는 기술이다.

클라우드 기술이 등장하기 전에는 시스템 엔지니어라는 이름으로 서버와 스토리지 등 하드웨어와 서버 환경 설정을 담당하는 포지션이 존재했고, 이미 이 사람들이 하는 업무만으로도 엄청난 전문성이 필요했기 때문에 개발자와 시스템 운영이라는 업무는 분리되어 있었다. 이들은 데이터 센터라는 물리적인 공간에 존재하는 실제 서버와 스토리지 등을 관리해야 했다.

그런데 클라우드 서비스가 등장하면서 이런 시스템 운영 기술이 상대적으로 쉬워지기 시작했다. 물론 시스템 운영에 대한 방대한 지식은 여전히 필요하지만, 기존의 개발자들이 간단한 명령어만으로도 시스템 운영을 할 수 있게 된 것이다.

그뿐만 아니라, IT 서비스에 애자일(Agile)이라는 개발 방법론이 도입되기 시작하면서 새로운 기능을 출시하는 주기가 매우 빨라졌다. 기존의 개발 방식이 모든 기획을 마치고 기획된 그대로 개발을 했다면, 애자일이란 시장이 빠르게 변화한다는 사실을 인정하고 끊임없는 변화를 받아들일 수 있도록 만든 방법론이다. 예전에는 몇 달에 걸쳐 개발한 기술을 출시했다면 요즘은 몇 주에서 며칠, 주기가 잦은 곳에서는 매일 새로운 기능을 출시하기도 한다. IT 산업에서 경쟁이 치열해지면서 몇 주마다 혹은 몇 달마다 한 번씩 서비스를 업데이트하는 방식으로는 살아남을 수 없기 때문이다. 예전에는 개발자가 기능을 개발하고, 시스템 엔지니어가 새로운 기능을 서버에 출시하면서 서비스의 안정을 책임졌지만, 잦은 기능 출시 일정에 개발과 운영이 분리되어 있는 상황은 비효율적으로 다가오기 시작했다.

데브옵스는 이런 불편함을 개선하기 위해서 기존의 개발과 운영의 시차를 줄여 주는 역할을 하게 된다. 덕분에 사용자는 새로운 기능 출시나 에러 수정을 오랜 시간을 기다리지 않고도 매우 빠르게 누릴 수 있게 된 것이다. 이는 조금이라도 경쟁에 뒤처지면 순식간에 도태되는 IT 산업에서 필수적인 요소로 자리 잡게 된다.

데브옵스의 역할

데브옵스가 기존의 시스템 엔지니어가 하는 일과 개발자가 하는 일을 동시에 한다는 것은 알겠는데, 정확히 어떤 일을 하는 것일까? 데브옵스라는 업무는 비교적 최근에 등장한 일이다. 따라서 각 회사에서도 데브옵스라는 명칭을 다른 의미로 사용하는 경우가 많다. 즉, 데브옵스라는 직무의 면접을 여러 곳에서 봤는데 회사마다 다른 소리를 할 가능성이 크다는 이야기다. 데브옵스가 하는 일에는 어떤 것들이 있을까?

위키피디아에 따르면 데브옵스(https://en.wikipedia.org/wiki/DevOps)는 개발 코드 작성, 프로그램 빌드, 테스트, 빌드용 라이브러리 패키지 관리, 배포, 환경 설정, 모니터링 전체 과정을 수행할 수 있는 사람을 의미한다. '개발 코드 작성'이란 기본적인 개발자의 프로그램 작성 업무를 의미한다. '프로그램 빌드'란 프로그래머가 작성한 코드는 대부분의 프로그래밍 언어에서 컴파일이라는 실행 가능한 형태로 변경하는 절차를 거치는데, 그걸 자동화하는 것을 의미한다. '테스트'란 프로그래머가 작성한 코드와 함께 코드가 제대로 작동하는지 확인하기 위해 작성한 테스트용 코드를 배포 전에 실행시켜서 프로그램이 안정적으로 실행되는지 확인하는 절차다. '빌드용 라이브러리 패키지 관리'란 개발자가 개발을 할 때 모든 것을 직접 개발하는 것이 아니라 다른 개발자가 미리 작성해 놓은 오픈소스 라이브러리 등을 가져다 사용하는 경우가 많은데, 새로운 서비스를 빠르게 배포하기 위해서 이런 라이브러리 패키지 설치 과정이 효과적으로 진행될 수 있도록 사전에 설정하는 과정을 의미한다. '배포'란 이렇게 작성되고 관리된 코드를 서버에 실제 올려서 사용자를 직접 만나는 과정을 의미한다. '환경 설정'은 이미 사용자를 만나고 있는 서비스가 특정 코드를 변경하지 않고 환경 설정값을 변경하는 것만으로도 변화할 수 있게 만들어 놓는 것을 의미하고, '모니터링'이란 특정한 서버가 장애 상황에 처해 있지는 않은지 확인하고 문제가 발생했을 때 대처하는 것을 의미한다.

데브옵스로 일하게 된다면 이런 다양한 업무 중에서 팀에서 현재 처리하고 있지 못한 업무를 발견하고 자동화하는 업무를 맡게 될 가능성이 크다. 예를 들어, 프로그램 빌드와 테스트 자동화는 이루어진 상태이지만 서비스 모니터링이 제대로 이루어지지 못하고 있고 이에 대한 후속 조치가 약하다면, 이런 부분에 대한 업무를 맡게 될 가능성이 크다. 반면 팀내에 데브옵스 관련 기술을 가진 사람들이 다양하게 존재한다면 데브옵스 본연의 의미와 가까운 개발 업무와 함께 다양한 배포 관련 업무를 균형감 있게 맡게 될지도 모른다. 따라서 데브옵스 업무를 맡게 된다면 참여하는 팀에서 해당 직무와 관련해서 요구하는 일이 어떤 것인지 구체적으로 확인하는 것이 좋다.

만약 데브옵스로 개발자 경력을 시작하길 원하거나 혹은 경력 전환을 희망하는 경우에는 AWS 등 클라우드 기술을 깊이 있게 공부하는 것이 중요하다. 그뿐만 아니라, 시스템의 장애 상황을 실시간으로 모니터링하고 대처하는 업무이기 때문에 업무 시간이 비교적 유연할 수 있다는 것도 고려해서 일을 시작하는 것이 좋겠다.

최고의 몸값 데브옵스, 미래는?

개인적으로는 데브옵스라는 일이 시스템 운영 업무의 단순화 과정에서 태어난 흐름의 일부분이라고 생각한다. 아마존이나 구글에서 이런 클라우드 서비스를 개발해서 해결하고 싶어 하는 문제는 바로 개발자들이 복잡한 시스템 업무에 최대한 신경을 덜 쓰고도 훌륭한 서비스를 만들게 하는 것이다. 실제로 10년 전에 30명의 개발자가 모여야 할 수 있던 일을 지금은 2명이 할 수 있다고 한다. 물론 이것은 클라우드 기술뿐만 아니라 프로그래밍 언어의 발전, 다양한 상용 라이브러리의 개발 등 다양한 분야의 기술 발전이 함께 만들어 낸 변화이지만, 앞으로 이런 현상은 점점 더 고도화될 것이다.

요즘은 개발자의 몸값이 하늘 높은 줄 모르고 치솟는 세상이다. 개발자 한 명이 만들어 낼 수 있는 변화의 크기가 너무 크기 때문이다. 개발자 한 명이 만들어 낸 기술이 수천 명을, 그리고 수억 명의 삶을 더 편하게 만들어 줄 수 있다. 회사들도 큰 규모의 투자를 받으면 일단 높은 연봉을 주고 좋은 개발자들을 쓸어 담는다. 개발자는 원한다고 찾을 수 있는 것이 아니기 때문이다.

그렇다면 이런 클라우드 기술이 점점 더 발전해서 시스템 운영 기술이 더욱 간편해진다면 어떻게 될 것인가? 더 많은 개발자들이, 많이 간편해졌지만 여전히 복잡한 시스템 운영 업무보다 사용자의 삶을 더 편하게 만들어 줄 수 있는 기능 개발에 집중할 수 있을 것이다. 이미 그런 움직임은 다양하게 나타난다. 서버를 두지 않고 코드만 업로드해서 사용할 수 있는 무-서버(Serverless) 기술을 통해서 상용 서비스를 만들고 있는 회사도 곳곳에서 나타나고 있다. 하지만 간편한 것이 항상 좋은 것만은 아닐 때도 분명히 존재한다. 아주 간단한 서비스라면 새롭게 나온 간편한 기술을 쓰는 것이 더 낫겠지만, 다양한 환경 설정이 필요한 복잡한 서비스를 다루는 경우라면 지나친 간편함은 오히려 원하는 기능을 충분히 구현하기 어려운 상황을 만들기도 한다. 그래서 데브옵스라는 포지션은 현재는 정말 넓은 업무 범위를 포함하는 만능 엔지니어의 역할을 하고 있지만, 앞으로는 기술 그 자체보다는 각 프로젝트에 최선의 기술을 선택하게 도움을 주는 컨설턴트의 역할에 가깝게 변하지 않을까 싶다.

만약 데브옵스라는 직무를 처음 접한 사람 중에서 데브옵스가 되길 희망하는 사람이 있다면 우선 백엔드 개발을 먼저 시작하라고 말하고 싶다. 데브옵스 업무는 프런트엔드 쪽이나 모바일 쪽보다는 백엔드 업무와 직접적으로 관련이 있다. 백엔드 업무를 가까이에서 하다 보면 시스템에 대한 이해가 생기는데 이때 시스템 쪽 업무를 배우는 것이 좋다. 그리고 클라우드 서비스에 익숙해져야 한다. 클라우드 서비스는 현재 아마존의 AWS와 구글 클라우드, 그리고 마이크로소프트의 애저(Azure) 이렇게 세 가지가 가장 많이 활용되고 있다. 마이크로소프트는 C#과 .NET 진영에서 많이 사용하기 때문에, 해당 기술을 사용하는 것이 아니라면 AWS와 구글 클라우드를 적극적으로 공부하고 개인 서비스를 많이 운영해 보는 것이 좋다. 많은 개발자 업무가 그렇지만 특히 데브옵스 업무는 많은 사용자를 소화하는 서비스에서 더 고도화된 기술을 사용하고 있을 가능성이 크다. 그렇기 때문에 제대로 된 데브옵스 기술을 익히고 사용하기 위해서는 가능하면 규모가 있는 회사에서 개발을 배우는 것이 좋다.

데이터 분석가?
데이터 과학자?
데이터 엔지니어?

❼

빅데이터의 시대라는 이야기를 다들 많이 들어 봤을 것이다. 많은 분들께서 개발에 관심이 있다고 연락을 주시는데, 그중에 단연 인기는 데이터 관련 개발 분야인 것 같다. 특히 요즘 머신러닝이니 딥러닝이니 데이터를 활용한 다양한 기술들이 대중들로부터 관심을 받으면서 이런 현상이 더욱 심화되는 것 같다. 그래서 종종 이메일로 연락을 주시는 분들께 왜 일반 개발보다는 데이터 관련 기술에 관심이 많냐고 물어보는데, 대체로 돌아오는 답변은 "개발보다 쉬울 거 같아서요."이다. 개인적으로는 데이터 관련 포지션이 개발자가 다루는 기술의 깊이보다 전혀 얕지 않다고 생각하는데, 비개발자의 관점에서는 소프트웨어 개발은 완전 다른 세상의 것이고 데이터는 그래도 한 번 도전해 보고 싶다는 생각이 드는 것 같다.

그런데 데이터 관련 포지션들이 요즘처럼 많이 생겨나기 시작한 건 사실 최근 몇 년 사이의 일이다. 그전까지 데이터란 백엔드 개발자의 일이거나, 혹은 비즈니스 담당자의 요청이 있을 때 개발자가 데이터를 뽑아서 넘겨주는 형태로 업무가 진행되었다. 그런데 하드웨어의 가격이 점점 낮아지기 시작하면서 방대한 데이터가 모이기 시작했다. 이게 무슨 말이냐면, 데이터라는 건 저장하는 데 돈이 든다. 모든 데이터는 데이터베이스든 혹은 텍스트 파일의 형태로든 저장이 되어야 하는데, 이건 저장 용량을 차지하는 일이다. 그리고 이런 저장 공간은 예전에는 굉장히 비쌌다. 그래서 이전의 데이터 저장이란 정말 꼭 필요한 데이터를 골라서 잘 저장하고, 사용자의 요청이 있을 경우에 그걸 꺼내 주는 걸 말했다. 그런데 이런 하드웨어가 비약적으로 싸지기 시작했다. 예전이라면 저장하지 않았을 사용자의 클릭 데이터나 페이지당 체류 시간 등을 저장하기 시작했고, 이런 데이터들이 중요한 데이터로 각광 받는 시기가 되었다는 말이다.

게다가 더 많은 사람들이 인터넷을 사용하기 시작하면서 페이스북이나 구글에서 만들어지는 데이터의 양은 정말 엄청나다고 한다. 기가바이트(GB, 10^9)와 테라바이트(TB, 10^{12})를 넘어서, 페타바이트의 시대다(PB, 10^{15}). 자, 그럼 이렇게 방대한 데이터는 어디에 쓰일까? 어느 정도 규모가 있는 회사라면 거의 모든 기업에서 빅데이터를 적극적으로 활용하고 있다. 예를 들어 페이스북에 들어갈 때 나오는 친구 추천이나 뉴스피드의 노출 알고리즘이, 사람들이 더 오랜 시간 서비스에 머물 수 있도록 짜인 알고리즘을 통해서 구성되고 있다. 요즘은 이런 알고리즘을 개발자가 한땀 한땀 짜는 것이 아니라, 사용자의 좋아요나 클릭 등의 활동 데이터를 바탕으로 어떤 정보를 더 좋아할지를 예측하는 알고리즘을 구성하면 그 알고리즘이 각 사용자에게 알맞은 데이터를 보여 준다. 무시무시하지 않은가? 당신의 취향을 데이터는 모두 알고 있다는 말이다. 그래서 요즘은 데이터가 금이라는 말이 나온다. 요즘 회사들은 데이터에서 금을 캐고 있다.

그런데 데이터 관련 직무는 비교적 최근에 등장했고, 급격하게 그 중요도가 커지면서 그 숫자가 큰 폭으로 늘어남과 동시에 데이터 분석가(Data Analyst), 데이터 과학자(Data Scientist), 데이터 엔지니어(Data Engineer) 등의 다양한 포지션으로 분야가 세분화되고 있다. 그런데 도대체 분석가와 과학자, 그리고 데이터 엔지니어가 어떻게 다를까? 지금부터 내가 하려는 데이터 관련 직무에 대한 구분은 사실 명확히 나눌 수 없는 경우도 많고, 회사마다 다른 정의를 사용하는 경우도 잦다. 하지만 데이터 관련 직무가 워낙 넓기 때문에 '조금 더 구분해서 설명하기 위해 나누어 뒀다' 정도로 생각하면 좋겠다.

데이터 분석가(Data Analyst)

비전공자로서 개발, 수학, 통계 등의 관련 지식이 없이 데이터 관련 업무를 한다면 가장 처음에 시작하게 될 가능성이 큰 직군이 데이터 분석가다. 많은 경우에는, 데이터 과학자가 되기 위한 사전 단계 정도로 생각하는 경우가 많은 듯하다.

그렇다 보니 데이터 분석가 포지션으로는 특별히 요구되는 기술이 없는 것 같으면서도 이것저것 조금씩 다 원하는 별난 상황이 발생하기도 한다. 주로 Excel 마스터 같은 이미지가 있고, R이나 타블로(Tableau) 혹은 SQL, SAS, SPSS 등 개발 쪽에서 사용되거나 데이터 분석, 데이터 시각화에 관련된 기술이 요구되기도 한다.

데이터 분석가 직무는 데이터 과학자나 엔지니어보다 특정 비즈니스 업무에 대한 이해를 요구하는 경우가 많다. 데이터 과학자와 엔지니어가 작업한 결과물을 비즈니스 업무에서 일하는 사람들에게 전달하는 업무가 많기 때문에 데이터 시각화 능력과 커뮤니케이션 능력이 요구된다.

데이터 분석가 되기

데이터 분석가는 사실 굉장히 오랫동안 존재한 직무이다. 주로 컨설팅과 금융 업계에서 굉장히 오랫동안 사람을 찾아왔고, 채용 정보를 살펴보면 마찬가지로 이 두 업계가 가장 많은 사람을 찾고 있는 것을 볼 수 있다. 따라서 데이터 분석가가 되기를 희망하지만, 학부에서 통계학이나 수학, 컴퓨터 과학 등을 공부하지 않은 비전공자라면 이 두 업계에 관심을 가져 보는 것이 좋다.

혹은 전통적인 마케팅 부서에서도 데이터 분석가를 점점 많이 뽑고 있는 추세다. 기존의 마케팅은 물론 다양한 분석 기법을 통해서 마케팅을 시도했지만, 많은 부분을 마케터의 직관에 의존해서 업무를 해 오던 분야기도 하다. 하지만 이런 마케팅 분야도 빅데이터의 세상에 적응하기 위해 다양한 데이터 분석 업무를 진행하고 있다. 하지만 일반 회사의 데이터 분석가의 경우 채용 인원이 적기 때문에 많은 경쟁이 예상된다.

실제 채용 공고를 한 번 살펴보자. 아래는 PwC라는 회계법인에서 감사 데이터 분석가를 찾는 공고를 가져온 것이다.

- An advanced degree in a quantitative discipline (Mathematics, Statistics, Decisions Sciences, Computer Science, Engineering, Economics etc)
- Strong technical and analytical skill sets
- Good presentation skills, both oral and written
- Good client management skills, authoritative and credible in a client conversation - both in terms of personal style and sub-

ject matter expertise

- Ability to lead teams under pressure with demonstrated experience in project management
- Proficiency in using query languages such as SQL
- Experience with data visualisation tools, such as Tableau, Qlikview and Power BI

공고를 살펴보면 수학이나 통계학, 경제학 전공을 하거나, 컴퓨터 공학을 전공하길 원하는 것을 볼 수 있다. 그리고 다양한 커뮤니케이션 스킬을 요구하고 있다. 그리고 SQL 같은 기본적인 프로그래밍 기술과 함께 타블로(Tableau) 같은 시각화 툴에 대한 경험을 요구한다.

데이터 과학자(Data Scientist)

데이터 과학자는 많은 회사에서 데이터 분석가의 업그레이드 버전 정도로 생각하는 것 같다. 데이터 분석가가 기술적인 깊이를 크게 요구하지 않는 데 반해, 데이터 과학자는 빅데이터 툴, 데이터베이스 등 데이터 분석에 필요한 거의 모든 기술에 대한 이해가 필요하다. 그뿐만 아니라, 데이터를 제대로 분석하기 위해서 수학, 통계학적 지식과 최근에는 머신 러닝과 딥러닝에 대한 지식도 요구한다.

가장 넓은 업무 분야를 가지고 있는 것이 이 데이터 과학자라는 직무다. 데이터 과학자라는 이름을 가지고 있더라도 회사에 따라서 하는 일이 많이 달라질 수 있다. 따라서 데이터 과학자로 회사에 입사하기 전에는 반드시 어떤 업무를 하게 될지 충분히 확인하고 회사를 정하는 것이 좋다.

데이터 과학자 되기

데이터 과학자라는 직무의 경우에는 신입으로 일하기 위해서 통계학이나 AI, 물리학 등 관련 석사나 박사를 하는 것이 일반적이다. 혹은 데이터 분석가나 데이터 엔지니어를 하면서 데이터 과학 업무에 필요한 지식을 쌓으면서 데이터 과학자의 업무로 넘어가야 한다.

데이터 관련해서 프로그래밍 기술 및 수학, 통계 등 방대한 기술이 필요하기 때문에 스스로 새로운 것을 배우는 데 열려 있고, 주도적으로 배울 수 있다고 생각하는 사람이 선택하는 것이 좋다.

이번에는 IBM에서 올린 채용 공고를 기반으로 데이터 과학자가 갖춰야 할 조건을 살펴보자.

- Bachelor's degree or equivalent experience in quantative field (Statistics, Mathematics, Computer Science, Engineering, etc.)
- At least 00 years' of experience in quantitative analytics or data modeling
- Deep understanding of predictive modeling, machine-learning, clustering and classification techniques, and algorithms
- Fluency in a programming language (Python, C, C++, Java, SQL)
- Familiarity with big data frameworks and visualization tools (Cassandra, Hadoop, Spark, Tableau)

데이터 분석가 업무와 마찬가지로, 통계, 수학, 컴퓨터 공학 쪽 전공을 선호한다는 사실을 볼 수 있다. 거기에 머신러닝이나 알고리즘 같은 조금 더 많은 기술적인 이해를 요구하면서, 프로그래밍 언어에 익숙해야 한다고 하는 것을 볼 수 있다. 또한, 빅데이터와 시각화 도구들에 익숙해야 한다고 설명한다.

데이터 엔지니어(Data Engineer)

데이터라는 넓은 업무 분야에는 분석이라는 업무만이 존재하는 것이 아니다. 사실 분석 가능한 데이터를 얻기 위해서는 최초에 발생한 데이터(Raw data)를 가공하는 작업이 필수적이다. 그뿐만 아니라, 빅데이터를 가공하고 분석하는 데 너무 시간이 오래 걸린다면, 그 데이터를 통해서 얻은 인사이트가 이미 쓸모없어져 버린 후일 가능성도 존재한다. 따라서 데이터 엔지니어는 데이터가 발생하는 시점부터 이 데이터를 모으고, 그리고 이렇게 모아진 데이터를 사용 가능한 형태로 가공하고, 최대한 빠르게 관계자들에게 전달될 수 있도록 시스템을 구축하는 업무를 한다.

따라서 데이터 엔지니어는 기본적으로 데이터베이스와 빅데이터와 관련된 기술의 전문가일 수밖에 없다. 각 데이터베이스의 특징을 이해하고 데이터의 성격에 맞춰서 데이터베이스를 설정, 관리하는 일을 하게 된다.

하지만 데이터 엔지니어라고 해서 데이터를 가공하는 역할만 하는 것은 아니고, 데이터 과학자가 담당하는 많은 역할을 동시에 수행하는 경우도 많다. 더 효과적으로 데이터를 가공하기 위한 알고리즘을 짜고, 앞으로 더욱 많아질 데이터를 대비해서 충분한 데이터 창고를 확보하는 일도 데이터 엔지니어의 일이다. 다른 두 업무에 비해서는 프로그래밍 기술의 비중이 아주 높기 때문에, 백엔드에서 일하던 개발자들이 데이터 엔지니어가 되는 경우가 많다.

데이터 엔지니어의 경우 시스템 관련 운영을 해야 하는 일이 많기 때문에 최근에는 데이터와 관련해서 전문적으로 시스템을 관리하는 데이터 옵스(DataOps) 등의 포지션도 생겨나고 있다.

데이터 엔지니어 되기

데이터 엔지니어가 되기 위해서는 컴퓨터 관련 전공을 졸업하거나, 혹은 개발자로 취업 후 이직을 고려하는 것이 가장 현실적이다. 데이터 엔지니어링은 백엔드 개발과 관련이 많기 때문에 백엔드에서 몇 년간 경력을 쌓으면서 클라우드 관련 업무를 최대한 많이 해 보는 것이 좋다.

데이터 엔지니어링 분야는 기본적으로 방대한 데이터를 처리하는 업무를 하기 때문에 규모가 있는 기업에서 의미 있는 데이터를 다룰 가능성이 크다. 따라서 데이터 엔지니어로 경력을 쌓아 나가고 싶다면 비교적 큰 기업에서 경력을 쌓는 것이 유리하다고 생각된다.

이번에는 IT 기업의 대표주자인 페이스북의 데이터 엔지니어 채용공고를 한 번 살펴보자.

- BS/B.Tech./M.Tech in Computer Science, Math or related field
- 00 years hands-on experience in the data warehouse space, custom ETL design, implementation and maintenance
- 00 years hands-on experience in SQL or similar languages and development experience in at least one scripting language (Python preferred)
- Strong data architecture, data modeling, schema design and effective project management skills
- Experience with large data sets, Hadoop, and data visualization tools

- Ability to initiate and drive projects, and communicate data warehouse plans to internal clients/stakeholders

이번에는 컴퓨터 공학 전공자를 가장 우대하고, 수학과나 관련 학과도 선호한다고 되어 있다. 데이터 창고 같은 데이터 엔지니어링 관련 용어들도 등장하고, SQL과 같은 데이터베이스 관련 지식도 요구하는 것을 볼 수 있다. 그리고 데이터 과학자 업무와 함께 하둡과 같은 빅데이터 관련 툴과 데이터 시각화 도구에 대한 이해도 요구하는 것을 볼 수 있다.

데이터 관련 직군의 미래

데이터 관련 전문가에 대한 수요는 이미 엄청나지만, 이제 겨우 시작되었다고 말해도 될 정도로 매년 어마어마하게 빠른 속도로 성장하고 있다. 게다가 빅데이터 이후에 머신러닝과 딥러닝이 인기를 얻으면서 앞으로 한동안은 시장의 수요가 급격히 늘어날 분야로 보인다. 만약 제대로 이 분야에 뛰어들어 보고 싶다면 학부 전공이나 대학원 선택을 잘해서 경력을 시작하는 것도 나쁘지 않은 선택으로 보인다.

기존에 개발자로 일하고 있는 사람들에게도 데이터 관련한 이직의 기회는 많을 것 같다. 워낙 쏟아지는 데이터의 양이 많고, 개발자들은 이미 SQL 등 다양한 데이터베이스와 데이터에 대한 이해를 가지고 있는 사람들이기 때문에 비개발자에 비해 데이터 관련 직종으로의 전직이 훨씬 더 용이하다. 특히 데이터 엔지니어링이나 데이터 사이언스 직무의 경우 개발에 대한 깊은 이해가 필요하기 때문에, 비전공자의 경우 개발에 대한 충분한 경력을 쌓고 데이터 분야로 넘어오는 것도 좋은 방법이다.

알고리즘은
왜, 그리고 어떻게 공부해야
되나요?

8

　왜 알고리즘을 배워야 할까? 이 질문에 대답하기 위해서는 우선 컴퓨터가 어떻게 생겼는지 잠깐 설명을 하고 지나가야 할 것 같다.

　컴퓨터에는 굉장히 다양한 구성 요소들이 있지만, 가장 기본이 되는 장치에는 CPU와 메모리(Memory)가 있다. 둘 다 사람과 비교하자면 두뇌에 해당하는 부분인데, CPU는 연산 혹은 계산을 담당한다면 메모리는 그 계산한 값을 저장하는 역할을 한다. 조금 더 일상생활과 관련해서 생각을 해 보자. CPU에 해당하는 사람이 메모리라는 책상에 앉아서 열심히 공부를 하고 있다고 했을 때, 사람이 더 똑똑하다면 (CPU 사양이 더 높다면) 같은 시간에 더 많은 문제를 풀 수 있을 것이다. 그리고 책상이 더 넓다면 책상에 이 과목 저 과목 여러 문제집을 한 번에 펴놓고 지루할 때마다 다른 문제집으로 넘어갈 수 있을 것이다. 아주 간단하게 말하면 컴퓨터는 이렇게 생겨먹었다.

여기서 컴퓨터의 알고리즘과 자료구조가 등장한다. 컴퓨터는 CPU에 해당하는 인간이 따라잡을 수 없는 연산 속도를 통해서 복잡한 문제를 빠르게 처리하기 위해서 만들어졌다. 그런데 이 컴퓨터를 사용하는 사람은 우리 뇌가 문제를 해결하는 방식이 아니라 컴퓨터의 제한적인 자원을 체계적으로 활용하는 방식으로 컴퓨터에게 명령을 내려야 컴퓨터는 사람이 원하는 결과를 제대로 수행할 수 있다. 즉, 개발자가 프로그램을 짜는 행위는 컴퓨터가 CPU와 메모리를 가장 효과적으로 활용하면서, 내가 원하는 일을 컴퓨터가 하도록 시키는 것을 의미한다. 이것을 위해 등장하는 것이 바로 알고리즘이고 자료구조다.

알고리즘은 개발자들이 컴퓨터로 문제를 해결하면서 남겨 놓은 많은 문제 풀이라고 생각하면 좋다. 컴퓨터는 반복적인 혹은 방대한 데이터를 처리하는 데 탁월한 능력을 보여 주는데, 예를 들어 500,000명의 사람 데이터 중에 특정한 조건을 만족하는 사람을 찾거나, 수백 개의 웹 사이트에서 필요한 정보만 가져오는 일 등은 컴퓨터의 생산성을 사람이 따라갈 수 없다. 그리고 이런 작업을 프로그래밍하는 일련의 모든 과정이 넓은 의미의 알고리즘이라고 생각하면 좋다.

다만 좁은 의미의 알고리즘은 이런 컴퓨터의 CPU와 메모리를 가장 효과적으로 사용하는 방식으로 문제를 풀이하는 것을 의미한다. 자료구조 역시 알고리즘과 같은 맥락에서 이해하면 좋은데, 사람들이 아주 쉽게 이해하는 목록이나 집합 등의 구조는 CPU나 메모리의 구조라는 관점에서 봤을 때 자연스러운 형태가 아니다. 이런 CPU와 메모리 위에 사람들이 자주 사용하는 다양한 데이터의 형태를 코드로 구현하고, 컴퓨터의 성능을 가장 최대로 사용할 수 있도록 한 것이 바로 자료구조이다.

정말 알고리즘을 배워야 하는가?

하지만 개발자 집단에서는 이런 알고리즘과 자료구조를 어디까지 공부해야 하는 것인가라는 질문이 나온다. 왜냐면 실제 개발자 업무에서 이런 알고리즘과 자료구조에 대한 이해를 요구하는 작업이 그리 많지 않기 때문이다. 개발자라는 직업을 들으면 일반인의 머릿속에 가장 먼저 떠오르는 것은 알고리즘과 자료구조를 작성하는 모습일 것이다. 하지만 실제로 저런 알고리즘을 직접 구현하는 일은 실제 업무의 10~20%에 지나지 않는다. 물론 업무에 따라 저 비율보다 높을 수도 낮을 수도 있다.

실제로 개발자들은 이미 구현되어 있는 많은 알고리즘과 자료구조를 적합한 장소에 사용하는 일을 한다. 어떤 알고리즘이 존재하는지, 어떤 자료구조가 존재하는지를 알고 각각을 어떤 상황에 사용하는지를 알면 될 뿐, 실제로 그 내부가 어떻게 구현되어 있는지 알아야 하는 경우는 극히 드물다. 물론 이런 내용을 깊이 이해해야 시니어 개발자로서 대부분의 개발자들이 해결하지 못하는 문제를 해결할 수 있게 되기도 하지만, 실제 업무 능력과 알고리즘 구현 능력은 차이가 날 가능성이 크다. 알고리즘 문제를 푸는 능력이 탁월하다고 해도 실제로는 프로그래밍을 잘 못 할 가능성이 존재한다는 것이다. 왜 그럴까? 앞서 이야기했던 것처럼 실제 프로그래머 업무의 대부분이 이미 구현된 알고리즘과 자료구조를 적절하게 사용하는 일인 것과 함께, 개발자들은 대부분 협업을 하는데 다른 사람과 함께 일할 수 있는 태도, 다른 사람이 읽기 쉬운 코드를 짜는 습관 등 알고리즘뿐만 아니라 정말 많은 요소가 개발자의 실력과 연관이 있기 때문이다.

면접을 준비한다면

하지만 최근 개발자 채용에서는 이런 알고리즘과 자료구조에 대한 지식을 묻는 것이 거의 일반화되어 있다. 따라서 개발자로서 좋은 회사에 취업하기를 희망하는 사람이라면 충분히 해당 지식을 단련하는 것이 필요하다. 물론 일각에서는 알고리즘 테스트를 통해서 개발자를 뽑는 것에 대해서 부정적인 시각도 많지만, 최고의 개발자를 뽑지는 못하더라도 최악의 개발자를 뽑는 것은 걸러 준다는 의미에서 알고리즘 테스트를 채용 과정에 도입하는 경우가 많다.

알고리즘 테스트를 하는 방식은 크게 1) 온라인 테스트 사이트를 이용한 면접, 2) 온라인으로 면접관과 실시간으로 하는 면접, 3) 오프라인에서 하는 면접 이렇게 3가지로 구분된다.

첫 번째는 온라인으로 알고리즘 시험을 볼 수 있는 링크가 날아오고, 비교적 자유롭게 시간을 선택해서 주어진 시간 동안 문제를 푸는 방식을 의미한다. 보통은 링크를 받은 날로부터 일주일 안에 면접을 보면 되고, 2~3개의 문제를 2시간 정도 안에 풀어야 하는 것이 일반적이다. 다만 해당 링크를 받았다면 최대한 빨리 문제를 풀어서 제출해야 다음 면접을 볼 수 있기 때문에, 미리 알고리즘 문제 풀이에 익숙해져 있어야 한다. 그뿐만 아니라, 2시간의 면접 시간이 주어진다고 하더라도 최대한 빠르게 문제를 푸는 것이 더 좋은 평가를 받을 수 있다. 단, 온라인 알고리즘 테스트의 경우 간혹 쉬운 문제도 나오지만 모든 것을 완벽하게 풀지 않아도 다음 면접으로 진행되는 경우가 많기 때문에, 혹시 생각보다 문제가 너무 어렵더라도 주어진 시간 동안 최선을 다해서 풀고 차분히 연락을 기다려 보는 것이 좋다.

그다음으로는 온라인 실시간 알고리즘 테스트를 보는 경우도 많다.

이 면접 방식의 경우 우선 스카이프 같은 화상 대화 프로그램을 통해서 간단한 자기소개와 대화를 나눈 후 면접관과 구직자가 동시에 접속할 수 있는 링크를 받게 된다. 보통은 면접 문제가 적혀 있는 것이 일반적인데, 이 경우 면접관이 지켜보는 상태에서 코드를 작성하게 된다. 약 20~30분 정도 문제를 이해하고 풀이하는 시간이 주어지는데, 이런 실시간 면접의 경우 문제를 푸는 것에 그치는 것이 아니라 면접관에게 왜 이렇게 문제를 풀었는지 설명을 해야 한다. 또한, 면접관은 면접자의 코드를 어떻게 개선할 수 있는지, 그리고 기존의 풀이에 새로운 기능을 추가할 수 있는지 등을 요구한다. 이런 방식의 면접은 단순히 구직자의 개발 실력만을 평가하는 것이 아니라 의사소통 능력, 문제 해결 능력 등 개발자의 능력을 다양하게 평가한다.

마지막으로는 실제 회사에 찾아가서 보는 오프라인 알고리즘 테스트가 있다. 화이트보드 테스트로도 유명한데, 구직자는 면접관들 앞에서 화이트보드에 손으로 코딩을 해야 한다(일명 '손코딩'). 개발자의 경우 개발용 편집기에 익숙해져 있는 경우가 많은데, 갑자기 손코딩을 해야 하는 경우에 매우 당황하기 쉬우므로, 충분히 준비가 된 상태에서 면접에 임해야 한다. 온라인 실시간 알고리즘 테스트와 같이 단순히 문제를 푸는 것에 그치는 것이 아니라, 왜 이렇게 문제를 풀었는지, 어떻게 개선할 수 있는지 등 후속 질문에도 잘 대답을 해야 한다.

알고리즘을 배울 수 있는 사이트

이런 코딩 면접을 준비할 수 있는 사이트 중에서 대표적인 것은 해커랭크(https://www.hackerrank.com), 코딜리티(https://www.codility.com), 리트코드(https://

leetcode.com)가 있다. 해커랭크와 코딜리티는 위에서 설명한 온라인 알고리즘 시험을 출제하는 사이트로도 유명하다. 이 두 사이트는 회사에게는 개발자를 테스트할 수 있는 툴을 제공하고, 개발자에게는 알고리즘과 자료구조와 관련된 다양한 문제를 풀 수 있는 연습의 장을 제공한다. 리트코드는 이에 반해 조금 더 학습에 초점이 맞춰진 사이트다.

만약 3개월 안에 구직을 할 계획이라면 해커랭크와 코딜리티를, 6개월에서 1년 이상 기간을 갖고 면접을 준비할 예정이라면 리트코드를 통해서 알고리즘을 공부하는 것을 추천한다. 단, 해커랭크와 코딜리티는 정말 많은 회사에서 사용하고 있기 때문에 면접 전에는 충분히 연습을 하는 것이 좋다.

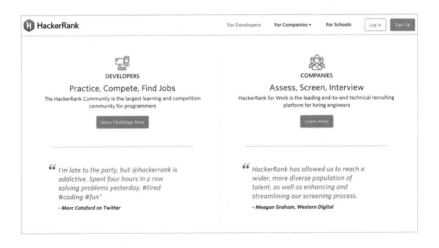

이 중 가장 인지도가 높은 해커랭크 사이트를 이용하여 알고리즘 학습 방법에 대해서 이야기를 나눠 보도록 하자. 우선 해커랭크 첫 페이지에서는 개발자 혹은 개발자 채용을 원하는 회사로 회원가입 및 로그인이 가능하다. 회사로 가입할 경우 개발자에게 알고리즘 문제를 발송하는 것이 가능해진다.

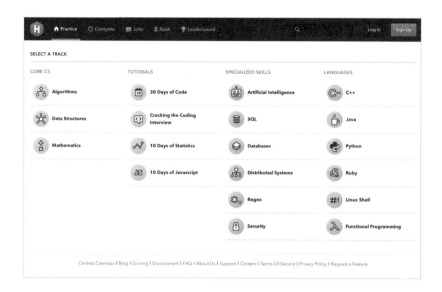

개발자용 화면으로 로그인하면 프로그래밍에 대해서 공부할 수 있는 다양한 페이지가 나온다. 컴퓨터 과학(CS, Computer Science)의 기초부터 시작해서, 다양한 프로그래밍 언어를 배우거나 그 밖에도 다양한 것을 공부할 수 있는 공간을 제공하고 있다. 이제는 더 이상 지루하게 책을 펴 놓고 프로그래밍을 공부하는 것이 아니라, 언어별로, 기술별로 준비된 문제들을 풀면서 마치 게임을 하듯 재미있게 개발을 공부할 수 있는 세상이 온 것이다. 많은 공부가 그렇지만 프로그래밍은 직접 손으로 치면서 공부할 때 가장 많은 것을 배운다.

머신러닝과 딥러닝 시대의 알고리즘

머신러닝/딥러닝이 알고리즘과 무슨 상관이냐고 질문할 수도 있다. 사실 머신러닝은 하나의 거대한 알고리즘이다. 딥러닝은 머신러닝의 한

갈래고. 머신러닝이 알고리즘이라는 말에 거부감을 느끼는 개발자가 있을 수도 있다. 왜냐면 기존의 알고리즘은 프로그래머가 문제와 그것을 푸는 데 필요한 컴퓨터에 대한 많은 지식을 이해하고 그것을 효과적으로 푸는 데 초점을 맞췄다면, 머신러닝은 매우 저렴해지고 빨라진 컴퓨터의 성능을 믿고 기존에 할 수 없었던 어마어마한 연산을 처리하는 방식으로 알고리즘을 만들기 때문이다. 그리고 어마어마한 데이터가 필요하다는 것도 다르다. 즉, 기존의 알고리즘이 연역적 문제 해결 방식이라면, 머신러닝은 귀납적 문제 해결 방식이라고 생각해도 좋겠다.

예를 들어, 여러 장의 이미지에서 고양이가 있는 사진을 알아내는 일은 기존의 알고리즘으로는 '불가능'하다고 말하기는 힘들지만 복잡도가 높은 작업이었다. 그런데 머신러닝은 이런 문제를 수천 장, 수만 장의 사진을 보여 주고 학습시킨 다음에 문제를 푸는 방식으로 접근한다. 이제 많은 경우에 컴퓨터가 사람보다 더 이미지를 잘 분류할 수 있다.

사실 알고리즘과 데이터 구조가 개발에서 중요했던 것은 매우 제한된 컴퓨터 자원을 활용해서 프로그래밍을 해야 했기 때문이다. 프로그래머에게 CPU와 메모리는 언제나 부족하기 짝이 없었다. 그런데 이런 알고리즘을 짜는 개발자의 몸값보다 하드웨어가 더 싸지고, 심지어 클라우드 기술이 등장하면서 너무나 쉽게 컴퓨터 자원을 사용할 수 있는 시대가 왔다. 앞으로 많은 알고리즘은 이런 방향으로 발전할 것이다.

그러면 이제 전통적인 방식의 알고리즘은 아예 필요가 없어질까? 물론 그렇지는 않을 것이라고 생각한다. 머신러닝이 기존의 알고리즘으로 해결할 수 없었던 것을 해결한 것처럼, 머신러닝이 해결하기에 비효율적이거나 할 수 없는 분야도 여전히 존재한다. 하지만 위에서 언급한 것처럼 사람의 인건비보다 컴퓨터 자원이 싸지는 시대에 살고 있는 우리는 분명히 알고리즘의 개념이 달라질 것이라고 생각한다.

애자일(Agile)은
무엇인가?

9

애자일의 사전적 의미는 민첩하다는 뜻이다. 이 영어 단어가 처음에는 스타트업 업계에서 널리 사용하기 시작하더니 이제는 어느 회사에서도 어렵지 않게 들을 수 있는 단어가 되었다. 보통 애자일이라는 단어는 스프린트(Sprint)나 스크럼(Scrum), 칸반(Kanban) 등의 테크닉과 함께 사용되고, 더 효과적으로 사람들이 일하도록 돕는다. 그런데 안타까운 점은 많은 사람들이 애자일이라는 방법론에 대해서 깊이 이해하지 않고, 단순히 개발자에게 더 많은 일을 할당할 수 있는 마법 같은 방법이라고 생각하는 것 같다. 또한 IT 산업에 익숙하지 않은 사람이 IT 기업에 입사하게 되었을 때 이런 방법론을 처음 만나게 된다면 당황할 수도 있다. 여기에서는 애자일과 함께 그 애자일이라는 철학을 뒷받침하는 방법론을 살펴보고, 다른 사람들과 협업한다는 것이 어떤 것인지 생각해 보려고 한다.

애자일 이전

애자일 이전에도 개발 조직을 이끄는 방법론이 없었던 것은 아니다. 다양한 방법론이 존재하는데 가장 대표적인 방법론으로 폭포수 모델이 있다. 폭포수 모델은 Waterfall이라는 영어 단어를 번역한 것인데, 마치 폭포수 물이 떨어지는 것처럼 개발을 한다는 것에서 유래되었다. 개발을 폭포수처럼 한다니 이게 무슨 말인가 싶을 거다. 예전에 개발은 몇 달에서 길게는 몇 년의 개발 기간을 갖고 진행되는 것이 일반적이었다. 몇 달에서 몇 년까지 이어지는 장기간의 개발을 수행하기 위해서는 천재 기획자가 일필휘지로 써 내려 간 기획서가 먼저 나오고, 그 기획서를 금손 디자이너들이 시안으로 만들어 내면, 그걸 훌륭한 개발자들이 하나하나 구현하는 것이 바로 폭포수 모델이다. 쉽게 말해서, 기획과 디자인, 그리고 개발이 각각 순차적으로 진행되는 것을 의미한다.

그런데 세상이 바뀌었다. 이제는 기능이 몇 달에 한 번씩 업데이트가 되어서는 더 이상 업계에서 살아남지 못하는 세상이 되었다. 기능 출시가 몇 달에서 몇 주에 한 번으로 당겨지더니, 급기야 매일 새로운 기능을 출시하거나 하루에도 몇 번씩 기능 출시가 이뤄지기도 한다. 그렇게 속도감 있게 이루어지는 개발 과정을 충실히 수행하기에 기존의 폭포수 모델은 대응하기가 어려웠다. 폭포수 모델에 따르면 개발자는 기획과 디자인이 나오기 전에는 놀고 있어야 하고, 기획자와 디자이너는 한 번 기획안과 디자인 시안을 만들면 이제는 프로젝트에 더 이상 필요 없는 사람이 되는 것이 아닌가.

애자일의 철학

애자일이라는 단어가 개발 방법론으로 처음 사용된 것은 애자일 소프트웨어 개발 선언문(Manifesto for Agile Software Development) 이후부터라고 한다.

애자일 소프트웨어 개발 선언문
Manifesto for Agile Software Development

우리는 직접 실천하고 다른 사람들 역시도 그렇게 실천할 수 있도록 도우면서, 더 나은 소프트웨어 개발 방법을 찾는다. 이런 방식을 통해서 우리는 다음과 같은 가치에 도달할 수 있었다.
We are uncovering better ways of developing software by doing it and helping others do it. Through this work we have come to value:

- 프로세스와 도구를 넘어서 서로 소통하기
  Individuals and interactions over processes and tools
- 문서화보다는 실제로 작동하는 소프트웨어를 개발하기
  Working software over comprehensive documentation
- 계약 내용으로 협상을 하기보다는 고객과 협력하기
  Customer collaboration over contract negotiation
- 계획을 따르기보다는 변화를 받아들이기
  Responding to change over following a plan

다시 말하면, 문서 중심으로 실제 제품이 필요한 고객과 동떨어진 형태로 개발하던 행태에서 벗어나서, 실제로 돌아가는 서비스를 만드는 것을 최우선으로 하고, 그것을 이루기 위해 서비스를 실제로 사용하게 될 사람과 적극적으로 소통하고 더 나은 서비스를 위해 끊임없이 변화를 추구하는 것을 의미한다.

이 문서를 들여다보면 기존에 소프트웨어 개발이라는 작업이 어떻게 이뤄졌는지 알 수 있다. 실제 개발보다는 프로세스를 만들고 문서화하는 데 지나치게 많은 시간을 투자했던 시절과 이별하고, 그보다는 더 나은 소프트웨어를 개발하기 위해서 끊임없이 고민하고 변화를 받아들이는 태도가 중요하다고 말하고 있다.

스프린트(Sprint)

지속적으로 기능을 개발하기 위해 보통은 2주간의 스프린트를 진행한다. 스프린트는 보통 스프린트 계획과 실제 개발 과정으로 이뤄지는데, 스프린트 계획은 각 개발자가 한 스프린트 동안 작업해야 할 일을 정의하는 데 활용된다.

예를 들어, 회원 가입 기능을 구현한다고 가정해 보자. 하루에 처리할 수 있는 업무량을 5포인트라고 잡았을 때 2주는 업무일 기준으로 10일이므로, 총 50포인트의 업무를 처리할 수 있다고 생각한다. 회원 가입 기능을 세부적으로 나눠 보면 아래와 같은 내용을 생각해 볼 수 있다.

1) 회원 가입 정보를 데이터베이스에 입력
2) 회원 가입 페이지 만들기
3) 로그인 페이지 만들기
4) 비밀번호를 까먹었을 경우 비밀번호 찾기 기능

5) 회원 가입 시 가입 축하 이메일 발송

페이지를 만드는 2, 3번 업무의 경우 비교적 기간이 짧게 걸릴 것 같아서 각각 3포인트를 배정하고, 1번 업무인 회원 가입 정보를 데이터베이스에 입력하는 것은 하루 반 정도를 작업량으로 잡고 8포인트, 4번과 5번 업무는 각각 5포인트씩 배정하도록 한다. 그러면 다 합쳐서 24포인트 정도의 업무이고 한 주에 소화할 수 있는 절반 정도의 업무량을 배정받은 셈이 된다.

이런 식으로 각각의 업무를 잘게 쪼개고 그 업무에 걸리는 시간을 추정하면 각각의 기능을 구현하는 데 얼마 정도의 시간이 걸리는지 파악할 수 있게 되고, 개발자는 주어진 시간 안에 원하는 순서에 따라 개발을 이어 나가면 된다.

스크럼(Scrum)

만약 스프린트만 진행한다면 각각의 개발자들이 서로 무엇을 하고 있는지 파악하기 힘들 것이다. 이것을 막기 위해서 진행하는 것이 스크럼이다. 보통 매일 특정한 시간을 정해 놓고 개발자와 개발과 관련된 사람들이 모여서 회의를 하는데, 특이한 점은 최대한 간결하게 자신의 업무를 업데이트하기 위해서 일어서서 하는 경우가 많다. 그래서 외국에서는 간단하게 스탠드업(Stand-up)이라고 부르는 경우도 있다.

애자일이라는 개발 방법론이 마치 개발자를 효과적으로 쥐어짜기 위해서 도입된 방법론으로 오해하는 사람들이 많다고 앞서 언급했다. 스크럼은 개발자들이 각자 어떤 일을 하고 있는지 확인하는 역할도 있지만,

그와 함께 각 개발자가 일을 하는 데 업무를 방해하는 요소가 무엇인지 확인해서 제거하고, 업무가 추가 혹은 변경되었을 경우 스프린트 계획에서 정해진 내용을 수정하는 역할을 수행하기도 한다.

애자일 과정에서 계획의 변경은 사고가 아니라 필연이고, 애자일에서 더 중요하게 생각하는 것은 이것이 팀 내부에 투명하게 공개되는 것이다.

칸반(Kanban)

칸반은 실제 업무 진척도를 한 번에 볼 수 있는 상황판이라고 생각하면 된다. 가장 기본적인 단계는 할 일(To Do), 작업 중인 일(Doing), 완료된 일(Done)로 구분되고, 그 외에 세부 단계를 추가할 수도 있다. 각 업무는 주로 티켓(Ticket)이라고 부르는데, 각 티켓을 맡은 사람은 작업이 진행되는 정도를 이 칸반 보드(Board)에 업데이트하면 된다. 그러면 굳이 팀원들끼리 작업 내용을 구두로 전달하거나 문서화하지 않아도, 한 공간에서 프로젝트와 관련된 전체 진척도를 한눈에 파악할 수 있다는 장점이 있다.

칸반 기법을 도와주는 많은 프로그램이 있으며, 가장 대표적인 프로그램은 트렐로(Trello)이다. 트렐로는 아래와 같이 생겼고, 다른 사람들을 초대해서 다 함께 협업이 가능하고, 업무 진척도 역시 공유가 가능하다.

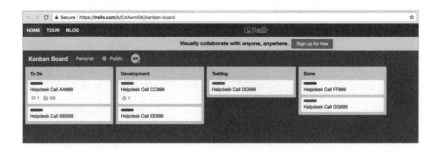

시스템을 넘어 다시 문화로

애자일과 관련된 다양한 기법을 살펴봤다. 하지만 정말 중요한 것은 애자일 선언문에서 밝힌 것처럼 도구나 절차보다는 사람이라고 생각한다. 실제로 많은 회사에서는 애자일 소프트웨어 개발 방법론을 도입하기 위해서 저런 도구들을 사용하거나 사용을 장려하는 경우가 많다. 그런데 정말 중요한 것은 어떤 도구를 사용하느냐보다는, 팀원들끼리 서로 얼마나 신뢰하고 함께 일하고 있느냐다.

서로를 믿을 수 없고, 남의 탓하기 바쁜 건강하지 않은 조직에서 아무리 좋은 도구를 사용해 봐야 프로젝트 결과가 좋을 리 없다. 반대로 합이 잘 맞고 서로에 대한 신뢰가 쌓인 팀이라면, 아무런 도구를 사용하지 않는다고 하더라도 프로젝트는 제대로 진행될 것이다. 사람들은 손쉽게 변화를 만들어 내기 위해서 도구를 사용한다. 하지만 그 아래에 깔려 있는 문화, 그리고 사람을 바꾸지 않으면 그 어떤 도구도 무의미하다는 것이 나의 생각이다.

#문과생 #개발자 #입문

#IT #비전공자

How A Historian Became A Developer
From The Stone Age To Apps

효과적으로
개발 공부하는 방법

~~~~~

개발을 공부하는 게 어려운 이유는 학교에서 공부하던 것처럼 배워서는 안되기 때문이다. 학교에서 수년간 혹은 십수년간 배운 영어로 외국인을 만나면 한 마디도 제대로 할 수 없듯, 객관 문제 풀이에 익숙해진 공부 습관으로는 직접 부딪혀 가며 익혀야 하는 개발을 제대로 공부할 수 없다. 그리고 동시에 끊임없이 쏟아져 나오는 기술을 습득하기 위해서는 빠르게 학습할 수도 있어야 했다. 나도 덕분에 정말 고생을 많이 했는데, 여러 시행착오 끝에야 나에게 맞는 개발 공부 방법을 찾을 수 있었다.

왜 당신은
개발을 공부해야 하는가?

1

　'한국에서 일반인이 회사에서 성공하기 위해서는 영어를 잘해야 한다'는 말에 동의하는가? 물론 토익 점수 제출하고 회사에 취업해도 회사에서는 정작 영어 쓸 일이 거의 없지만, 매번 인사 평가나 사내 시험에서 영어는 빠지지 않는다. 십수 년 전에는 영어를 할 줄 안다는 것만으로도 엄청난 성공의 기회를 누릴 수 있었다면, 이제는 워낙 많이들 어릴 때부터 영어 공부를 하기 때문에 영미권에서 좀 살다 오거나 미국에서 대학교에 다녀서 원어민 수준의 영어를 구사해야 인정받는 세상이 되었다.

　나는 프로그래밍이 비슷한 수순을 겪을 것이라고 생각한다. 영어라는 언어가 사람들이 더 많은 세상과 소통할 수 있게 도와줬다면, 프로그래밍 언어는 사람들이 새로 나오는 수많은 기술을 이해할 수 있게 도와주기 때문이다. 많은 대학교에서 필수 교양으로 파이썬 프로그래밍 과정을 넣기 시작했다. 그리고 고등학교에서도 프로그래밍이 필수 과정으로 들어간다고 한다. 각계에서 프로그래밍의 중요성은 강조되고 수많은 기회가 펼쳐져 있는데, 외부에서 보기에 개발자라는 직업은 여전히 3D고 험난하다. 힘들게 지내는 개발자들도 굉장히 많기 때문에, 주위의 개발자를 찾아서 소프트웨어 개발이라는 직업에 대해 물어보고 개발을 공부하겠다고 하면 대부분은 뜯어말린다. 그런데 분명히 조금 더 나은 길은 있다.

한국경제에서 나온 한 기사(http://news.hankyung.com/article/2014020595241)에 '20년 이내에 기존의 직업 47%가 없어질 것'이라는 주제를 다뤘다. 실제로 프로그래머는 굉장히 많은 업무를 자동화하는 데 능하다. 컴퓨터를 다루는 사람은 결국 수십 명이 할 일을 혼자서 할 수 있는 사람이라는 이야기다. 나는 모든 사람이 프로그래머가 되어야 한다고 말하지는 않는다. 하지만 앞으로 세상은 프로그래밍을 이해하는 사람과 이해하지 못하는 사람으로 나뉠 것이라고 확신한다. 세계를 주름잡았던 영어 이후 다음으로 중요할 언어는 중국어가 아니라 프로그래밍 언어이다. 이번 챕터에서는 프로그래밍을 통해서 얻을 수 있는 기회에 대해서 이야기해 보려고 한다.

취업은 더 이상 문제가 아니다

심각한 취업난이다. 청년 실업률이 어느덧 10%를 넘어섰다는 이야기가 들린다. 특히 나 같은 '문송'(문과여서 죄송합니다'라는 말의 줄임말) 한 사람에게 취업은 절대로 쉬운 것이 아니었다. 수십 개의 회사 지원용 자기소개서를 쓰고 나서 받았던 불합격 통보는 대학 생활 4년을 송두리째 패배의 기억으로 만들어 놓았다. 분명히 학교생활은 나름 알차고 재미있었는데, 취업 앞에서는 아무것도 하지 않은 사람이 되어 버린다.

프로그래밍을 통해서 얻을 수 있는 가장 직접적인 혜택이라면 취업의 기회라고 말하고 싶다. 학원에서 6개월 간의 프로그래머 양성 과정을 수료하고 처음으로 프로그래머로 취업을 준비했다. 그런데 잡코리아와 사람인, 로켓펀치 같은 사이트를 통해서 관심이 있는 기업 리스트를 만들고 이력서를 돌렸을 때 돌아온 반응은 정말 놀라웠다. 거의 2주간 오전 오후 한 번씩 다 합쳐서 거의 10회의 면접 일정이 바로 잡혔다. 지원한 회사들이 큰 회사들은 아니었지만, 약 15곳 정도에 지원서를 보냈는데 이 정도 연락을 받을 수 있다는 건 정말 놀라웠다. 면접을 본 곳 중에서도 크게 어렵지 않게 합격 통보를 받았고 최종적으로 원하는 곳을 선택할 수 있었다. 공장에서 물건의 품질을 체크하듯 대규모의 인원을 모아 놓고 사람을 뽑는 대기업과는 전혀 다른 느낌이었다. 첫 회사에서 두 번째 회사로 이직할 때는 훨씬 더 편했는데, 경력이 있는 개발자는 이제 더 이상 '갑'과 '을'의 세계에서 '을'을 자처할 필요가 없었다. 포트폴리오와 실력이 쌓일수록 회사에서는 당당하게 나의 요구 조건을 이야기했고, 많은 경우에 받아들여졌다. 물론 나의 경우, 내가 더 중요하게 생각하는 내 개인적인 삶을 위해서 대기업과 SI 기업들을 최대한 피한 결과였다. 그 덕분에 지금까지 내 개발 경력에서 회사에 남아서 야근을 한 것은 한 손으로 꼽을 수 있다.

　　그렇다고 비전공자라고 해서 대기업의 길이 막혀있는 것도 아니었다. 취업을 준비하면서 가능하면 삼성 SDS나 엘지 CNS 같은 SI 기반의 업체는 피하고 SK Planet에 지원했던 적이 있다. 서류를 통과하고 인적성도 통과했는데, 당시 서울의 서쪽에 살고 있던 터라 면접을 보러 판교까지 가야 하고, 최종 합격하더라도 판교 출근이라는 사실을 깨닫고는 더 이상 면접을 진행하지 않았다. 내 경험을 통해서 말하고 싶은 점은, 물론 충분히 준비해야겠지만 비전공자라고 대기업 개발자 취업에 큰 차별을 받지 않는다는 것이다.

　　　　　　　　파트3 ··· 효과적으로 개발 공부하는 방법

많은 사람들이 컴퓨터 공학 전공자가 개발을 굉장히 잘할 것이라고 생각한다. 그런데 오히려 나는 실제 프로젝트를 기반으로 공부를 한 개발자가 코드를 짜는 데는 훨씬 능할 것이라고 믿는다. 물론 컴퓨터 전반에 대한 지식을 습득하는 4년간의 과정이 좋은 개발자가 되는 데 밑거름이 되기는 하겠지만. 하지만 영문학을 4년 공부하면 영어를 잘할 수 있을까?

창업도 할 수 있다

요즘 개발자라는 직업이 각광받고, 각 대학교의 컴퓨터 공학과 복수 전공이 줄을 잇는 것은 '스타트업 열풍이 불기 시작하면서'라고 개인적으로 생각한다. 정부에서 막대한 창업 지원 자금을 시장에 풀면서 정부 지원금을 통해서 초기 자금을 투자받기도 하고, 혹은 큰 규모의 투자를 받으면서 시장에서 두각을 나타내는 기업들이 많다. 그러다 보니 너도 나도 서비스를 만들겠다고 나서면서 시장에서 좋은 개발자 찾기가 너무 힘들다고 아우성이다. 그렇다, 좋은 개발자 찾기는 정말 힘든 일이다.

그런데 다시 말하면, 개발자는 가장 좋은 창업가가 될 수 있다. 새로운 사업을 시작하는 데 있어서, 특히 IT 산업 쪽에서는 초기 비용의 대부분은 개발 비용이다. 그리고 개발 비용이라는 것은 일정 부분의 서버 비용을 제외하면 결국은 개발자의 인건비다. 초기 사업에는 항상 돈이 부족하다. 부모님께 손을 벌려서 가져온 혹은 정부에서 지원받은 초기 사업 자금 몇천만 원은 사업을 하다 보면 사실 몇 달이면 다 까먹기 쉽다. 그런데 경험이 없는 상태에서 개발사나 프리랜서 개발자에게 개발을 맡기면 원하는 서비스를 절대로 만들 수가 없다. 그것은 개발사나 프리랜서 개발자가 나쁜 마음을 먹어서 속이려고 하는 것이 아니라, 아무 경험이 없는 상태에서의 기획은 결국 경험자가 보기에 부족한 것 투성이기 때문이다.

창업자가 개발자라는 것은 결국 초기 서비스 개발 비용을 극적으로 낮춤과 동시에 자신이 원하는 서비스를 가장 정확하게 만들고, 개발 완료 이후에도 지속적인 개선이 가능하다는 이야기다. 서비스는 결코 1차 버전이 시장에 나온 다음에 멈춰 있어서는 안 된다. 끊임없이 발전하고 개선되어야 한다.

외국에 나가서 살기에 가장 좋은 직업이다

캐나다에는 굉장히 다양한 인종이 섞여서 살고 있다. 특히 인도계와 중국계가 많아서 아마 캐나다에 처음 가 본 사람이라면 여기가 캐나다가 맞는지, 아니면 중국이나 인도가 아닌지 의아해하기 쉽다. 그런데 이런 다인종 국가에서, 그리고 영어를 모국어로 쓰는 아시아 아이들이 가장 선호하는 전공은 남자의 경우 컴퓨터 공학, 여자의 경우 회계라고 한다. 아시아인의 프로그래밍 능력은 전 세계적으로 잘 알려져 있고, 구글 본사에도 수많은 인도인과 중국인을 만날 수 있다고 한다.

아시아 사람들이 영미권에서 주로 공학이나 회계 등을 공부하는 이유는 이런 분야가 비교적 언어 능력이 덜 중요한 부분이기 때문이라고 한다. 다시 말해, 프로그래머가 기본적인 의사소통만 된다면 어느 나라에서 살더라도 가장 인정을 받으면서 살기 쉬운 직업이라는 이야기다. 물론 외국만 나가면 환상적인 삶과 부가 보장되리라는 것은 절대 아니다. 한 나라에서 외국인으로 산다는 것은 사람의 성향에 따라서 쉬운 일이 아닐 수도 있다. 하지만 중요한 점은 개발자에게는 해외 취업의 길이 활짝 열려 있다는 것이다. 반면, 취업 준비 중인 문과생의 절반쯤은 가고 싶어 한다는 마케팅은 어떨까? 마케팅은 소비자의 마음을 이해해서 제품을 소비자에게 알리는 일이다. 그런데 외국에서 온 사람이 현지에서 나고 자란 사람보다 현지 소비자의 행동 패턴을 더 잘 이해할 수 있을까? 물론 더 많은 노력을 들이면 가능할 것이다. 그렇지만 굳이 언어의 장벽을 극복하면서까지 함께 일하겠다는 결정을 한다는 건 결코 쉬운 일이 아닐 것이다.

프로그래밍이라는 분야는 전 세계의 프로그래머가 같은 언어로 작성한다. 물론 프로그래밍의 다양한 명령어는 영어로 되어 있다. 그래서 영미권 화자는 프로그래밍을 배우기에 분명히 좋은 조건이다. 영미권의 개발자들이 개발의 트렌드를 만들어 나가고, 거대한 IT 회사가 나온 것도 이런 사실을 배제할 수 없다. 그렇지만 프로그래밍 언어는 새로운 언어와 같아서, 결국에 태어날 때부터는 그 누구도 원어민 화자가 아니다. 누군가는 조금 더 어릴 때 시작했을지도 모르겠지만, 결국 커서 배우는 것이 프로그래밍 언어이다. 프로그래머가 된다는 것은 결국 프로그래밍 언어 하나로 전 세계의 개발자와 소통하고, 그것으로 만들어 낸 서비스로 전 세계의 소비자와 함께한다는 것이다. 나는 프로그래머라는 직업이 세계에서 살기에 정말 좋다고 생각한다.

믿기지 않는 이야기, 원격 근무

나는 개발자라는 직업의 가장 큰 묘미는 원격 근무(혹은 재택 근무)라고 생각한다. 아직은 한국에서 생소한 개념이라 지인들에게 이런 이야기를 할 때면 '외근이 가능하다'는 식으로밖에 이해를 못하는 경우가 많은데, 정말 문자 그대로 출퇴근을 하지 않는다는 뜻이다.

이것이 어떻게 가능하냐고 묻는다면, 반대로 왜 "재택 근무가 불가능한가?"라고 묻고 싶다. 재택 근무가 불가능한 때가 있었다. 겨우 사무실에 컴퓨터가 한두 대 보급되고, 수기로 모든 문서를 처리하던 때가 한국에도 분명히 있었다. 그런데 10~20년 사이에 엄청나게 많은 것이 바뀌었다. 모든 사람이 이메일을 갖고 있고, 스마트 폰을 들고 다니고, 화상 전화를 할 수 있게 되었다. 사람들은 더 이상 같은 공간에 있지 않고도 협업을 할 수 있다. 그러기 위한 메신저의 발달이나 문서 보관 기술의 발달은 이제 말하기에도 입이 아프다.

그래서 벌써 많은 나라에서는 원격 근무를 도입하고 있다. 미국에서도 2014년 9월에 이미 전체 한국 인구에 육박하는 5,300만 명이, 미국의 경제활동 인구 중에 34%가 이미 원격으로 근무를 하고 있다고 한다. 그런데 한국은 아직도 출퇴근길의 지옥 같은 붐빔을 직원들에게 감내하도록 하고 있다. 왜 그럴까? 아마도 서울 내에서 어디든 1시간 정도면 도착할 수 있는 작은 국토 때문이 아닐까 한다. 미국이나 호주, 중국 등 국토가 넓은 나라의 경우에는 적극적으로 원격 근무를 도입하고 있는데, 출근을 강요해서는 더 이상 좋은 인재를 유치할 수가 없기 때문이다.

원격 근무에 대해서 이야기하면 회사원들조차도 "어떻게 얼굴도 보이지 않고 동기부여를 하느냐" 혹은 "직원 관리를 어떻게 하느냐"고 묻는다. 그런 생각이 사무실 기반의 업무 수행 방식의 잔재다. 정말 모든 직원이 사무실에서 하루 종일 일만 하는지 묻고 싶다. 80% 이상의 직장인은 그렇지 않다고 확신한다. 결국 회사에서 가장 중요하게 생각해야 할 부분은 '어떻게 일을 하는가?'인데, 출퇴근을 하다 보면 얼마나 자리에 앉아 있는지로 근무를 평가한다. 그러면 사람들이 단체로 '일은 하지 않으면서 야근을 하는' 비정상적인 일이 일어난다. 다들 그렇게 회사 생활을 한다고? 정말 그렇게 생각하는가?

파트3 … 효과적으로 개발 공부하는 방법

내 업무 시간을 절반으로 줄일 수 있다

모든 사람이 개발자가 되어야 한다는 것은 절대로 아니다. 사실 그럴 수도 없다. 개발자는 결국 다른 사람이 업무를 조금 더 편리하게 할 수 있도록 프로그램을 만드는 사람을 뜻하는데, 모든 사람이 프로그래머가 된다면 결국에는 모든 사람이 프로그래머가 아니게 된다는 의미다. 그럼에도 가능하면 많은 사람이 프로그래밍을 배워야 한다는 데는 동의하는데, 특히 컴퓨터로 하는 업무를 주로 하는 사람들은 특히 그렇다.

가끔 직장인 친구들과 만나면 세상에 이런 엑셀 고수들이 없다. 단축키부터 시작해서 거의 무림 고수들이 자리에 모인 것 같다. 그런데 프로그래밍을 아는 것은 엑셀을 마스터하는 수준이 아니다. 엑셀 고수가 앉아서 해도 30분에서 1시간이 걸리는 일이, 자동화 프로그래밍 앞에서는 5초 만에 결과물이 나오는 일로 변화한다. 회사 생활을 해 보면 업무 시간의 대부분을 잡아먹는 일은 창조적인 일이 아니다. 대부분은 반복적이고, 누군가는 해야 하는 일이 가장 시간이 많이 걸린다. 프로그래밍을 통해 반복적인 일에 들어가는 시간을 최소화하고, 보다 창조적인 일에 시간을 쓸 수 있다면 주위의 직장 동료보다 훨씬 더 높은 생산성을 보여 줄 수 있는 것은 자명하다.

어떻게 공부할 것인가?

2

요즘은 정말 빠르게 배워야 하는 사회다. 워낙 하루가 다르게 신기술이 나오고 다양한 서비스가 나오기 때문에 조금만 정신을 놓고 있으면 감 떨어졌다는 소리 듣기가 딱 좋다. 개발이라는 분야는 굉장히 신기술이 많이 나오기 때문에, 구직할 때 '배우는 속도가 빠른' 사람을 뽑는다는 채용 공고를 자주 만날 수 있다. 개발뿐만 아니라 디지털 마케팅 등 다른 산업 분야에서 일하는 사람들도 끊임없이 쏟아져 나오는 기술을 공부하느라 쉴 틈이 없다.

최근 비디오 제작과 편집에 관심을 가지게 되었다. 새 아이폰을 사려는데, 용량이 큰 기종으로 찾다가 128GB 기종은 재고가 없어서 256GB 짜리를 사게 되었다. 그러다 보니 16GB를 쓰다 갑자기 넘쳐난 용량에 적응을 못해서 동영상을 찍어대기 시작했는데, 자연스레 동영상이 쌓이면서 동영상 편집에 눈이 가기 시작했다. 맥북을 사면 내장되어 있는 동영상 편집 프로그램인 iMovie를 한참 동안 만족하면서 쓰다가, 어느 순간 한계에 부딪혔고 드디어 파이널 컷 프로 X(이하 'FCP')에 입문하게 되었다. FCP는 iMovie처럼 애플이 직접 만든 소프트웨어답게 굉장히 직관적으로 구성되어 있고, iMovie와 인터페이스가 비슷한 부분이 많아서 크게 어렵지는 않았다. 그런데 훨씬 많아진 기능을 어떻게 알아갈 것인가가 막막하게 느껴졌다.

책을 찾아보고 싶다고요?

어떻게 공부할 것인가? 일하느라 정신없이 바쁜데 잘 알지 못하는 분야를 어떻게 공부할 것인가? 그러면 전통적인 방법으로 책을 한 번 찾아보자. 인터넷 교보문고에 들어갔다. 'Final cut pro'를 검색한다. 검색 결과 창 가장 상단에 나오는 건 2012년에 1쇄를 찍은 45,000원짜리 책이다. 2015년 9월에 개정판을 내서 10.2.1 버전을 추가로 포함하였다고 한다. 참고로 이 글을 쓰는 당시 FCP 최신 버전은 10.3.2이다. 이런 잘 팔리지 않는 기술서의 경우에 가격이 비싼 건 충분히 이해할 수 있다. 그런데 우선 2012년에 처음으로 1쇄가 나온 책이다 보니, 새로운 기능을 업데이트했다고 하더라도 기존의 인터페이스와 다른 이미지가 있을까 걱정이 된다. 그리고 결정적으로는 이 책은 종이책밖에 없어, 외국에 있는 나에게는 이 책을 살 수 없는 중요한 이유가 된다. 그리고 한국에 있다고 하더라도 책 페이지가 거의 700장에 이르는 책을 매번 들고 다녀야 하는 건 번거로운 일이 아닐 수 없다.

이번에는 전자책이 잘 되어 있는 아마존에 들어가 봤다. 스크롤을 조금 내리자 한국어로 번역서도 나와 있는 35불가량의 책이 한 권 눈에 들어온다. 다행히 전자책도 있다. 샘플을 다운받아서 목차나 편집 방식을 미리 볼 수 있으니 확인해 보고 마음에 들면 구매하면 된다. 다만 이번에는 매우 특수한 케이스로 애플 제품을 구매했기 때문에, 맥에 내장된 iBooks에서 'Final cut pro'를 검색하여 전자책을 다운받을 수 있다. 실제로 전자책을 구매했다고 가정하고, 이 전자책을 한 번 살펴보도록 하자. 뉴스나 영화에서 자주 볼 수 있는 파란색 배경에서 먼저 촬영을 하고 그 부분을 내가 원하는 배경으로 바꿔보고 싶다고 가정해 보자.

- *Identify areas of the foreground clip that might still have some of the chroma key color showing:* Click the Sample Color thumbnail image in the Video inspector and draw a rectangle in the viewer over the area where the chroma key color needs to be removed.

Note: By default, the Keyer effect applies spill removal, which causes any leftover fringing of the blue- or green-screen background color you're making transparent to appear as gray. To see the original color, set the Spill Level parameter to 0%.

Drag over an area where
the chroma key color
is not being removed.

To improve the key, you can drag the rectangle to adjust its position or drag its corners to change its size, and you can drag additional rectangles over any areas with the chroma key color still showing.

Tip: Select Matte (the center button) in the View area in the Video inspector to see the matte that the chroma keyer is creating. This can make it much easier to see areas that are not keying well.

- *Refine any difficult areas, such as hair and reflections:* Click the Edges thumbnail image in the Video inspector, draw a line across the difficult area in the viewer (with one end in the area to keep and the other in the area to remove), and drag the line's handle to adjust the edge softness.

Drag to set the edge softness.

You can use the following keyboard shortcuts to work directly in the viewer:

- *Make a Sample Color adjustment:* Draw a rectangle while holding down the Shift key.

그리고 이걸 유튜브(링크: https://youtu.be/dwLdw1iKGeE)로 공부한다면 어떻게 바뀔까? 전자책 페이지 두 장과 4분 상당의 동영상을 비교해 보면 어떤 느낌이 드는가? 물론 FCP가 익숙하거나 해당 기능을 알고 있다면, 전자책만 보고도 '충분히' 설명하고 있다고 느낄지도 모른다. 그런데 처음 배우는 사람 입장에서는 저렇게 스크린샷에 설명을 몇 줄 써놓은 것과,

동영상을 보면서 실제로 따라 하는 것처럼 배우는 것은 천지 차이로 느껴진다.

동영상을 찾아보자

많은 사람들이 의외로 잘 모르는 '공부할 동영상을 찾기에 좋은' 플랫폼은 놀랍게도 유튜브다. 개발 강의도 정말 다양한 내용이 있어서 잘 찾아보면 좋은 강의를 만날 수 있다. 마음에 드는 강의를 올리는 사람이 있으면 구독신청을 해 두고 새로운 강의가 올라올 때마다 확인할 수 있다. 그리고 위에서도 언급했지만 동영상의 장점은 아예 모르는 분야도 새로 배우기에 심리적인 저항감이 낮다는 것이다. 책은 모르는 분야를 공부하면 답답한 경우가 많은데, 동영상은 당장은 이해가 안 돼도 끝까지 보면 이해가 되는 경우가 많고, 잘 이해가 안 되는 부분은 여러 번 돌려 볼 수도 있다. 유튜브의 단점은 유료 강의가 아니다 보니 기껏 찾은 동영상이 철 지난 동영상인 경우가 많다는 점이다. 개발, 동영상 등은 해가 바뀌면 내용이 많이 달라지기 때문에 철 지난 자료로 공부하기가 매우 힘들다.

내가 자주 사용하는 동영상 사이트로는 Udemy가 있다. 개발, 디자인, 음악, 글쓰기, 동영상 등 굉장히 다양한 분야의 실용적인 강의들이 올라온다. 이 플랫폼은 유료이기 때문에, 실제로 해당 분야에서 일하던 사람들이 최대한 불필요한 이론은 걷어내고 따라 하기만 하면 되는, 꼭 필요한 내용을 다루는 경우가 많다. 나의 경우에는 이번에 세어 보니 거의 100개에 가까운 다양한 주제의 동영상 강의를 유료로 구매했더라. 사람들이 이런 유료 콘텐츠에 돈을 내는 걸 아까워하는 경향이 있는데, 시간이 중요한지 돈이 중요한지는 잘 생각해 볼 문제다. 혼자서 끙끙거리며 몇 주에 걸쳐 알아내야 하는 것을, 좋은 강의를 구하면 한두 시간이면 될 수 있다. 나는 돈보다는 내 시간이 더 중요하다고 생각하고, 그래서 필요한 경우에는 적극적으로 강의를 구매하는 편이다.

동영상 강의를 선택할 때 명심해야 할 점은 '내가 원하는 것을 모두 포함한 강의는 없다'는 점이다. 즉, 내가 FCP를 처음 공부하기로 마음먹었을 때 처음부터 끝까지 모든 걸 가르쳐 주는 강의 따위는 없다는 말이다. 그러니 그런 강의를 찾으려고 시간을 쓰는 것보단, 내가 원하는 부분을 포함하고 있는 다양한 강의를 모두 신청하는 것이 더 바람직하다고 생각한다. 물론 이렇게 강의를 신청하면 중복이 되는 부분도 있을 테니, 최소한의 강의를 잘 선택하는 게 결국에는 시간을 버는 길이기도 할 것이다. 하지만 항상 명심해야 할 점은 내 시간은 내 돈보다 중요하다는 사실이다.

학교 교육의 깊은 영향

동료나 후배 개발자 혹은 지인들을 보면 가끔 "이 단계를 모두 알아야 다음으로 넘어갈 수 있다."고 말하는 사람들이 있다. 그런데 나는 이걸 한국식 교육의 폐해라고 생각한다. 물론 시간만 충분히 있다면 뭐든 자세히 알면 좋다. 그런데 모든 걸 꼼꼼히 이해하려면 시간이 정말 많이 든다. 이런 '사소함에 대한 집착'은 학교에서 변별력을 가리겠다며, 별로 중요하지 않은 부분을 긁어서 시험을 내서 그렇다고 느낀다. 워낙 이상한 걸 시험으로 내니, 이런 교육을 받은 사람들은 자연스레 조금이라도 이해가 안 되는 부분이 있으면 그냥 넘어가질 못한다.

그런데 모든 걸 다 이해하려고 덤비면 흥미를 잃기가 너무 쉽다. 중요

파트3 … 효과적으로 개발 공부하는 방법

한 것은 핵심을 먼저 파악하고 그 흐름을 익히는 것이다. 나는 너무 디테일에 집착하기보다는 흥미를 따라가라고 조언하고 싶다. 지엽적인 부분은 큰 흐름을 따라가다 보면 이해가 되는 경우도 많다. 흥미가 생겨서 하나를 배우고 나면, 또 다른 게 궁금해진다. 이 과정은 모래처럼 흩어져 있는 것이 아니라 실타래 같아서 이런 과정이 쌓이다 보면 점차 종합적으로 보이게 된다. 내가 아는 한 이렇게 공부하는 방법이 가장 빠르고, 효과적이며, 기억에도 잘 남았다. 역시나 정규 교육 과정의 영향으로 모르고 넘어간 부분을 걱정하는 사람들도 있는데, 사실 한 프로그래밍 언어를 공부한다고 가정하면 모든 기능이 필요한 것이 아니다. 앞으로 쓰지 않을 기능을 배우기 위해 시간을 들이는 것보다 필요한 것 위주로 배워가는 것이 훨씬 낫다.

그렇다면 책은 필요가 없는 것인지 물어볼 수도 있다. 물론 책의 의미를 완전히 부정하는 것은 아니다. 책에서 가장 강력한 점은 목차라고 생각한다. 동영상을 통해서 충분히 공부했다면, 책을 펴서 목차를 보고 '내가 모르는 부분이 무엇인지'를 파악할 수 있다. 마찬가지로 처음 공부하는 분야라면 책의 목차를 통해서 어떤 것들을 배워야 하는지를 먼저 살펴볼 수가 있다. 그리고 특정한 기능에 대해서 자세하게 공부하고 싶을 때도 책이 도움이 된다. 왜 이런 기능이 있는지, 내부적으로 어떻게 돌아가는지는 최대한 짧게 만들어 집중력을 유지해야 하는 동영상 강의에서는 다루기 힘든 부분이라서 그렇다.

새로운 시대, 새로운 공부 방법

'공부'라는 단어를 들으면 일반적으로 어떤 이미지가 떠오를까? 사람마다 다를 수 있겠지만 보통은 학교나 학원의 이미지가 가장 먼저 떠오를 거라고 생각한다. 학창시절 친구들과 어울려 놀던 시간과 시험들, 그 시절의 고민 이런 게 아닐까 싶다. 그리고 교실, 책, 선생님, 칠판, 노트, 교과서가 뒤따라올 것이다. 그런데 교육에 활용할 수 있는 기술과 콘텐츠는 이미 엄청나게 빠른 속도로 진화하고 있다. 우리가 학교를 떠나서는 배우기 힘들 거라고 생각하는 수많은 것들이 이미 다양한 플랫폼에서 훌륭한 수준으로 존재한다. 하지만 교실은 그걸 못 따라가고 있다는 생각이 든다. 그건 학교뿐만 아니라, 그곳에서 교육을 받은 학생들 역시도 마찬가지다. 사람들은 학교를 떠나서는 새로운 것에 대해 공부해야 할 때 어떻게 시작할지 모른다. 대학원을 알아보거나 학원을 찾는 것이 대부분의 사람들이 선택하는 방법이다. 하지만 정말 학교를 떠나서는 아무것도 배울 수 없는 것일까? 교과서와 참고서를 펴놓고, 문제집을 풀던 우리 세대에게 묻는다.

"정말 당신이 공부하는 방식이 최선입니까?"

나는 인공지능이 사람의 노동을 대체하는 시대에 우리는 모든 지식을 배우려고 노력해서는 안 된다고 생각한다. 학교에서 가르치는 많은 것은 조만간 쓸모없는 지식이 될 것이다. 책을 펴서 그 안에 있는 많은 지식들을 머릿속에 집어넣는 방식으로는 절대로 새로운 세상에서 가치를 만들어 낼 수 없다. 우리가 해야 할 것은 새로운 개념과 기술을 빠르게 훑어보고, 앞으로 쓸만한 기술인지 판단하고, 그렇다면 최소한의 노력으로 빠르게 배우는 것이다. 천천히 책을 읽으며 공부하기에 이 시대에는 알아야 할 것이 너무나도 많다.

좋은 개발자의 자질이란?

3

지금까지 많은 개발자를 만났다. 그리고 많은 사람들에게 개발을 가르쳤다. 그리고 다양한 사람들과 함께 개발을 배우기도 했다. 그러면서 개발을 잘하는 사람과 결국 잘하게 되는 사람들 사이에서 공통점을 발견하게 됐는데, 그 이야기를 한번 해 보고 싶다. 하지만 사람의 경험이란 제한적이고 판단은 항상 성급한 일반화에 기반하기 마련이니 그걸 감안해서 들었으면 좋겠다.

어떤 사람들이 개발을 잘하게 되는 걸까? 무엇이 개발을 잘하는 건지를 먼저 정해야 할 것 같다. 참고로 예전에는 '손이 빠른 개발자'를 찾는다는 구인 공고를 많이 볼 수 있었다. 개발 능력을 중요하게 생각하는 스타트업이 많이 등장하면서 요즘은 찾아보기 힘든 표현이 되었지만, SI에 취업하는 것이 개발자가 되는 거의 유일한 길이었던 시기에는 빠르게 제품을 찍어 내는 사람을 찾았다. 물론 개발자로서 어느 정도의 생산성을 유지하는 것은 중요하겠지만, 지금 시대에 요구되는 개발자의 인재상과는 많이 다르다는 생각이 든다. 예전에는 개발자의 저렴한 인건비가 경쟁력이었다면, 요즘은 개발자가 만들어 내는 고부가가치 사업이 경쟁력이다. 이런 관점에서, 이번 챕터에서는 '좋은 개발자'란 단순히 제품을 빠르게 만드는 개발자가 아니라, 생산성은 갖추되 자기가 만들어 내는 서비스를 높은 수준으로 유지하는 능력이 있는 사람들로 정의하도록 하자.

문제 해결 능력

나는 이런 관점에서 개발자에게 가장 중요한 능력이란 문제 해결 능력이라고 생각한다. 내가 생각하는 문제 해결 능력이란 주어진 업무를 파악하고, 그 문제를 해결 가능한 단위의 세부 작업으로 나누고, 그 작업의 우선순위를 나눠서 해결하는 것을 의미한다. 개발자에게 문제 해결 능력이 왜 중요하냐고 묻는다면, 개발이라는 업무 자체가 끊임없는 문제 해결의 연속이기 때문이다.

물론 그 어떤 개발자도 처음부터 모든 문제를 해결할 수는 없다. 하지만 어떤 문제가 주어졌을 때 이것을 어떻게 풀 수 있을지 접근하는 태도는 사람마다 다르다. 어떤 사람들은 어려운 문제가 주어졌을 때 내가 가진 도구들로 이걸 어떻게 해결할 수 있을지 고민한다. 그런데 또 어떤 사람들은 문제가 조금만 어려우면 고민해 보지도 않고 포기한다. 이 차이가 제법 큰 차이를 만든다.

개발을 해 보지 않은 사람들은 개발을 바라볼 때 수학과 비슷할 것이라고 생각하지만, 나는 개발이 수학보다는 외국어에 가깝다고 생각한다.

파트 3 ··· 효과적으로 개발 공부하는 방법

왜냐면 개발은 단순히 개념을 익히면 되는 것이 아니라 연습에 연습을 거듭해서 이게 너무 익숙해지는 순간을 만나야 하기 때문이다. 문법책만 들여다본다고 영어로 말할 수 있는 것이 아니듯, 개념만 공부한다고 개발을 할 수 있게 되는 것은 아니다. 그런데 개발에도 수학과 비슷하다고 생각되는 부분이 있는데, 바로 문제를 계속해서 풀어나가다 보면 문제 풀이가 점점 쉬워지는 순간이 온다는 것이다. 개발도 수학과 마찬가지로, 내가 풀 수 있는 문제가 많아질수록 새로 만나는 문제도 쉽게 풀 수 있다.

하지만 이 문제 해결 능력이라는 것이 실제로 개발을 공부하기 전에는 알기가 힘들다. 일단은 쉬운 것부터 시작해 보는 것이 좋다. 프로그래밍으로 여러 문제를 풀어 보면서 이 문제 풀이 과정이 나에게 즐거운지 한 번 테스트해 보면 좋겠다. 그리고 개발 개념을 하나하나 배워 보면서, 동시에 모르는 문제가 생겼을 때 그 문제 해결 방식을 배우는 것도 개발 과정 중 하나라는 생각이 든다.

혼자서 공부할 수 있는 능력

개발은 끊임없이 새로운 기술이 등장하는 분야다. 그리고 개발자라는 직업이 워낙 바쁜 일이기도 하기 때문에 대부분의 개발자들은 친절히 옆에 앉아서 누군가를 가르칠 시간적인 여유가 없다. 그래서 많은 개발자들이 그렇게 회사에서 하는 일만 반복적으로 수행하다가 기술적인 진보 없이 도태되는 경우가 많다. 생각을 해 보자. 경력 3년 차와 10년 차가 아는 게 비슷하다면 어느 회사가 굳이 10년 차 개발자에게 더 큰 비용을 지급하겠는가? 그래서 오랫동안 개발자는 야근이 당연한 3D 업종에 직업 수명이 짧기로도 악명이 높았다.

그런데 IT 산업이 발전하면서 기존의 기술로 찍어 내듯 만들 수 없는 서비스들이 등장하기 시작했다. 그리고 이런 서비스들은 고도화된 문제를 풀기 위해 등장한 새로운 기술을 기반으로 하고 있다. 그래서 개발자는 스스로 공부할 줄 알아야 한다. 누군가 가르쳐 주는 것만 공부하는 것이 아니라, 스스로 공부할 주제를 정하고, 공부할 내용과 실습할 내용을 정해서 차근차근 성취할 수 있는 습관이 매우 중요하다. 새로 나온 기술에 대해서는 회사 선배도, 대학 교수도 잘 알지 못하기 때문이다.

여기서 '혼자서'란 사실 '다른 사람 없이 혼자서'라는 의미는 아니다. 공부하는 방식은 스터디로 다른 사람과 모여서 하든, 혼자서 책을 읽든, 동영상 강의를 보든, 자신에게 맞는 방법을 찾는다면 크게 상관없다. 그보다는 누군가 시키지 않아도, 옆에서 누군가 가르쳐 주지 않아도 스스로 찾아보고 공부할 수 있는 적극성을 의미한다.

결국 이 말은 개발자가 '얼마나 성장하기를 원하느냐?'와 직결되어 있다고 할 수 있다. 주도적으로 자신의 전문성을 쌓아 갈 방향을 정하고, 그 방향으로 꾸준히 걸어갈 수 있는 사람을 의미한다.

원리에 대한 집착

그냥 돌아가는 서비스를 만드는 건 사실 그렇게 어렵지 않다. 개발을 처음 배우는 사람이라면 2달이면 어지간한 웹 사이트나 모바일 앱을 만들 수 있다. 개발자라면, 보름 정도만 공부하면 다른 플랫폼에서 간단한 서비스 하나 정도 만드는 건 크게 어려운 일이 아니다. 그런데 어느 순간 내가 쓴 코드 안에서 어떤 일이 돌아가는지를 이해해야 하는 시간이 온다.

다음과 같은 상황을 가정해보자. "안드로이드 앱을 하나 만들기로 했

파트3 ⋯ 효과적으로 개발 공부하는 방법

다. 많은 사진을 목록 형태로 보여 줘야 하는 앱이라 사진 라이브러리를 하나 가져다가 내부에 사용했다. 처음에는 괜찮았는데, 한 번에 노출되는 사진의 개수가 100개를 넘어가면서 앱이 꺼지기 시작했다."

문제는 이런 식으로 내가 직접 만든 혹은 만들지 않은 코드에서 문제가 발생할 수 있다는 사실이다. 그런데 이런 코드의 내부가 어떻게 돌아가는지 파악하지 못한 상태에서 프로그래밍을 한다면 특정 문제가 발생했을 때 이 문제를 해결하기란 거의 불가능에 가깝다.

물론 처음 개발을 공부하는 사람에게 컴퓨터의 작동 원리부터 이해하라고 하는 건 과할 뿐만 아니라, 개발에 대한 흥미를 잃게 되기 쉽다. 그리고 대개 저런 문제는 사용자가 적거나 가벼운 서비스에서는 발생하지 않다가 갑자기 많은 사용자를 만나게 됐을 때 발생하기 때문에, 혼자서 서비스를 만들어 보려는 사람에게는 먼 이야기이기도 하다. 하지만 직업으로 개발자를 생각하는 사람에게는 언젠가는 꼭 만나게 될 이야기이기도 하다.

이런 상황에서 꼭 필요한 태도가 바로 원리를 이해하려고 노력하는 것이다. 내가 짜는 코드의 내부가 어떻게 돌아가는지 이해하려는 태도는 대부분의 개발자가 해결하지 못하는 문제를 풀 수 있는 힘을 준다. 이건 사실 책임감과 관련이 있다는 생각이 든다. 내가 짠 코드가 실제로 어떻게 작동되는지 모르는 상태에서 사용자를 만난다는 것은 제법 무서운 일이다. 실제로 돌아가고 있는 서비스라면 이걸 변화시키기도 만만찮다.

다만 나는 이런 원리에 대한 고민을 점진적으로 키워 나가야 한다고 생각한다. 대학교 4년간 컴퓨터에 대해서 공부한 전공생이라면 이런 내용에 대해서 충분한 시간을 갖고 공부할 수 있다. 하지만 개발자로 전향한 사람들이 이런 지식을 한순간에 쌓는다는 것은 불가능에 가깝고, 모든 개념이 개발에 직접적으로 사용되지 않기 때문에 매우 비효율적이다. 그래서 나는 기술에 대해서 깊이 이해해야 하는 특정한 문제를 만났을 때, 이런 개념을 깊게 한번 들여다보라고 권한다.

그 외

앞에서는 개발자라면 꼭 갖춰야 할 자질에 대해서 이야기했다면, 이 제부터는 '있으면 좋은' 능력이나 태도에 대해서 이야기해 보려고 한다.

01 | 영어

가장 먼저 이야기하고 싶은 건 영어다. 한국에는 영어는 못하지만 개발을 잘하는 분들이 많다. 그래서 '영어를 못하면 개발을 못한다'는 문장은 옳지 않다. 그리고 영어를 잘하지만 개발을 못하는 사람들이야 얼마나 많은가. 영어를 잘해서 개발을 다 잘할 것 같으면, 미국에는 개발자만 있어야 하는 것이 아닌가. 사실 개발은 논리적인 문제 해결 과정이고 그걸 풀어나가는 언어로 프로그래밍 언어를 배우는 것이기 때문에 영어 능력 그 자체가 개발을 학습하는 능력을 결정하는 것은 아니다.

하지만 굳이 영어를 하면 좋다고 적어 놓은 이유는 학습에 관한 많은 자료가 영어로 되어 있기 때문이다. 프로그래밍은 영미권에서 탄생했다. 그래서 거의 대부분의 프로그래밍 언어는 문법이 영어로 작성되어 있다. 싫어도 영어를 쓰게 된다는 말이다. 그리고 프로그래밍 관련 스택오버플로우(StackOverFlow) 같은 대부분의 질의응답은 영문으로 되어 있기 때문에, 문제를 만났을 때 영어를 통한 검색 능력이 뛰어나다면 더 좋은 해결책을 빠르게 찾을 수 있다.

02 | 겸손함

겸손하다고 해서 개발을 잘하는 건 절대로 아니다. 그런데 지금껏 만난 최고라는 개발자들은 정말 너무나도 겸손했다. 컴퓨터 프로그래밍이라는 분야는 너무 방대해서, 사실 자신의 전문 분야를 조금만 벗어나도 거의 모르는 게 대부분이다. 그리고 자기 전문 분야라고 하더라도 관련된 모든 지식을 다 알 수는 없다. 그래서 많은 개발자들이 이런 부족함을 알고 그 간격을 채우려고 노력하고 있다. 그런데 스스로 '모든 것을 다 안다'고 주장하는 사람들은 이런 부족함을 채워 나가려는 노력이 부족하다는 생각이 든다. 그렇다고 해서 겸손함이 '자신감 없음'을 의미하는 것은 아니다. 내가 만들어 내는 결과물에 대해서는 내가 책임을 질 수 있다는 자신감은 본인에게도, 함께 일하는 동료에게도 꼭 필요하다.

03 | 개발을 하는 이유

사람마다 개발을 배우게 된 이유는 모두 다르다. 누군가는 대학교에서 전공으로 개발을 배우게 되었을 테고, 다른 누군가는 아주 어릴 때부터 부모님 손에 끌려가서 배우기도 한다. 그리고 나같이 대학교를 졸업한 후 IT 분야에 진출을 목표로 개발 공부를 시작할 수도 있다. 개발은 모태 신앙이 될 수 있는 종교나 모국어가 존재하는 언어와 달라서 모두가 외국어로 프로그래밍을 시작한다.

그런데 개발자로 일하면서 프로그래밍 자체에 흥미를 느끼지 못한다면 그건 제법 고통스러운 일이 될 가능성이 크다. 간혹 '먹고 살기 위해서', '이거 아니면 할 게 없어서' 개발을 한다는 사람들을 보는데, 개발처럼 끊임없이 새로운 기술이 등장하는 분야에서 어쩔 수 없어서 개발을 하는 사람들은 오래 살아남기가 힘들다.

나 역시도 개인 사업과 해외 취업을 하기 위해서 개발을 배우기 시작했지만, 개발을 배우는 그 과정과 내 손으로 무엇인가를 만드는 그 시간은 정말 즐거웠다. 중간에 1~2년 정도 정체기가 있긴 했지만, 요즘도 항상 새로운 기술을 배우고 있다. 물론 일이라는 것이 항상 즐겁지만은 않다. 하지만 그 안에 즐거움이 하나도 없다면 다시 한번 생각해 봐야 할 것 같다.

나는
이렇게 개발을
공부했다

4

"평일 아침 7시에 휴대폰 알람 소리를 들으며 몸을 뒤척인다. 제대로 뜨지도 못한 눈으로 손을 더듬어 휴대폰을 찾아 알람을 끄고, 잠을 깨기 위해 10여 분 휴대폰으로 메일이나 푸시 등을 확인하고 몸을 일으킨다. 바나나랑 시리얼로 아침을 간단하게 챙겨 먹고 집을 나선다. 이어폰을 귀에 꽂고 회사로 가는 셔틀버스에 몸을 싣는다. 1시간 정도 걸리는 셔틀버스에서는 책을 읽는 등 뭔가 다른 걸 하기 힘들어서 다운받아 놓은 인터넷 강의를 듣는다. 주로 개발과 관련된 내용인데, 강의를 들으면서 컴퓨터로 바로 따라서 쳐 볼 수는 없지만, 그래도 크게 집중할 필요 없이 많은 내용을 공부할 수 있어서 좋다. 그렇게 공부를 하다 보면 회사 근처 카페에 출근 시간 1시간에서 1시간 반 전에 도착한다. 노트북을 꺼내서 셔틀버스 안에서 공부했던 내용을 복습하거나, 전자책을 꺼내서 읽는다. 그렇게 나만의 시간을 갖고 회사에 출근한다. 퇴근할 때도 마찬가지."

이 글은 나의 요즘 회사 생활이다. 출퇴근하는 2시간 정도를 이용해서 인터넷 강의를 듣고, 출근하기 전 1시간 정도의 시간을 개발 관련된 내용을 공부하다가 회사에 출근한다. 개발은 워낙 공부할 내용이 방대할 뿐만 아니라 새롭게 나오는 기술이 많기 때문에 조금만 눈을 돌리고 있으면 도태되기 쉽다. 특히 이번 회사에 출근하면서 데이터 엔지니어라는 전혀 경험해 본 적이 없는 직무를 맡게 되었기 때문에 공부할 것이 많다. 그래도 다행히 항상 칼퇴근을 하기 때문에 출퇴근 시간에 공부할 수 있다는 것도 즐겁다.

나는 개발자가 되고 첫 2년 정도를 저런 생활을 계속해 왔다. 끊임없이 배우고 그걸 회사에서, 그리고 개인 프로젝트에 적용하면서 정말 빠르게 배우고 성장했고, 덕분에 많은 기회를 얻을 수 있었다. 내가 만들 수 있는 것이 하나하나 늘어나는 것이 그렇게 즐거울 수가 없었다. 지금은 해외에 나와 개발자로 일하기 시작하면서, 다시금 부족함을 느끼고 많은 걸 채울 수 있는 기회로 삼고 있다. 그동안은 내가 무엇을 만들 수 있는지 집중해서 공부해 왔다면, 경력도 쌓이고 해외에 나와서 일을 하다 보니 기술적인 깊이가 필요하다는 생각도 많이 든다. 그래서 요즘은 깊이를 쌓기 위한 노력을 하고 있다. 이 글을 통해서는 그동안 내가 어떻게 공부를 해 왔는지, 그리고 어떻게 공부를 하면 효과적인지 이야기를 나눠 보고 싶다.

학원, 전우를 만나는 시간

사람들이 국비 지원으로 진행하는 학원 생활은 어떻냐고 묻는다. 나는 국비 지원으로 진행되는 6개월간의 '빅데이터 및 보안 전문가 과정'을

파트3 ··· 효과적으로 개발 공부하는 방법

수료했는데, 빅데이터와 보안에 대해서는 하나도 배우지 못하고 자바와 자바를 통한 웹 개발 과정을 배웠다. 선생님은 좋은 분이었으나, 짧은 기간에 40명 가까이 되는 학생을 하나하나 돌보는 것은 사실상 거의 불가능했다.

하지만 학원 생활을 하면서 좋았던 점은 개발자로 일하기 전, 개발자가 되고 싶은 사람들을 만날 수 있는 기회를 얻었다는 것이다. 개발자 주위에는 개발자만 있지만, 비개발자 주위에서 개발자를 찾기는 매우 힘들다. 학원에서 만난 친구들은 당시 개발자는 아니었지만, 그래도 같이 개발자가 되면서 여기저기 흩어져 업계의 분위기를 들려주는 소중한 정보원이 되었다. 물론 학원에는 취업을 위해서 온 사람들이 많았기 때문에 개발 자체에는 큰 열의가 없는 사람들도 많았지만, 그중에서도 함께 개발을 즐겁게 배우고 이야기를 나눌 수 있는 사람도 분명히 존재했다. 완전히 새로운 걸 배우는 힘든 6개월이라는 기간 동안 그런 친구들과 함께 어려움을 헤쳐 나갔다. 이렇게 같이 공부했던 사람들끼리는, 누군가가 좋은 회사에 들어가게 되면 친구를 데리고 가는 경우도 종종 있기 때문에 실제로 서로의 취업을 도와주는 사례도 어렵지 않게 볼 수 있었다.

그리고 학원에서는 국비 지원금으로 매달 30만 원에 가까운 점심값 (공식 명칭이 점심값은 아니다)과 함께 교재도 공짜로 제공해 줬다. 6개월 과정에 제공받는 책이 거의 10권에 가까웠기 때문에 제법 도움이 되었다. 그리고 과정에서 제공되는 책이 아니더라도 학원에 비치된 책이 많으므로 관심이 있는 분야가 있다면 책을 빌려서 볼 수 있었다.

나는 학원에서 6개월 동안 자바와 웹 개발을 배웠는데, 수료가 다가오자 모바일 앱 개발에 관심이 생겼다. 그래서 대학교에 다니면서 안드로이드 앱 개발을 해 봤던 친구와 함께 프로젝트를 진행해서 포트폴리오를 만들었고, 당시 학원 선생님이 모바일 앱 개발 경험이 있으셨기 때문에,

다들 취업으로 어수선한 틈을 타서 학원 선생님께 모바일 앱 강의를 들었다. 그렇게 나는 자바 포트폴리오 2개와 모바일 앱 포트폴리오 1개를 들고 스타트업에 처음 입사했다.

본격 동영상 강의 입문

첫 회사에서 내 직무는 PHP를 이용한 웹 개발과 안드로이드 앱 개발이었다. 6개월 동안 자바를 공부하고 갔더니 PHP로 개발을 하라고 해서 당황했지만, 기본적인 프로그래밍에 대한 이해가 있으니 새로운 언어를 배우는 것은 크게 어렵지 않았다. 물론 혼자서 공부하려고 했으면 배우는 데 한참 걸렸겠지만, 이미 회사에는 PHP로 짜여 있는 많은 코드가 있었고 바로 일을 해야 하는 상황이었기 때문에 훨씬 속도감 있게 배울 수 있었다. 그 코드를 관리하던 사수가 있다는 사실도 매우 중요했다. 그리고 회사에서 1년 동안 방치되어 있던 안드로이드 앱을 수정하는 업무도 맡았다. 서비스 자체가 웹 중심이었고, 가장 마지막에 있던 안드로이드 개발자가 퇴사한 이후로 업데이트가 중단된 안드로이드 앱이 있었는데, 내가 해 보겠다고 말하고 앱을 가져올 수 있었다. 물론 남이 짜 놓은 코드를 읽기는 쉽지 않았는데, 웹에 존재하는 기능과 비교하고 구글에 검색해 가면서 새로운 기능을 붙였고, 바뀐 내용은 수정하는 시간을 가졌다.

당시 나의 관심사는 차츰 iOS 앱 개발로 흘러갔다. 당시 나는 아이폰을 쓰고 있었기 때문에 내가 쓰고 있는 휴대폰의 앱을 만드는 데 당연히 관심이 생겼다. 그리고 고등학교 친구 한 명이 흔쾌히 맥북을 새로 사서 보내 주면서 아이폰 앱 개발을 할 수 있는 발판이 생겼다. 손에 맥북이 들어오고 나니 아이폰 앱 개발이 너무나도 하고 싶었다. 그런데 아무리 검색을 해 봐도 아이폰 앱 개발에 대한 자료를 찾기가 너무나도 힘든 것이 아닌가? 그리고 당시에는 애플사에서 스위프트라는 iOS, macOS용 프로그래밍 언어를 막 개발해서 공개한 시기였는데, 한국어로 스위프트를 이용한 개발 자료를 찾는 것은 거의 불가능에 가까웠다. 그렇게 구글에서 헤매다 보니 도달한 곳이 바로 영어로 된 인터넷 강의였다.

영어로 된 강의 자료는 정말 놀라울 정도로 풍부했다. 한국에서는 아이폰 개발 강의 서적의 경우 버전이 2~3년 정도 밀려 있는 경우가 많았는데, 영어로 된 자료의 경우에는 한 달 전에 나온 내용도 업데이트가 되어 있었다. 그리고 한국식의 이론 위주의 강의가 아니라 실제로 손으로 만들어 보면서 익히는 실용적인 강의가 대부분이었다.

그렇게 나는 출퇴근하면서 인터넷 강의를 듣는 습관을 만들어 갔다. 회사가 집에서 제법 거리가 있었기 때문에 처음에는 시간 낭비를 많이 했는데, 인터넷 강의를 듣기 시작하면서 시간을 훨씬 더 효율적으로 사용할 수 있었다. 출퇴근하면서는 인터넷 강의를 들었고, 집에서는 아이폰 앱을 개발했다. 아이폰 앱 개발과 안드로이드 앱 개발에는 공통점과 차이점이 동시에 존재했기 때문에, 아이폰 앱 개발을 공부하면서 배운 내용을 안드로이드 앱 개발에도 접목하면서 공부를 이어나갔다. 그리고 아이폰 앱 개발을 위해 시작한 인터넷 강의였지만, 관심사는 쉽게 다른 분야로도 넓어졌다. 어떻게 서버 쪽에 가까운 백엔드 개발을 하는지, 웹에서 어떻게 하면 시각적으로 아름답게 만들 수 있는지, 개발을 하고 나서 어떻게 서버에 올려야 하는지 등 정말 다양한 정보가 온라인 공간에 있었다. 그리고 책 한 권을 살 돈이면 강의 2개를 살 수 있었고, 개인적으로 책으로 공부하는 것보다 시간 효율은 10배는 높았다.

물론 영어로 공부를 하는 것이 결코 쉬운 일은 아니었다. 처음에 영어로 인터넷 강의를 듣기 시작했을 때는 용어가 너무 생소해서, 몇 번씩 되감아 가면서 이해를 해야 했다. 그런데 차츰 내용이 이해가 되기 시작하더니, 동영상 강의를 2~3개쯤 듣고 나자 어느 정도 개발 용어에 익숙해지면서 속도가 붙기 시작했다. 그리고 개인적으로는 이렇게 들었던 영어 강의가 지금 해외에서 개발자로 일하는 데 크게 도움을 주었다고 생각한다. 어차피 외국에 나와서 일을 할 거라면, 영어로 공부하고 영어로 일하면 해외에서 일하는 데 훨씬 더 부담감을 줄일 수 있다.

기술적인 깊이가 필요할 땐

인터넷 강의는 대체로 입문자를 위해서 만들어진 강의가 많기 때문에, 보고 바로 따라 할 수 있다는 장점은 있었지만 이것이 왜 이렇게 만들어지는지에 대한 설명은 부족한 경우가 많았다. 어느 정도 개발을 할 수 있고 난 뒤에는 '이것이 왜 이렇게 작동하는지' 이해를 해야만 해결할 수 있는 문제가 생겨나기 시작하면서 '조금 더 깊이를 쌓아야겠다'는 생각이 들었고, 이때 나는 영문으로 된 전자책을 사거나 코세라(Coursera) 같은 대학교 강의를 찾아서 듣기 시작했다. 특히 코세라는 수료하고 소정의 비용을 내면 수료증을 제공하기 때문에, 링크드인(LinkedIn) 같은 이력 관리 서비스에 등록해 놓으면 많은 회사에서 인정을 해 주는 장점도 있었다.

책을 사거나 코세라 강의를 신청할 때는 목차를 잘 살폈다. 이미 동영상 강의를 통해서 개발하는 방법에 대한 이해는 충분히 갖추고 있었기 때문에, 책이나 코세라 강의를 신청할 때 주요 관심사는 내가 공부하면서 느꼈던 부족함을 채울 수 있는가에 집중되어 있었다. 책을 사거나 코세라 강의를 신청한 후에도 첫 페이지부터 끝까지 하나하나 다 읽어 나가는 것이 아니라 필요한 부분을 찾아가면서 공부했다. 이런 자료의 경우에는 이

파트3 ··· 효과적으로 개발 공부하는 방법

론적인 내용이 많기 때문에 하나하나 읽어 나가면 지루해서 포기하기가 쉬우므로, 최대한 중요한 부분 위주로 읽는 방식을 택한다.

깊이가 필요할 때 접근하는 또 다른 방식은 내가 사용하고 있는 기술을 만들어 나가는 커뮤니티에서 제공하는 공식 문서를 읽고, 거기서 부족하면 실제 코드를 다운받아서 살펴보는 방식이다. 이 방식의 장점은 일단 공식 문서이기 때문에 가장 최신 버전의 내용을 접할 수 있다는 점이다. 그 어떤 자료보다 신뢰할 수 있는 자료이기도 하다. 그리고 문서를 읽다가 내부 구현이 궁금할 때는 코드를 살펴보면 좋다. 기본적으로 개발 문서는 다른 사람에게 기능을 소개하기 위해 정리된 경우가 많기 때문에 내부가 어떻게 구현되어 있는지보다는 어떤 기능이 있는지 소개하는 경우가 많다. 따라서 필요한 경우에는 실제 코드를 보면서 그 원리를 이해하는 게 많은 도움이 되었다.

기초부터 다지겠다는 허상

비전공으로 개발을 공부하는 사람들 중에서 간혹 기초를 탄탄하게 다지겠다며 오랜 시간 학원에서 혹은 독학으로 공부하는 사람들이 있다. 만들어 보지 않았던 기능을 만들어 보거나, 그 안에서 돌아가는 원리를 이해하고 싶다고 한다. 물론 이것이 잘못된 것은 아니다. 당신이 그만큼 충분한 시간을 투자할 수 있다면.

하지만 한 가지 말하고 싶은 점은 학원이나 책보다 회사에서 가장 많은 것을 배울 수 있다는 점이다. 회사라는 공간은 월급을 받기 때문에 마감 시간이 있고 그 기한 내에 무엇인가를 만들어 내기 위해서 끊임없이 노력하는 공간이다. 그런데 학생이라는 신분은 돈을 내면서 생활하는 시기가 아닌가? 학생이라는 신분으로 학원에 돈을 내면서 상대적으로 여유롭게 보내는 시기가, 회사에서 돈을 받으며 무엇인가를 끊임없이 만들어 내야 하는 기간보다 더 많은 것을 배우기는 힘들다. 그리고 실제로 많은 것을 직접 만들다 보면 아쉬움이 생기는 순간들이 오는데, 그 아쉬움의 순간에 공부할 때의 효율성과 그냥 책을 펴서 목차에서 나오는 걸 공부하는 효율성은 질적으로 다르다.

물론 아직 고등학생이거나 대학교 1~2학년 학생인데 개발자가 되고 싶다는 생각을 한다면, 대학교에서 학부 과정을 컴퓨터 공학으로 하는 것은 나쁘지 않다. 어차피 대학교에서 4년이라는 시간을 보내야 한다면, 컴퓨터 전공으로 컴퓨터에 대한 다양한 지식을 쌓는 과정을 통해서 남들보다 넓은 시야를 가질 수 있다. 하지만 이것 역시도 개발자가 되기 위해서 꼭 컴퓨터 공학을 전공해야 하는 것은 아니다. 오히려 프로그래밍을 배우기 전에 혹은 배우면서 다양한 경험을 하는 것이 좋은 프로그램을 만드는 데 많은 도움을 주기도 한다. 그리고 개발자는 정말 많은 내용을 공유하기 때문에, 직접 찾아보는 부지런함만 조금 갖춘다면 얼마든지 자신의 관심 분야에 대해서 찾아보고 공부할 수 있다.

그렇다고 해서 컴퓨터 관련 지식이 쓸모없다는 말은 결코 아니다. 오히려 개발자로 일을 하기 시작했는데 컴퓨터 관련 내용에 대한 지식이 부족하다면, 그때부터는 남들에 비해 몇 배는 더 노력하고 공부를 해야 한다. 하지만 실제로 일을 하면서 느끼는 점들을 이론적으로 채우는 과정이기 때문에 더욱 즐겁고, 그 성취감이 있을 거라고 믿는다.

효과적으로 책 활용하기

❺

이미 앞에서 밝힌 바 있지만, 나는 개발 공부할 때 동영상 강의 듣기를 권하는 편이다. 지금까지도 다양한 사이트에서 개발 동영상 강의를 많이 사서 듣고 있는 사람이기도 하거니와, 실제로 처음 개발을 배울 때 학원에서 공부한 것보다 동영상 강의가 훨씬 더 많은 도움이 되었기 때문이다. 그런데 이렇게 말을 하면 많은 사람들이 내가 책을 봐서는 안 된다고 주장한다고 오해하기도 한다. 물론 처음 개발을 공부하는 사람들에게 개발 책을 보지 말라고 말하는 경우도 많지만, 당연히 책을 봐서 안 된다고 말하는 것은 아니다. 다만 개발이라는 새로운 분야에 뛰어들면서 책을 펴 들고 혼자서 끙끙 머리를 싸매고 공부하는 경우를 많이 볼 수 있는데, 나는 그렇게 공부하는 사람 중 10%도 안 되는 사람만이 그 재미없는 시간을 이겨내고 개발의 즐거움을 깨달을 수 있다고 생각한다. 하지만 동영상으로 공부한다면? 아마 30~50% 정도는 개발에 흥미를 느낄 수 있지 않을까?

예전에 유명 개발 도서 저자의 인터넷 카페에 들어간 적이 있다. 놀랍게도 이 분은 자신의 책을 산 사람들에게 자신의 책을 10회독 하고 나면 개발 실력이 쭉쭉 늘어날 거라고 설득하고 있었다. 그런데 학창 시절을 떠올려 보자. 얼마나 많은 사람들이 중간고사나 기말고사 전에 책을 2~3번이나 펼쳐 보고 들어가나? 대부분의 사람들은 겨우 시험 날짜에 맞춰 한두 번 보고 들어가는 것이 전부가 아니었나? 그런데 개발이라는 전혀 생소한 분야에 들어가는 사람들에게 혼자서 책을 10번씩 보면 된다고? 나는 그건 정말 아니라고 생각한다. 그리고 당장 중간고사나 기말고사를 앞둔 학생이 아니라 개발에 관심이 생겨서 책을 들여다보는 사람에게 10회독을 하라니. 특히 10회독을 하라는 공부 방식의 문제점은 공부의 실패가 학생의 책임이 된다는 점이다. 너무 재미없는 교육 과정을 구성해 놓고 책을 10번 읽지 못해서 포기한 사람은 죄인이 된다. 마치 피해 가기 어려운 함정을 파 놓고 그 함정에 빠지면 나태하다고 비난하는 것만 같다.

다시 한번 말하지만, 개발은 재미있게 배울 수 있다. 그리고 재밌게 배워야만 오래 할 수 있다. 책을 보고 혼자서 공부하다가 포기하는 것은 결코 당신의 잘못이 아니다. 그건 해당 교재가 너무 재미없기 때문이고, 개발이라는 분야가 특히 처음부터 책으로 공부하기에는 너무나 어려운 분야이기 때문이다.

처음에는 목차 중심으로

하지만 여전히 많은 사람들이 책이 더 익숙한 경우가 많다. 그리고 개념을 차근차근 다지면서 공부하는 걸 좋아하는 스타일이라면 책은 여전

파트3 ··· 효과적으로 개발 공부하는 방법

히 개발을 배우기에 매우 좋은 자료다. 다만 앞에서 언급한 것처럼 책을 펴자마자 소설책을 읽듯이 한 문장 한 문장 파고들어서는 개발을 재밌게 배울 수 없다.

책을 펼쳤다면 내가 추천하는 방식은 목차를 꼼꼼하게 살펴보고, 책 전체 내용을 빠르게 훑어보라는 것이다. 책의 장점은 목차가 한눈에 들어온다는 것에 있다. 세상에는 많은 동영상 자료들이 있지만, 동영상으로 공부할 때의 문제점은 연속적이고 체계적으로 공부하는 것이 상대적으로 어렵다는 점이다. 하지만 모든 책에는 목차가 있고 목차를 통해서 앞으로 어떻게 공부를 해야 하는지, 무엇이 중요한 개념인지를 체계적으로 파악할 수 있다. 그리고 나서는 전체 내용을 빠르게 훑는다. 절대로 다 이해하려는 노력조차 하지 않는다. 빠른 속도로 각각의 목차 아래 어떤 내용이 있는지 살펴보면 된다. 만약 더 알아보고 싶은 내용이 있다면 인터넷에 검색 정도만 해 보면 금상첨화겠다.

그리고 실제로 서비스를 정하고 책에 나온 내용들을 만들어 보면서 기억이 나지 않는 부분이 생길 때 다시 돌아가서 찾아보면 된다. 개발은 알아야 하는 내용이 방대하고 개발용 편집기(IDE)가 워낙 훌륭하기 때문에 개발 문법을 모두 기억하고 치는 사람은 거의 없다. 물론 매일 개발을 하다 보면 자연스레 많은 것들이 손에 익기는 하지만, 그렇다고 해서 그것을 모두 외우려고 노력해야 하는 것은 아니다. 우리는 개발을 공부하는 것이 절대로 어딘가에서 시험을 보기 위한 것이 아니라는 것을 꼭 기억해야 한다. 개발은 시험 공부가 아니다. 몸에 익히는 것이다. 그리고 영어와 다른 점 중의 하나는, 영어는 외국인을 만났을 때 바로 입에서 나와야 대화가 이어지지만 개발은 그렇게 실시간으로 무엇인가를 만들어 낼 일이 많지 않다는 점이다. 모르겠으면 책을 옆에 펴 놓고 따라 쳐도 된다. 책에 나오는 내용을 다 외워버려야 한다는 중압감을 느끼지 않았으면 좋겠다.

꼭 책이 필요할 때

하지만 꼭 책이 필요한 순간도 있다. 바로 깊이 있는 지식이 필요할 때다. 보통 국내외의 많은 개발서는 해당 분야의 전문성이 있는 사람이 자신의 지식을 정리하는 형태로 집필한 경우가 많다. 그러다 보니 전문가가 자신의 경험을 통해 꼭 필요한 지식을 골라내고, 그 내용을 깊이 있게 다룬다. 따라서 한 전문가의 지식이 매우 구조적인 형태로 깊이 있게 잘 정리되어 있을 가능성이 크다.

나는 프로젝트를 하다가 오픈소스를 쓰게 되는 경우, 오픈소스로 공개된 코드를 읽고 어떻게 돌아가는지 내부를 이해하려고 노력하는 편인데, 잘 정리된 글을 만나면 그 전체 구조가 더 잘 이해된다. 단순히 코드를 통해서 공부하면 작동 원리만 이해하게 되는데, 잘 쓰인 책은 그 코드의 역사나 철학까지도 소개하고 있는 경우가 많아서 쉽게 이해하기 좋다.

혹은 사람들이 관심이 적은 분야를 공부할 때도 책은 정말 강력한 도구가 된다. 무료 혹은 유료 동영상은 기본적으로 많이 팔리는 것을 전제로 만들어진다. 무료 동영상 플랫폼인 유튜브는 많은 조회 수를 기록한 동영상의 제작자에게 광고 수익을 돌려주고, 유료 동영상의 경우에는 그 판매 수익이 강의 제작자에게 돌아간다. 그렇기 때문에 동영상은 기본적으로 사람들이 관심이 많은 분야에 집중적으로 만들어질 수밖에 없다. 물론 책도 인기 분야와 비인기 분야에 따라서 그 종류나 숫자가 달라지기는 하지만, 기본적으로 책은 훨씬 더 다양한 주제를 깊이 있게 만날 수 있는 공간이다. 따라서 사람들이 많이 이야기하지 않는 특수 분야나 비인기 분야에 관심이 있는 경우에는 책을 활용하는 것이 효과적이다.

나는 책을 이렇게 활용한다

　나는 개인적으로 책을 읽고 싶을 때는 전자책을 많이 활용하는 편이다. 원래 한국에 있을 때는 전자책을 많이 보는 편이 아니었는데, 여러 나라로 이사를 다니면서 책만큼 무거운 짐이 없어서 중고 책방에 모든 책을 처분하고 그 이후로는 정말 피치 못할 경우를 제외하고는 전자책을 구매하는 편이다. 그런데 다른 한국 책들은 그래도 전자책으로 구매하기가 쉬운데, 한국 개발서는 전자책으로 나오는 경우가 거의 없다. 그래서 최근에 구매하는 개발서는 거의 아마존 킨들 마켓에서 영문 원서를 구매하고 있다. 영문 개발서의 경우 아주 옛날 책은 전자책이 없는 경우도 있지만, 최근에 나온 책은 대부분 전자책으로 구매할 수 있다. 그리고 개발자는 PDF 파일로 글을 많이 읽기 때문에 전자책에 크게 거부감이 없을 거라는 생각이 든다. 따로 킨들을 구매하지는 않았지만, 휴대폰에서 모바일 앱을 통해서 보거나, 태블릿 컴퓨터를 이용하거나, 일반 노트북이나 가정용 컴퓨터 등 어느 곳에서나 편하게 전자책을 볼 수 있어서 애용하고 있다. 종이책이 편하다고 말하는 사람들이 많은데, 나 역시도 그랬던 사람으로서 사람은 정말 적응의 동물이구나 싶다. 계속해서 사용하다 보면 전자책만큼 편한 게 없다.

　최근에 나는 어떤 책을 샀을까? 최근에 내가 구매한 개발 원서 목록을 살펴보면 스칼라(Scala)와 도메인 주도 설계(Domain Driven Design)와 관련된 책들이다. 위에서 언급한 것처럼 국내에서 아직 대중적인 인기를 얻지 못했거나, 깊이가 있는 내용이 많다. 최근에 배우고 업무에서 사용하기 시작한 스칼라라는 언어를 예시로 어떻게 책을 활용하고 있는지 살펴보도록 하자.

　우선 왜 스칼라를 공부하게 되었는지를 간단하게 이야기해 보자. 최근에 파이썬이나 자바스크립트 등이 개발 언어로 인기를 많이 얻고 있지만, 많은 대기업에서는 여전히 자바를 많이 사용하고 있다. 자바는 최근에 나온 언어들에 비해 성능 면에서 탁월하고 코딩을 하는 과정이나 컴파일이라는 코드 변환 과정에서 상당 부분의 에러를 사전에 잡아 주기 때문에, 안전성을 중요시하는 대형 회사에서는 자바를 선호하는 편이다. 이런 회사들의 경우, 기존의 많은 코드가 자바로 짜여 있다는 사실도 무시하기 힘들다. 그런데 자바는 특히 굉장히 엄격한 문법을 갖고 있기 때문에 다른 언어에 비해서 코드가 길어지는 경향이 있다. 다른 언어로 20줄이면 될 코드를 자바로는 100줄을 짜게 될 수도 있다. 코드가 길어지면 그만큼 다른 개발자들이 읽기 힘들기 때문에 프로그램을 유지 · 보수하기도 힘들다. 스칼라는 함수형 프로그래밍이라는 새로운 개발의 패러다임을 받아들이면서도 기존의 자바 코드를 사용할 수 있게 만든 언어다. 또한 스파크(Spark)라는 빅데이터 분석 프레임워크와 아카(Akka)라는 여러 서버 컴퓨터를 사용하는 개발 환경에서 많은 CPU를 효과적으로 동시에 사용할 수 있게 만든 라이브러리 등의 개발에 활용되면서 유명해졌다. 나의 경우에는 원래 빅데이터에도 관심이 많았을 뿐만 아니라, 함수형 프로그래밍 언어에도 관심이 많았기 때문에 공부를 시작하게 되었고, 스칼라를 공부했던 덕분에 싱가포르에서 첫 회사도 비교적 수월하게 구할 수 있었다.

　나는 제일 처음 스칼라를 공부할 때 스칼라 프로그래밍 언어의 창시자 마틴 오더스키(Martin Odersky)가 직접 코세라(https://www.coursera.org)에서 강의한 Functinal Programming Principles in Scala(https://www.coursera.org/learn/progfun1)로 공부하기 시작했다. 직접 프로그래밍 언어를 창시한 사람답게 굉장히 깊이 있는 내용을 가르쳤기 때문에 다소 어려웠지만, 아직까지는 많이 활용되지 않는 프로그래밍 언어다 보니 다른 자료를 찾기가 힘들어서 가장 믿을 수 있는 교육 자료를 선택했다.

동영상을 공부한 이후에는 아래와 같은 전자책을 구매했고, 책 구매는 앞에서 언급한 것처럼 아마존을 통해서 이뤄졌다. 참고로 개발서의 경우, 보면서 따라 해야 하는 경우도 많은데 아마존 킨들은 컴퓨터용 앱도 따로 있기 때문에 굉장히 편리하다.

- Programming in Scala, Martin Odersky
- Learning Concurrent Programming in Scala, Aleksandar Prokopec
- Learning Akka, Jason Goodwin
- Mastering Akka, Christian Baxter

이 중에서 스칼라 프로그래밍 언어의 창시자인 마틴 오더스키가 직접 작성한 〈Programming in Scala〉라는 책 목차의 일부를 한 번 살펴보도록 하자. 앞서 이야기했던 것처럼 이 책은 스칼라를 직접 만든 저자가 자신의 지식을 집대성하기 위해서 작성한 책이다. 그러니 얼마나 깊이가 있을지는 말하지 않아도 알 것이고, 한 편의 백과사전처럼 많은 지식을 넣기 위해서 얼마나 노력했을지도 말하지 않아도 뻔하다. 다시 말하면, 개발을 처음 익히거나 스칼라를 처음 배우는 사람이 재밌게 스칼라를 배우기 위해서 만든 책이 아니라 언제든지 가장 신뢰할 수 있는 참고 서적으로 만들어졌다는 이야기다. 이미 스칼라를 사용하고 있거나, 다른 프로그래밍 언어를 충분히 사용한 개발자라면 이런 책으로 깊이를 쌓는 것도 아주 좋은 접근 방법이 된다.

1. A Scalable Language
2. First Steps in Scala

3. Next Steps in Scala

4. Classes and Objects

5. Basic Types and Operations

6. Functional Objects

7. Built-in Control Structures

8. Functions and Closures

9. Control Abstraction

10. Composition and Inheritance

11. Scala's Hierarchy

12. Traits

목차를 한번 쭉 살펴보면 스칼라라는 프로그래밍 언어가 확장성(Scalable)을 염두에 두고 만들어진 언어라는 것과 함수형(Functional) 언어의 특징을 가지고 있다는 것, 그리고 동시성 프로그래밍(Concurrency)도 중요하게 다룬다는 사실 등을 알 수 있다. 이런 특징들은 프로그래밍 언어를 쓰다 보면 갈증이 생기는 부분인데, 목차를 보고는 관심이 가는 부분부터 책장을 펼쳐서 궁금증을 해결하면 좋다.

하지만 이 책의 모든 내용을 처음부터 끝까지 다 읽는 것이 좋으냐? 반드시 그런 것은 아니다. 예를 들어서, 'Working with XML'이나 'GUI Programming' 같은 부분은 개발을 하면서 특정 요구 조건이 있지 않은 이상 쓰지 않을 가능성이 큰 기능들이다. 이런 내용을 공부하는 건 시간 낭비가 될 가능성이 크므로, 필요할 때 찾아보고 배우면 충분하다는 것이 내 생각이다. 혹은 스칼라에 대해서 많이 알게 되었다는 생각이 들 때, 혹시 내가 모르는 부분 없을까하는 생각이 들 때 배워도 충분하다고 생각한다. 실제로 써 보기 전까지는 한 언어에서 무엇이 중요하고 무엇이 상대적으로 덜 중요한지 파악하기가 쉽지 않기 때문이다.

　어떻게 책을 효과적으로 사용할 수 있는지 살펴봤다. 요약하면 책은 깊이가 필요할 때 혹은 잘 정리된 목차를 살펴보고 싶을 때 활용하라는 것이다. 책은 분명히 지식을 전달하는 훌륭한 도구임에 틀림이 없지만, 최근에 나온 수많은 지식 전달 도구들에 비해서 제약이 많은 것도 사실이다. 각각의 장단점이 있으니 가장 적합한 순간에 잘 활용하는 것이 중요하다.

오픈소스 참여하기

6

오픈소스는 간단히 말해서 개발자 혹은 회사가 자신이 작성한 코드를 공개하고 다른 사람들이 사용할 수 있게 만들어 놓은 것을 의미한다. 하지만 공개되어 있다고 해서 다른 사람들이 모든 것을 무료로 사용할 수 있는 것은 아니고, 상업적으로 사용 여부, 수정 가능 여부, 수정 후 재배포 시 동일한 라이선스로 공유 의무 여부 등 다양한 라이선스가 존재한다. 아래 오픈소스 라이선스 목록은 대중적으로 많이 사용하는 라이선스 목록이니 관심 있는 사람은 따로 검색해 봐도 좋겠다. 이 외에도 엄청나게 많은 오픈소스 라이선스가 존재한다.

- Apache License 2.0
- GNU General Public License (GPL)

- MIT License
- Mozilla Public License 2.0
- Common Development and Distribution License
- Eclipse Public License

소프트웨어 개발이라는 작업은 매우 지적인 활동이다. 고상하다거나 우아하다는 의미의 '지적'이라는 것이 아니라, 개발자가 특정한 기능을 구현하기 위해서 컴퓨터가 이해할 수 있는 언어로 논리정연하게 글을 써가는 과정이라는 의미다. 그런데 그게 쉬울까? 사실 프로그래밍은 굉장히 오랜 기간 개발자들이 자신이 만들어 낸 지적 결과물을 다른 사람에게 공유하면서 성장해 왔다. 지금은 코드 한 줄이면 작성할 수 있는 기능도 예전에는 수십 줄의 코드로 구현해야 했다. 이런 급격한 발전을 뒷받침해 온 것이 바로 공유 문화이다. 이렇게 개발자들은 '바퀴를 재발명하지 마라'는 말을 금과옥조로 믿으면서 살아가는데, 오픈소스 활동은 바로 개발자들의 이러한 믿음의 결과물이다. 개발자들은 다른 사람들이 이미 만들어 놓은 코드를 바탕으로 더 훌륭한 제품을 만들 수 있는 시간을 벌 수 있고, 이것이 IT 산업이 이렇게 빠르게 발전할 수 있도록 돕는 토대가 되었다.

왜 오픈소스에 참여하면 좋은가?

오픈소스에 참여하는 개발자는 개발을 좋아하는 사람이 틀림없다. 왜냐면 오픈소스란 대개 회사 밖의 시간을 통해서 활동하는 것이 일반적이고, 퇴근해서도 개발을 하고 있다는 건 개발을 얼마나 좋아하느냐를 판단할 수 있는 얼마나 훌륭한 지표인가. 회사에서 하던 일을 집에서도 계속하고 있다는 건 그 일에 빠져있다는 것을 증명하는 것이다. 그래서 많은 회사에서 오픈소스에 참여하고 있는 개발자를 선호하고, 그 오픈소스 활동 이력을 보고 깃허브 등에 등록된 이메일을 통해서 직접 연락을 하는 경우도 많다.

그뿐만 아니라, 오픈소스에 참여하는 것은 개발 실력도 크게 성장하는 기회가 되기도 한다. 오픈소스라는 것은 대개 개발자가 사용하는 프로그램을 만드는 일이다. 만약 개발자가 비개발자인 일반 사용자가 사용할 프로그램을 만든다면 사실 코드의 품질 자체가 그렇게 중요하진 않다. 왜냐면 일반 사용자는 그 기술이 얼마나 편리한지에 관심이 있을 뿐 그것이 어떻게 구현되어 있는지 등의 내용에는 크게 관심이 없기 때문이다. 그냥 프로그램이 돌아가기만 하면 된다. 그런데 개발자가 사용하는 제품을 만드는 것은 전혀 다른 일이다. 개발자들이 내가 만든 코드를 통해서 자신의 프로그램을 만든다면 그 안정성은 매우 중요할 뿐만 아니라, 다른 사람이 읽을 것을 감안하고 코드를 써야 하기 때문에 상용 프로그램을 만드는 것보다 몇 배의 노력을 들여서 코드를 짜야 한다. 문서화를 잘해서, 해당 코드를 처음 본 개발자라도 이해를 잘할 수 있도록 돕는 것이 필요하다. 그리고 대형 오픈소스 프로젝트라면 개발 경력이 수십 년 된 최고의 엔지니어들이 만들어 낸 코드일 가능성이 크고 서로 코드 리뷰를 통해서 만들어 낸 결과물이기 때문에 그 구조를 연구하고 따라 해 보는 것만으로도 좋은 훈련이 된다.

오픈소스에 참여하는 방법

그렇다면 어떻게 오픈소스에 참여할 수 있을까? 우선 오픈소스와 참여자와 관련된 용어를 살펴보고 가면 좋겠다. 아마 오픈소스에 참여하게 된다면 Author, Owner, Maintainer, Contributor와 같은 이름을 자주 보게 될 것이다. 우선 Author는 해당 오픈소스를 시작한 사람이나 기관, 회사를 의미하고, Owner는 현재 이 오픈소스의 소유권을 가지고 있는 사람을 의미한다. 오픈소스를 시작하더라도 소유권을 양도할 수 있기 때문에 Author와 Owner가 항상 일치하는 것은 아니다. '오픈소스가 소유권이라니?'라고 생각할 수도 있는데, 오픈소스가 라이선스에 따라서 다른 사람이 무료로 사용할 수 있도록 허용하고 있다고 해서 소유권 자체가 존재하지 않는 것은 아니다. Maintainer는 오픈소스 프로젝트의 방향을 이끌어 나가는 사람들을 의미하는데, 주로 오픈소스 프로젝트 깃 저장소(Repository)에 직접 접근 권한이 있는 경우다. 마지막으로 Contributor인데, Maintainer도 사실 Contributor의 일종이라고 보면 된다. Contributor는 오픈소스의 성장에 기여하는 모든 사람을 생각하면 된다. 하지만 많은 Contributor는 프로젝트 저장소에 바로 코드를 쓸 수 없는 것이 일반적이고, 보통은 자신의 깃 저장소에 코드를 복사(Fork)해 온 다음 자신이 의도한 대로 코드를 변경하고, 원 저장소에 변경 내용을 반영시켜 달라고 요청(Pull Request)을 보내야 한다. 하지만 큰 프로젝트일수록 지켜야 할 규칙이 매우 엄격하기 때문에 요청이 받아들여지기는 쉽지 않다.

가장 많은 오픈소스가 관리되고 있는 깃허브를 예시로 사용해 보도록 하자.

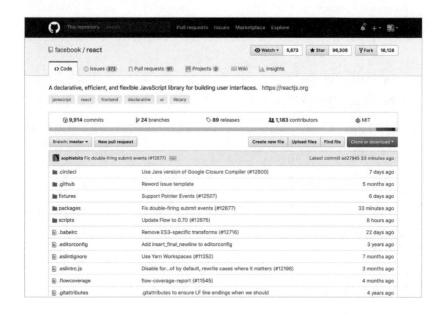

위의 이미지는 프런트엔드에서 가장 많이 활용되고 있는 리액트라는 오픈소스의 깃허브 페이지다. 우측 상단을 보면, 약 10만 명의 개발자가 별표(Star)를 눌렀고, 6천 명에 가까운 사람이 이 프로젝트의 변화를 실시간으로 받아 보고 있다(Watch)는 것을 알 수 있다. 위에서 배웠던 Contributors라는 용어도 보이는데, 천 명이 넘는 사람이 프로젝트에 기여하고 있는 아주 대형 프로젝트라는 사실을 알 수 있다. 그 옆에 보니 MIT라고 쓰여있는 것이 보이는데, 이는 MIT 라이선스로 관리되고 있다는 사실을 의미한다. 그리고 아래에는 관리되고 있는 파일과 폴더가 있는데, 어떤 내용이 변경되었는지, 언제 변경되었는지 등의 정보를 볼 수 있다.

파트3 … 효과적으로 개발 공부하는 방법

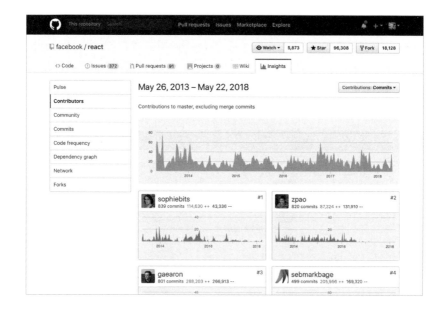

Contributor라는 버튼을 눌러 들어가면 이 프로젝트에 참여하고 있는 사람이 누군지를 보여 준다. 심지어 누가 참여하는가에서 그치지 않고 누가 어느 시점에 많은 코드를 작성했는지, 그리고 코드를 살펴보기 시작하면 누가 어느 코드를 짰는지 다 알 수 있다. 만약 회사 입장에서 개발자를 채용하는데, 회사 프로젝트와 관련된 오픈소스 프로젝트에 기여하고 있는 사람이 있다면 회사에서는 그 사람을 데려가고 싶지 않을까? 심지어 공개된 코드까지 다 나와 있고, 오픈소스를 통해서 서로 치열한 피드백을 주고받았던 개발자를 마다할 회사는 그 어디에도 없다.

저렇게 오랫동안 프로젝트를 관리해 온 사람들 틈 속에서 이제 겨우 이 프로젝트에 관심을 가지게 된 사람이 코드를 써서 Pull Request를 보내는 것은 사실 겁이 나는 일이다. 앞에서 설명했던 것처럼 잘 받아들여지지도 않는다. 하지만 오픈소스 활동이 꼭 어마어마한 기능을 추가하는 것을 의미하는 것은 아니다. 오픈소스 프로젝트는 새로 프로젝트를 접하는 사람이 쉽게 익힐 수 있도록 문서를 제공하는 것이 일반적인데, 이런 문서를 한글로 번역하거나 오탈자를 잡아내는 것도 오픈소스에 참여하는 방법이다. 처음에는 큰 오픈소스 프로젝트를 한 번에 이해하기가 쉽지 않기 때문에 비교적 간단한 것들부터 처리하는 것이 좋다.

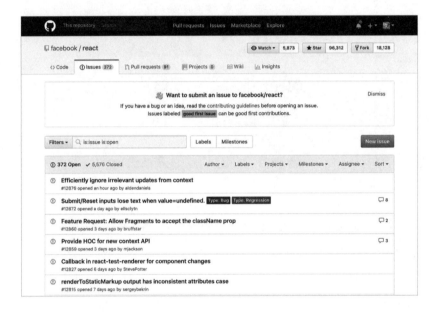

깃허브 프로젝트에서 이슈(Issuses)라는 공간을 누르면 많은 사람이 등록한 엄청나게 많은 문제나 제안이 존재한다. 이런 문제를 관심 가지고 살펴보다가 내가 해볼 수 있겠다 싶은 일을 하나둘 처리해 보면 되겠다.

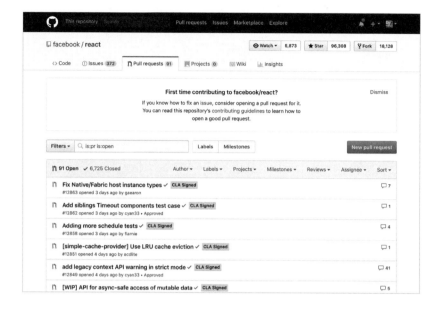

　그렇게 작성된 코드와 Pull Request는 다른 사람들의 피드백을 기다
리고, 일정 조건을 충족시키면 실제로 사용되는 코드와 함께 배포된다.
내 코드를 다른 사람들이 사용하게 된다니 신나지 않는가?

　오픈소스 활동이란 그 자체로 굉장히 개발자스러운 활동이라고 생
각한다. 내가 만든 작업물을 공개된 곳에 올리고 다른 사람의 피드백을
받는다. 그리고 내가 시작한 프로젝트에 공감한 사람들이 하나둘 모여들
어 더욱 큰 프로젝트를 만들어 나간다. 개발자 커뮤니티는 이런 선구자들
이 만들어 나가는 길을 따라 더욱 효과적으로 개발을 할 수 있게 되고 있
다. 국내에서는 아직도 내가 만든 것을 다른 사람과 나누는 문화가 드물
다. 자신이 만든 결과물을 다른 사람들과 공유하기도 부끄러워하고, 다른
사람들을 돕겠다는 생각도 적은 것 같다. 이번 기회에 개발자 커뮤니티에
조그마한 기여라도 한번 해 보면 어떨까?

개발자와 영어

7

　소프트웨어 개발의 역사는 영어와 함께 시작되었다. 가정용 컴퓨터가 막 보급되던 때를 생각해 보면, 검은 화면에 깜빡이는 커서와 어떻게 배웠는지 기억도 나지 않는 명령어를 두드려서 파일을 찾던 기억이 난다. 물론 그 명령어는 모두 영어였다. 그뿐만 아니라, 요즘은 그런 경우가 많지는 않지만 몇 년 전만 하더라도 웹 사이트를 돌아다니다 외국 사이트로 잘못 흘러 들어가면 온통 글자가 깨져서 나오는 경우도 있었다. 아마 한국어로 작성된 콘텐츠도 외국인들이 보기에는 그렇게 깨져서 나왔을 거다. 물론 요즘은 이런 일이 거의 없다. 페이스북에 들어갔더니 외국인 친구가 자기 나라 말로 쓴 글이 깨져서 나오는 걸 상상할 수 있겠는가? 하지만 결국 우리가 사용하는 컴퓨터의 기본은 다 영어로 되어 있다는 것이다. 우리가 사용하는 운영체제, 응용 프로그램, 웹 사이트, 모바일 앱 등 거의 모든 것의 내부는 영어로 되어 있다.

그런데 사실 영어를 못하지만 개발을 잘하는 개발자도 많다. 이건 한국뿐만 아니라 비영어권의 다양한 나라도 비슷한 상황을 겪을 것이라고 생각한다. 한국, 일본, 중국, 베트남 등지에서 만난 개발자 중에서 영어를 못해도 개발을 잘하는 사람을 많이 만나 볼 수 있었다. 한국에서는 몇몇 프로그래머들이 한국어로 코딩을 하자며 새로운 프로그래밍 언어를 만들기도 했다. 물론 실제 사용 가능한 수준의 프로그래밍 언어는 아니고, 개발자의 유희 정도로 개발되기는 했지만 그래도 이런 종류의 다양한 외국어를 프로그래밍 언어에서 사용하기 위한 시도는 계속 이어져 오기는 했다. 하지만 만약 성능 좋은 한국어 프로그래밍 언어가 나온다고 하더라도 한국어로 가득한 코드를 짜 놓으면 결국 한국인 개발자와만 함께 일할 수 있다는 말이 아닌가? 결국 영어를 사용하는 것은 개발자에게는 피할 수 없는 일인 것 같다는 생각을 한다.

나는 주위의 개발자분들이나 새로 개발을 공부하고 싶어 하는 분들께 영어 공부를 꼭 함께하라고 권하는 편이다. 그 이유는 영어를 원활하게 사용하는 경우에 학습 효율이 높다는 점과 대부분의 개발자 커뮤니티가 영어로 소통한다는 점, 그리고 해외 취업의 기회가 주어진다는 점 등 때문이다. 아래에서 각 내용에 대해서 자세히 이야기해 보자.

영어와 공부

개발자가 영어를 해야 하는 가장 첫 번째 이유로 나는 개발 공부의 효율성을 들고 싶다. 처음 개발을 공부할 당시, 서점이나 도서관에 가면 최소 1~2년 전에 나온 버전의 책들이 팔리는 것을 자주 볼 수 있었다. 개발을 처음 배우는 사람들은 그런 책을 잡고 공부했고, 회사에 다니기 시작하면 번역서를 통해서 공부했던 것과 실제 업무에 사용되는 내용이 달라서 많이 놀라기도 했을 것이다.

그래도 요즘은 개발 관련 도서의 번역 속도가 제법 빨라진 것 같다고 생각한다. 최신 기술도 인기만 있다면 제법 빠른 속도로 번역서를 받아 볼 수 있다. 여기에는 IT 전문 번역가분들의 노고와 발 빠르게 움직이는 출판사가 뒤에 있지 않나 싶다.

하지만 여전히 많은 기술은 번역되지 않은 채 온라인 공간에 존재한다. 아무리 빠르게 번역을 한다고 하더라도 결국 번역에는 시간이 걸릴 수밖에 없고, 정말 빠르게 발전하는 개발 기술을 따라잡기에는 역부족이다. 그리고 번역이라는 것은 결국 기술의 대중성과도 밀접한 연관이 있기 때문에, 한국에서 '비주류'에 속하는 기술의 정보를 한국어로 찾기란 거의 불가능에 가까운 일이다. 기술서뿐만 아니라 다양한 오픈소스 프로젝트의 개발 문서도 영어로 관리된다. 국내에서 이런 개발 문서를 한국어로 번역하는 프로젝트가 진행되고 있지만, 역시 높은 수준의 번역은 기대하기 힘들다.

이런 관점에서 특히 국내에서 비전공자로서 개발을 공부하는 사람이라면 영어 구사 능력은 정말 훌륭한 무기가 된다. 국내 최대 검색 포털 사이트인 네이버나 다음에서 개발 관련된 검색을 해 보면, 정말 기초적인 내용을 제외하고는 거의 제대로 된 개발 관련 글을 찾기 힘들다. 대신 구글에서 영문으로 관련 내용을 검색한다면 전 세계의 개발자들이 나눈 이야기를 받아 볼 수 있다. 그뿐만 아니라, 다양한 영어 동영상 강의나 책, 블로그까지 정말 다양한 자료에 쉽게 접근할 수 있다. 특히 초반에는 이런 검색 능력이 큰 빛을 보는데, 이런 영어 접근성이 있느냐 없느냐에 따라서 초반 학습 속도에는 큰 차이가 난다.

개발 커뮤니티

전 세계에서 개발자 커뮤니티로 유명한 곳인 깃허브(Github), 스택오버플로우(StackOverFlow), 쿼라(Quora), 레딧(Reddit) 등은 모두 영어 기반 서비스다. 물론 국내에도 오키(OKKY)나 생활 코딩 같은 거대 개발 커뮤니티가 존재하긴 하지만, 사용자의 규모 면이나 쌓여 있는 데이터 면에서 비교하기가 어렵다. 개발자들은 저런 다양한 커뮤니티 활동을 하면서 다른 개발자와 교류하고, 같이 공부하고, 심지어 취업의 기회까지 제공받기도 한다.

그런데 이런 커뮤니티 활동 역시도 모두 영어를 기반으로 한다. 영어로 질문하고 영어로 답변한다. 아무리 훌륭한 개발 관련된 지식을 가지고 있더라도, 이걸 영어로 풀어서 설명할 수 없으면 개발자 커뮤니티에서 소통할 수 없다. 특히 오픈소스 활동의 경우에는 단순히 코드를 함께 짜는 행위가 아니라, 해당 프로젝트를 어떻게 발전시킬지 논의하는 것도 오픈소스 활동에 포함된다. 영어로 자신이 원하는 것을 제대로 표현하지 못한다면 자신의 의견을 프로젝트에 반영하기 힘들다.

개발자는 코드로 명성을 얻는다. 깃허브에서 다양한 오픈소스 활동을 하고, 스택오버플로우에서 다른 개발자의 질문에 답변을 달아서 크레딧을 쌓고, 쿼라나 레딧 등에서 활동하면서 유명세를 얻는다. 물론 실력 없이 유명세만 얻는 것은 긍정적인 일이 아니지만, 이런 공간의 특성상 활발하게 토론이 이뤄지기 때문에 실력 없이 유명세만 얻는 것은 쉽지 않은 일이다. 이렇게 개발자 커뮤니티를 통해서 인지도를 쌓으면 자연스레 좋은 취업의 기회가 이어진다. 커뮤니티에 등록된 이메일을 통해서 연락이 오기도 하고, 개인적으로 면접을 진행할 때도 이런 개발 커뮤니티 활동은 큰 가산점으로 작용한다.

해외 취업

해외 취업을 위해서 영어가 필요하다는 사실은 굳이 설명할 필요도 없을 거라고 생각한다. 개발자는 코드로 대화한다. 하지만 그 코드를 짜기 위한 커뮤니케이션은 모두 영어로 진행된다. 코드도 결국 그 커뮤니케이션의 일부이다. 전 세계 개발자 시장에서 유명한 곳은 중국을 제외하면 모두 영미권이라고 볼 수 있다. 미국, 캐나다, 호주, 영국, 싱가포르 등 괜찮은 개발 업무가 있는 곳은 영어권 국가다. 물론 독일이나 일본 등 비영어권 국가에서도 요즘은 개발자 수요가 많고 외국인 취업도 많이 이루어지지만, 이 경우에도 개발자에게 그 나라의 언어를 배우라고 강요하는 경우는 거의 없다. 심지어 일본의 개발자 채용 공고에는 'able to understand English'라고 쓰여 있는 경우도 종종 볼 수 있다. 영어로 제대로 말하거나 글을 쓰지 못하더라도, 대충 알아만 들을 수 있으면 뽑아서 데려가겠다는 것이다.

그리고 해외에서 개발자로서 영어로 일하는 경력을 한 번만 쌓고 나면 다른 곳에서 일을 하는 것은 훨씬 쉬워진다. 해외에서 일한다는 것은 기본적인 영어 실력을 갖추고 있음을 증명하는 것이며, 그런 업무 환경에서 한두 해 일하고 나면 영어 실력도 많이 늘기 마련이다.

영어가 매우 유창하지 않다면, 개인적으로는 국내에서 2~3년 정도 경력을 쌓고 해외로 나가기를 추천한다. 영어가 원활하지 않은데 경력이 짧은 경우에는 저임금을 무기 삼아서 일을 할 수밖에 없는데, 영미권 국가들은 대부분 물가가 높은 편이기 때문에 팍팍한 삶을 경험하게 될 것이다. 그리고 해외에서는 신입 개발자에게도 어느 정도 프로젝트를 주도하고 성과를 기대하지만, 한국에선 특히 신입이 만들어 내는 성과에 대해서 비교적 관대한 편이기 때문에 조금 더 여유로운 마음으로 일을 시작할 수

파트3 ⋯ 효과적으로 개발 공부하는 방법

있다. 그리고 해외에서는 경력이 만 3년 정도 되는 시기가 연봉이 급격히 높아지는 시기이기도 하다. 따라서 국내에서 개발자로 일을 시작하는 동시에 영어 공부를 한다면, 좋은 시기에 적절히 해외로 나갈 기회를 얻을 수 있다고 생각한다.

어떻게 영어 공부를 할 것인가?

영어가 중요하다는 것은 잘 알겠다. 그러면 어떻게 배우라는 걸까? 아주 진부한 대답이지만 우선 영어는 의사소통의 도구라는 것을 인식해야 한다. 사람들이 영어로 말하거나 글을 쓰는 것을 겁내는 이유는 잘하지 못한다고 생각하기 때문이다. 영어를 잘하면 물론 좋겠지만, 내가 뜻한 바를 제대로 전달하고 상대방이 하는 이야기를 이해하는 것이 모든 것의 시작이다. 혹시 '내 발음이 이상하지 않을까?', '문법이 틀렸다고 나를 비웃지는 않을까?'라고 걱정하기 시작하면 입이 안 떨어진다. 단어로만 이야기하든, 문법을 파괴하든 일단은 상대방에게 나의 의사를 전달하는 것에서 시작하면 된다. 영어 실력은 점점 좋아지기 마련이고, 가장 좋은 방법은 실전을 통해서 계속 영어에 노출되는 것이다.

나는 가능하면 관심이 있는 주제로 개발 공부할 것을 권한다. 개발자에게 공통의 관심 분야란 결국 개발 기술을 공부하는 것일 테니 그걸 위주로 이야기해 보도록 하자. 그 외에 영어를 통해서 학습할 수 있는 분야에 관심이 있다면 적극적으로 활용해도 좋다. 앞서 언급했지만, 영문으로 된 정말 좋은 개발 학습 자료들이 많다. 유튜브 동영상, 수많은 강의 사이트, 개발 문서, 개발 커뮤니티 등에 자연스럽게 노출을 높이면 좋다.

나의 경우에는 개발 사이트에서 영어 동영상으로 개발을 공부하면서 자연스럽게 영어 실력이 많이 늘었다. 물론 영어로 개발 동영상을 들을 정도의 개발 공부에 대한 의지와 함께 기초적인 영어 실력은 갖추고 있었지만, 처음에는 영어로 개발을 공부한다는 것이 결코 쉽지 않았다. 잘 들리지 않는 내용은 뒤로 돌려가며 다시 듣기 일쑤였다. 잘 모르는 분야를 이해가 잘 안 되는 외국어로 공부하는 건 제법 괴로운 일이었다. 하지만 계속해서 하다 보니 동영상 강의가 하나씩 쌓여 갔고, 결국 지금은 거의 모든 개발 관련된 자료를 영어로 접하고 있다. 이를 통해서 자연스럽게 해외 취업을 위한 개발 영어 실력도 쌓게 되었는데, 결국 해외에서 일을 한다는 것은 영어를 통해서 개발을 설명해야 한다는 것이 아닌가? 이런 관점에서 봤을 때 영어로 개발 동영상을 시청한다는 것이 나중에 개발자들과 함께 일하는 데 큰 도움이 되었다.

만약 해외에서 취업하기 위해서 개발을 공부하고자 하는 사람이 있다면, 권하고 싶은 방법이 하나가 있다. 보통 해외에서 취업하고 싶다고 말하는 개발자들이 계속해서 도전을 미루는 이유는 먼저 영어를 공부하기 위한 경우가 많다. 그런데 영어 공부라는 게 하려고 마음을 먹으면 끝도 없다. 뭐든 그렇지만 하다 보면 점점 더 높은 수준이 눈에 들어오고 쉽게 도전하기가 힘들다. 내가 권하는 방식은 당장 이력서부터 쓰고 회사에 지원해 보라는 것이다. 단, 내가 붙어도 가고 싶지 않은 회사부터 지원하는 것이 포인트다. 결국 면접용 개발 영어는 거기서 거기다. 내가 지금까지 어떤 프로젝트를 해 왔는지, 그리고 코딩 테스트라면 내가 왜 이런 코드를 짰는지 설명하면 된다. 면접이라는 시간은 1시간에서 2시간 남짓 아주 짧은 시간이지만, 한편으로 매우 강렬한 경험이기 때문에 영어 실력을 단기간에 끌어올리는 데 큰 도움이 된다.

파트3 … 효과적으로 개발 공부하는 방법

그 외 다른 외국어들

영어 외에도 배워 두면 좋을 외국어로는 중국어를 꼽고 싶다. 국내에서는 중국계 개발자나 중국발 IT 기술을 만날 일이 많지 않지만, 상해에서 1년간 살면서 봤던 중국 IT 기술은 정말 훌륭한 수준이었다. 그리고 중국계 개발자들이 워낙 전 세계에 많이 나가 있다 보니, 중국어를 할 수 있다는 것으로 개발자 커뮤니티에 들어가거나 혹은 채용 추천을 받는 경우도 많다고 한다. 싱가포르도 기본적으로 중국계 싱가포르 사람들이 많고, 또한 중국에서 온 개발자들도 많아서, 개발자들 간에 중국어로 대화하는 모습을 흔하게 볼 수 있다. 어느 나라 사람이든 그렇겠지만, 자기 나라 말을 조금이라도 할 줄 알면 더 쉽게 어울릴 수 있다.

그다음으로는 일본어도 배워 두면 많은 기회를 얻을 수 있다. 일본 경제가 일본 올림픽 덕분에 호황이다. 일본에 있는 유명 글로벌 대기업들도 사람을 못 뽑아서 난리라고 한다. 개발자도 다르지 않아서, 특히 일본과 문화가 비슷한 한국 사람들을 데려가려고 하는 경우가 많다고 한다. 데려가서 일본어를 가르치는 경우도 있다고 하지만, 일본어를 조금이라도 할 줄 알면 유리한 것은 분명해 보인다.

그리고 베트남어나 인도네시아어도 시장의 빈틈을 노리고 싶다면 배워 봐도 좋다. 전 세계적으로 개발자 몸값이 뛰고 있다. 요즘 부트캠프에서 개발자들이 쏟아져 나오고 있지만, 그래도 실력 있는 개발자를 찾는 것은 결코 쉬운 일이 아니다. 그래서 많은 회사들이 동남아시아로 가고 있다. 인도네시아와 베트남은 어느 정도 실력을 갖춘 개발자를 비교적 저렴한 인건비에 구할 수 있는 것으로 유명하다. 하지만 개발자만 뽑아 놓고 대화가 안 되면 일을 함께할 수 없지 않은가? 그래서 해당 언어를 구사하는 사람을 이런 곳으로 파견 보내기도 한다. 물론 현지에서 통역을 구해서 프로젝트를 이끌도록 하는 경우도 많지만, 현지 언어를 구사하고 현지 팀원들과 직접 소통을 할 수 있다면 그것만큼 훌륭한 것이 없다.

개발자 그리고 외국어

개발자에게 외국어가 꼭 필요한 것은 아니다. 영어권 국가에서 태어나거나 거주한 경험이 있는 것이 아니라면, 사실 프로그래밍을 학습하는 성향과 외국어를 공부하는 성향은 제법 다르다고도 생각한다. 하지만 그런 것과 무관하게, 프로그래머가 외국어를 한다는 것은 많은 기회를 준다. 프로그래머라는 직업은 전 세계에서 업무 장소와 시간에 있어서 자유가 있다는 상징이 되었다. 그런데 외국어를 못해서 이런 기회를 포기해야 하는 것은 너무 아쉬운 일인 것 같다. 그리고 커뮤니티가 활발한 개발자 사회의 특성, 그리고 영어로 된 자료가 방대한 개발 교육 시장의 특성상 영어를 하면 더 빠르게 개발을 공부할 수 있는 것도 사실이다.

나는 프로그래밍 언어와 외국어가 사실 비슷하다고 생각하는 사람이다. 프로그래밍 언어로는 컴퓨터와 대화하고 외국어로는 외국인과 대화를 할 수 있다. 공통점은 나와는 다른 존재를 언어로 이해할 수 있게 된다는 것이고, 내 세계가 넓어지는 경험을 할 수 있게 도와준다는 것이다.

회사에서 내 공부하기

8

개발자로 취업해서 회사에 다니기 시작했다면, 대체로 매우 바쁜 일정이 기다리고 있을 것이다. 비개발자들이 보기에 개발자가 매일 바빠 보이긴 하는데 뭘 하고 있는지는 잘 모르겠다고 생각한다. 하지만 사실 개발자는 깃 등의 도구를 이용해서 그 어떤 집단보다도 투명하게 자신의 업무량을 다른 사람들과 공유하고 있는 집단이 아닌가? 당신이 말하지 않아도 동료 개발자는 당신의 커밋 내역만 확인하면 그동안 어떻게 일해 왔는지 알 수 있다. 그리고 애자일 개발 방법론이 떠오르면서, 보통 2주 주기의 업무 단위인 스프린트와 그 스프린트의 중간 점검 개념인 스크럼을 매일 진행하는 방식으로 업무가 진행된다. 이게 이 개발 방법론의 철학을 잘 이해하고 도입하면 좋은데, 대개는 시스템만 가져오는 경우가 많기 때문에 끊임없이 일을 시키기 위한 수단쯤으로 생각하는 경향이 있다. 이런 상황들이 겹치다 보니 회사에서 무엇인가를 배우기보다는 주어진 일을 해내기에 급한 경우가 많다.

물론 개발은 직접 일을 하면서 가장 많이 배운다. 특히 얕은 지식을 가진 신입 개발자는 더욱 그렇다. 그래서 처음 개발자 경력을 시작하는 분들에게는 겁내지 말고 최대한 빨리 취업하라고 이야기한다. 하지만 취업을 하고 회사에서 일을 하기 시작했다면, 그리고 어느 정도 회사 일이 손에 익기 시작했다면 이제는 다른 곳에 눈을 돌리기 시작할 때다. 왜냐면 회사 생활에 어느 정도 익숙해지고 반복적인 일을 하다 보면, 실력이 더 이상 늘지 않고 하는 일에만 능숙해지는 상황이 많이 발생하기 때문이다. 그리고 직원들 각자의 실력이 향상되기를 기다리기보다는, 하는 일만 기계적으로 잘하기를 원하는 회사도 많다.

완전히 새롭게 생긴 회사가 아닌 이상, 대부분의 회사에서 일을 하다 보면 비교적 오래된 코드를 사용하고 있는 것을 볼 수 있다. 특히 SI 쪽에서 일을 해 보면 10년 전의 코드도 만나는 경우가 흔하다고 들었는데, 업계 표준이 정해져 있다 보니 사용하는 기술의 새로운 버전으로 업그레이드해서 사용하는 것도 부담스러워 한단다. 그런데 회사 안과 달리 전 세계적으로 개발 기술은 끊임없이 쏟아져 나온다. 만약 개발자가 스스로 공부하지 않고 회사에서 2~3년 생활하고 나면, 변화한 세상에 적응하기 힘들 것이다. 회사에서 사용하던 기술들은 그 회사를 나오면 더 이상 사용되지 않기 때문이다. 물론 공부하기 좋아하는 개발자가 모여 있는 회사라면, 자체적으로 스터디를 만들거나 각자 공부해 와서 발표하는 형태로 새로 나온 기술, 혹은 앞으로 유망한 기술을 공부해서 나누고 회사에 적용하는 경우도 적지 않다. 그래서 기업의 개발 문화를 잘 보고 결정하는 것이 중요하다.

하지만 회사의 기업 문화는 그 회사에 다니는 사람을 직접 알지 못한

파트 3 ⋯ 효과적으로 개발 공부하는 방법

다면 결국 들어가 봐야 아는 것이 아닌가. 회사에 들어가자마자 바로 뛰쳐나와야 하는 회사도 있지만, 개발 문화가 좋지는 않아도 배우고 싶은 것이 있는 회사도 있다. 이럴 때 가장 이상적인 방법은 회사에서 필요하지만 사용하지 않는 기술을 혼자서 공부해 보는 것이다. 원래 딴짓은 항상 재미있다. "회사에서 맨날 코드만 들여다보는데 집에 가서도 개발을 하라는 말이냐?"며 울상 지을 수도 있겠지만, 원래 개발자의 삶이란 그런 것이 아닌가. 이 사실을 받아들인다면, 누가 시키기 전에 내가 하고 싶은 것을 찾아보는 것이 좋다. 그리고 너무 내 회사 업무와 거리가 있는 것보다는 관련 있는 것을 공부하고, 회사에서 이를 주도적으로 반영하면 더욱 즐겁게 일할 수 있다. 원래 사람이란 하려고 했던 것도 누가 시키면 하기 싫어지는 법이라서, 시키기 전에 해 버리면 더 즐겁게 일할 수 있다. 그리고 회사와 관련 있는 내용을 알아서 공부해서 회사 프로젝트에 반영하겠다는데 이를 싫어할 회사는 없다. 오히려 시키지 않아도 알아서 일하는 사람으로 인정받을 수 있고, 앞으로도 회사 내에서 내가 관심 있는 기술을 반영시킬 수 있는 신뢰를 쌓을 수 있다.

회사 설득하기

물론 처음에 새로운 기술을 회사에 반영하겠다고 했을 때 받아들여지지 않을 수도 있다. 이것은 회사의 분위기나 철학에 따라서 다를 것이다. 하지만 받아들여지지 않는다고 해서 너무 좌절하거나, 회사에 대한 불만을 키울 필요는 없다. 기본적으로 회사는 안정성을 추구하는 조직이다. 이유가 있어야 변화를 받아들인다. 그러니 당신의 의견이 받아들여지지 않는 게 일반적인 상황이고, 받아들여지는 걸 예외로 받아들여야 한다는 것이다. 개인의 입장에서는 내가 새롭게 공부한 것을 바로 코드에 적용해 보고 싶다. 이때 새롭게 공부한 것이라 함은 라이브러리 수준이거나 혹은 프로그래밍 언어나 프레임워크일 수 있다. 하지만 회사 입장에서는 새로운 것을 도입하는 것은 분명히 위험한 일일 수 있다. 왜냐면 한 개발자가 자신의 관심사를 회사에서 코드로 만들고 퇴사했을 때, 그 코드에 대해서 이해하는 사람이 없다면 그 코드를 관리하는 것이 어렵기 때문이다.

만약 이런 이유로 회사가 당장 내가 원하는 것을 반영하기를 거절한다면, 우선은 회사와 나의 신뢰 관계를 쌓는 것이 필요하다. 새로운 기술을 적용하자는 요청이 받아들여지지 않는다면, 일단 주어진 업무를 잘 처리하면서 회사 그리고 매니저와 신뢰 관계를 쌓고, 새로운 것들을 하나씩 건의하면 좋다. 그리고 회사 내에서 마음이 맞는 사람을 찾고 이 사람들과 스터디를 진행하거나 주기적으로 사내에서 새로 배운 기술을 공유하는 시간을 갖고 자연스럽게 새로운 기술에 대해 열린 문화를 만드는 것이 좋다. 그리고 이런 지속적인 활동으로 회사 경영진이 새로운 기술을 받아들이기로 결정한다면 최대한 자세한 문서화를 통해서 다른 사람이 프로젝트를 맡아도 진행할 수 있다는 믿음을 주자.

물론 그동안 많은 프로젝트를 처리하고 일을 잘 처리해 왔고, 사내 개발자들도 새로운 기술을 반영하기 위한 열망이 큰데 회사에서 새로운 기술을 전혀 받아들일 생각이 없다면, 그 회사에서는 장기적으로 성장하기 힘들다고 판단하고 이직을 준비하는 것이 좋다.

딴짓 해도 되는 회사들

주어진 시간에 자신이 맡은 업무를 다하고 나면 자유 시간을 주는 회사들이 있다. 구글은 80/20 제도로 유명한데, 근무 시간의 80%는 일을 하고 20%는 개인이 자유롭게 하고 싶은 프로젝트를 하는 시간을 갖자는 것이다. 물론 구글에서 일하는 개발자들의 말을 들어 보면 100/20이라며 자기 할 일은 다 하고 자기 시간에 하고 싶은 걸 해야 된다며 냉소적으로 말하는 경우도 있지만, 결국 구글이 믿는 바는 개발자가 자신이 주어진 일만 하는 것이 아니라 일 외에도 다양한 기술에 관심을 가지고 있을 때 더 열정적으로 일할 수 있다는 것이다.

한국은 특히 노사 관계가 '봉건적'인 경우가 많기 때문에, 회사에서 월급을 받고 있다면 주어진 시간 동안에는 회사 업무 외에는 아무것도 하지 않고 회사의 일만 해야 한다고 믿는 경우가 많은 것 같다. 물론 야근이 일상화된 한국이기 때문에 오히려 업무 중에 긴 휴식 시간을 갖거나, 자유롭게 은행 등의 업무를 보고 오는 경우도 많긴 하지만, 그렇다고 해서 일이 끝났다고 그 시간을 마음껏 쓸 수 있는 것은 아니다.

하지만 외국에서 일하고 보니 이런 부분에 자유로운 경우가 많은 것 같다. 회사에 따라서 계약서에 이 회사와 일하는 동안 '다른 회사에서 일할 수 없거나 자기 사업을 할 수 없다'는 조항을 명시하는 경우도 있지만, 다른 경우에는 회사에 다니면서 자기 사업체를 운영하거나 개인 프로젝트를 하는 동료들도 어렵지 않게 볼 수 있었다. 개발자는 회사에 다니면서 월급을 받고 주어진 시간 동안 맡은 업무를 처리할 뿐, 한국에서처럼 회사에서 "월급을 주니까 너는 무조건 회사 말을 들어라."와 같은 태도는 경험하기 힘들다. 언제든지 남이 될 수 있는 계약 관계라고 생각하는 것 같다.

개인적인 경험에 비춰봤을 때도, 회사 업무와 직접적으로 관련이 없는 일에 시간을 쏟거나 공부하는 것은 장기적으로는 회사 일을 하면서 적용해 보려고 시도하는 것이기 때문에 회사와 구성원이 윈윈(Win-Win)인 경우가 많았다. 회사는 별도의 교육 비용을 들이지 않고도 직원을 재교육할 수 있는 반면, 직원은 단순히 지식을 쌓는 정도의 공부에 그치는 것이 아니라 실제로 공부한 내용을 업무에 반영할 수 있는 기회를 얻을 수 있어서 좋다.

그리고 이렇게 새로운 기술을 끊임없이 배우고 업무에 적용하려는 사람은 대체로 개발 능력이 뛰어난 경우가 많은데, 회사 차원에서 이런 분위기를 장려하면 똑똑한 사람들은 회사에 남고 스스로 공부하지 않는 사람들은 회사에 남기 어려운 분위기가 되어, 똑똑한 사람들이 입사하고 싶은 회사를 만들 수도 있다.

주도하는 개발자의 삶이 즐겁다

앞에서 회사의 업무와 관련 있는 공부를 하는 것이 가장 이상적일 수 있다고 이야기했다. 하지만 사람이 어떻게 항상 회사 업무와 관련 있는 일만 할 수 있겠는가. 나는 개발자가 오래 일하기 위해서라면 사이드 프로젝트(Side project)를 꼭 진행해야 한다고 믿는다. 사이드 프로젝트란 회사 밖에서 개인적인 공부나 사업을 목적으로 진행하는 프로젝트를 말한다.

한국에서 회사 생활을 할 당시, 주말에 합정역에서 4~10명 정도가 정기적으로 만나면서 개인 프로젝트도 하고, 스터디도 함께 진행했던 적이 있다. 그중 누구 하나도 주말에 만나자고 강요한 적이 없지만, 특별한 일이 없으면 모여서 같이 고민했고, 함께 성장했다. 서로에게 각자의 전문 지식을 알려 줬고, 개발자들은 비개발자들과 함께 기획한 제품을 만드느라 주말과 퇴근 후 시간을 바치기도 했다. 그런데 그 시간이 너무 즐거웠다. 그런 프로젝트를 딱히 수익 활동을 위해서 생각했던 것이 아니었음에도, 단지 재밌겠다고 생각한 제품을 만들어 내는 그 경험이 우리를 들

파트3 ··· 효과적으로 개발 공부하는 방법

뜨게 했다. 그리고 나는 이 경험이 내가 지금까지 계속해서 개발자로 일할 수 있게 만드는 동력이라고 믿는다.

어차피 할 일이라면 즐겁게 하는 것이 좋다. 그리고 일을 즐겁게 만드는 요소는 내가 일을 이끌고 있다는 주도성에서 나온다. 끊임없이 변화하는 소프트웨어 개발의 세계에서 지치지 않으려면, 내가 직접 그 변화를 받아들이는 것이 좋다. 회사에서 누군가 시켜서 시작하는 변화는 그 이유도 찾기 힘들고, 지치기 쉽다.

좋은 사수란 없다

9

처음 개발자로 입사를 준비할 때 많은 사람들이 하는 고민은 입사하는 회사에 좋은 사수가 있을까 하는 것이다. 많은 사람들이 대개 좋은 사수를 통해서 많이 배우고 빠르게 성장할 수 있을 것이라고 기대한다. 물론 사수가 없는 것보다는 사수가 있는 것이, 그리고 나쁜 사수보다는 좋은 사수가 있는 것이 더 많은 것을 배울 수 있는 것은 맞다. 그리고 실력자들 사이에서 많이 배우는 것도 맞지만, 그 이유는 그 사람들이 옆에서 하나 하나 알려 주기 때문이 아니다. 그렇게 하기에 개발자들은 기본적으로 너무 바쁘다. 옆에 앉아서 모든 걸 가르쳐 주는 사수라는 건 환상 속의 동물이라고 생각하면 된다. 그리고 개발자들은 기본적으로 혼자서 공부하는 것이 습관이 된 사람들이기 때문에 어지간한 건 혼자서 찾아서 공부할 수 있다고 생각한다. 그래서 검색을 한 번도 안 해 본 것만 같은, 고민의 흔적이 전혀 안 보이는 질문을 하면, 쉽사리 짜증을 내기도 한다. 서로의 시간을 낭비하지 않기 위해서, 어떻게 하면 좋은 질문을 할 수 있을까?

개발자의 친구 구글(Google)신

개발자에게 구글은 단순한 검색 엔진이 아니라 '구글신'이라고 불린다. 한국에도 네이버라는 훌륭한 검색 엔진과 방대한 블로그가 있지만, 검색 결과나 개발 분야에 쌓여 있는 콘텐츠가 질적으로 다르다. 네이버 블로그에도 물론 훌륭한 개발 블로그들이 있기 때문에 일반화하기 힘들지만, 대체로 갓 개발을 배우기 시작한 사람이 초기에 조금 작성하다 중단한 블로그가 많다. 따라서 내용도 적고 깊이도 낮을 뿐만 아니라, 부정확한 내용을 만나기 쉽다. 하지만 구글의 경우 한글로 검색한 결과에도 훨씬 더 많은 자료를 만날 수 있을 뿐만 아니라, 영어로 검색하면 다양한 분야와 깊이를 모두 충족하는 결과를 얻을 수 있다. 물론 구글 검색으로 만난 스택오버플로우나 개인 블로그에 올라오는 글 중에서도 정확하지 않은 내용이 있을 가능성이 있지만, 훨씬 더 많은 사람들이 상호작용을 하면서 만들어 낸 결과물이기 때문에 훨씬 신뢰할 수 있다.

물론 처음부터 영어로 검색하고 그 검색 결과를 이해하는 것이 쉬운 일은 아니다. 일단 검색할 때의 가장 큰 장벽은 검색하고 싶은 내용을 영어 단어로 모를 때이다. 나 역시도 지금까지 종종 어떤 키워드로 검색해야 할지 모르는 경우가 있다. 이럴 땐 한영사전을 이용해서 해당 키워드를 영어로 무엇이라고 말하는지 확인하고 검색하는 것이 좋다. 또한 검색 결과도 마찬가지로 처음에는 이해하기 어렵겠지만, 결국 신뢰성 높은 정보를 빠르게 획득하기 위해서는 영문으로 검색하고 자료를 이해하는 능력을 키우는 것이 매우 중요하다.

질문할 땐 현재 개발 환경을 함께 공유

개발을 처음 공부할 때 사람들이 오해하는 것 중 하나는 내가 대충 질문을 해도 사람들이 내 문제 상황을 이해해 줄 거라고 생각한다는 점이다. 예를 들어, 웹 사이트를 개발할 때 "지금 웹 개발 공부를 하고 있는데 CSS 적용이 안 돼요."라고 질문을 올린다. 정말 미안하지만 이렇게 질문을 하면 이게 왜 안 되는지 답변해 줄 수 있는 사람은 아무도 없다. 사람마다 개발하는 환경이 모두 다르고, 개발 환경마다 다른 에러가 발생할 수 있기 때문이다. 따라서 질문을 할 때는 현재 사용하고 있는 운영체제와 운영체제의 버전, 그리고 개발 중인 프로그래밍 언어와 버전, 그리고 모바일 앱이라면 앱의 버전과 웹 서비스라면 사용하는 그 브라우저의 버전까지 공유를 해 주어야 한다. 또한, 어떤 행동을 할 때 에러가 발생하는지를 구체적으로 설명해야 왜 그 문제가 발생하는지 추측할 수 있다. 해당 코드와 에러 로그를 함께 공유해야 하는 것은 물론이다. 예를 들면 아래와 같이 질문하는 것이 좋다.

"현재 윈도우 10을 파이썬(3.6.5 버전), 장고(2.1 버전)로 웹 개발을 하고 있는데, 크롬 브라우저상에서 CSS 수정이 반영되지 않습니다. HTML 파일은 반영이 되는데, CSS 파일은 반영이 되지 않네요. 파일 이름도 바꿔 봤는데 잘 적용이 안 되는데, 오늘 새로 켰더니 수정한 부분이 반영되어 있었습니다. 그런데 또 새로 변경한 건 적용되지 않네요."

이런 식으로 작업 중인 환경을 자세하게 설명하지 않으면 답변이 달리지 않거나 매우 짜증스러운 답변을 얻게 될 가능성이 크고, 더 근본적

파트3 ··· 효과적으로 개발 공부하는 방법

으로는 질문자와 답변자가 모두 수차례 질문과 답변을 주고받아야 하는 시간 낭비를 하게 될 수도 있다. 따라서 질문을 할 때는 최대한 자세하게 자신의 개발 환경에 대해서 공유하도록 하자.

문제를 해결하기 위해서 어떤 해결책을 써 봤는지 알려 주자

온라인 공간에 질문을 남기거나 직장 동료에게 질문을 한다면 아무것도 해 보지 않은 상태에서 질문하지는 않을 것이다. 분명히 어느 정도 검색을 해 보고 직접 해결책을 찾아본 다음에도 잘 되지 않을 때 질문을 하게 되는데, 이때 또 하나 명심해야 할 점은 내가 이 문제를 해결하기 위해서 어떤 일을 했는지를 알리는 일이다. 개발 환경에 대해서 충분히 설명했다면, 어떤 조치를 취했는지를 알려야 다른 사람이 내가 이미 적용해 본 해결책을 다시 적는 시간 낭비를 줄일 수 있다.

내가 취한 조치를 목록으로 나열한 다음, 각각의 해결책을 사용한 후 어떤 변화가 있었는지 함께 적는다면 사람들이 더 효과적인 방법을 찾아 줄 수 있다. 이것은 단순히 답변자의 시간을 아끼는 효과뿐만 아니라, 내 질문을 듣는 사람에게 '제가 지금까지 이런 방법까지도 해 봤는데, 결국 해결이 되지 않아서 질문을 남깁니다.'라는 인상을 남길 수 있다. 이런 식으로 적극적으로 해결 방법을 고민해 보고 질문을 남기는 사람에게는 더욱 열심히 도와주고 싶은 마음이 생긴다. 그리고 이런 내용은 문제를 해결하는 데 좋은 힌트가 되기도 한다.

문제가 해결되면 해결책을 정리해서 알리자

혹시나 내 질문을 해결하기 위해서 고민을 하고 있는 사람에게 문제가 해결되었음을 알리는 것은 기본적인 예의다. 그리고 어떤 식으로 해당 문제가 해결되었는지 정리해서 공유하면 다른 사람이 같은 문제를 겪는 것을 피할 수 있다. 특히 스택오버플로우 같은 온라인 공간에선 질문자가 해당 문제가 해결되었음을 알리지 않으면 그 문제를 해결하느라 정말 많은 사람들의 시간을 낭비할 수 있고, 최종 해결책을 공유했을 때 나중에 같은 문제를 겪는 사람들의 시간도 많이 아껴 줄 수 있다.

스택오버플로우 등 개발 관련 질문과 답변을 등록하는 사이트에서는 좋은 답변을 다는 사람뿐만 아니라, 좋은 질문에 달린 도움이 되는 답변을 선택하면 가산점을 주는 방식을 통해서 좋은 질문과 답변이 오갈 수 있게 지원하고 있다.

좋은 사수란 없다

많은 사람들이 좋은 사수를 찾지만, 나는 결코 좋은 사수란 없다고 생각한다. 개발자라는 직업은 사수가 옆에 앉아서 하나하나 가르쳐 줌으로써 성장하는 것이 아니라, 코드 리뷰를 통해서 그리고 동료 개발자들과 서로의 지식을 공유하면서 성장한다. 그래서 좋은 사수가 있는 곳이 아니라, 좋은 개발 문화가 있는 곳을 찾기 위해서 노력하는 것이 좋다. 이런 곳에서는 일방적으로 누군가의 지식을 배우는 것이 아니라, 회사가 직면한 문제를 해결하기 위해서 같이 고민하고 함께 해결책을 찾아가는 과정에서 함께 공부한다. 그리고 서로가 작성한 코드를 함께 리뷰하고 개선점을 제시하면서 모두가 함께 성장할 수 있는 분위기가 조성된다. 결코 누군가가 누군가에게 일방적으로 가르치는 것은 아니다.

하지만 개발을 하다 보면 자신이 겪어보지 못한 문제, 특히 너무나 오랜 시간을 잡아먹는 문제들을 겪기 마련이고 이런 문제들은 이미 해결해 본 사람의 도움을 받으면 너무나 어이없이 해결되는 경우도 종종 만날 수 있다. 그래서 적절하게 질문을 하고, 내가 아는 문제라면 해결해 주는 것이 팀의 생산성을 높이는 데 매우 중요하다. 하지만 이렇게 질문을 할 때 내 시간도 중요하지만 상대방의 시간도 중요하다는 사실을 인지할 필요가 있다. 그래서 충분히 고민하고, 찾아보고, 그래도 해결이 되지 않는 문제는 답변자가 최대한 시간을 아낄 수 있는 방법으로 문제를 해결하는 것이 좋다.

#문과생 #개발자 #입문

#IT #비전공자

How A Historian Became A Developer
From The Stone Age To Apps

다양한
개발자의 삶

～～～～

개발자의 삶의 모습은 정말 다양하다. 회사의 규모, 소속된 업계, 근무 방식 등 개발자라는 직업을 하나로 묶기 힘든 다양성이 존재한다. 하지만 개발자로서 느끼는 점은 개발자라는 직업이 이 시대의 '인생 비자(Visa)'라고 느낄 만큼 다양한 기회를 제공해 준다는 점이다. 다양한 개발자의 목소리를 통해서, 개발자 삶의 결을 느껴볼 수 있으면 좋겠다.

개발자에게는
어떤 선택지의 회사가
있을까

1

마지막 파트에서는 개발자가 선택할 수 있는 다양한 길에 대해서 이야기해 보려고 한다. 개발자가 되는 방법과 관련해서 가장 일반적으로는 회사에 취업하는 방법이 있는데, 이때 선택할 수 있는 회사의 종류(챕터 1)와 근무 형태(챕터 2)를 비교해 볼 예정이다. 그리고 만약 창업(챕터 3)을 선택한다면 개발을 배우는 것이 어떤 장점이 있는지 이야기해 보려고 한다.

나는 비교적 다양한 경험을 한 편이다. 국내에서 3개의 스타트업을 다녔고, 프리랜싱과 개인 서비스를 만들어 보기도 했다. 그리고 현재는 싱가포르에서 일을 하고 있다. 하지만 한 사람이 모든 경험을 할 수 없기 때문에 다양한 방식을 통해 개발자로 일하고 있는 사람들의 인터뷰(챕터 4 이후)를 진행하였다. 인터뷰를 통해서 다양한 방법으로 개발자가 되어, 다른 방식으로 일하는 사람들의 이야기를 전하고 싶다. 그리고 그 사람들이 어떻게 살고 있는지 간접적으로 보여 주고 싶기도 하다.

왜 회사에 다녀야 할까?

나는 내 사업이 하고 싶어서 개발을 배우기 시작했다. 그러다 보니 학원에 다니면서도 정부 지원 사업을 기웃거리며 사업계획서를 쓰기도 했다. 지금 생각해 보면 당시에 참 무모했다는 생각이 드는데, 제대로 할 줄 아는 게 거의 없었지만 뭐든 해 보고 싶은 시기였다. 아마 비슷한 목적으로 개발을 배우기 시작한 사람이라면, 3~6개월 정도 비교적 짧은 기간을 공부하고 자기 서비스 개발에 덤벼 보는 사람들이 제법 있을 거라고 생각한다. 하지만 나의 경우에는 바로 취업한 것이 정말 다행이라고 생각이 들 정도로 회사에서 정말 많은 것을 배웠다. 그것은 꼭 '회사에 사수가 있어서 가르쳐 주기 때문'이라기보다는, 회사에서 만들어 내는 서비스가 요구하는 기본적인 기능이나 난이도가 혼자서 개인 프로젝트나 서비스를 만들 때보다 훨씬 높았기 때문이다. 그리고 처음에 공부할 때는 내가 짠 코드만 보는 경우가 많은데, 회사에서는 다른 사람들이 짜 놓은 코드를 볼 수 있기 때문에 실력이 급격히 성장하는 것을 경험하게 된다.

개발자로 갈 수 있는 회사의 종류에는 어떤 것이 있을까?

01 | 대기업

우선 대기업에 대해서 먼저 이야기를 해 보도록 하자. 개발자에게 대기업은 삼성, SK, LG와 같은 전통적인 기업과 카카오, 네이버 같은 IT

기업으로 나눌 수 있다. 간단히 말하면 IT가 회사에서 가장 핵심이 되는 분야인지 아닌지로 구분할 수 있을 것 같다. 당연히 예상해 볼 수 있는 것처럼, 개발이 중요한 회사일수록 개발자에 대한 대우도 좋고, 더 수준 높은 기술을 공부할 수 있다. 예전에는 국내에서 카카오나 네이버 같은 IT 대기업의 개발자 연봉이 전통 대기업에 비해서 높지 않았으나, 배달의 민족이나 토스 같은 스타트업이 부상하고 국내 개발자 수요가 많아지면서 급격히 개발자 연봉이 오르고 있는 추세다.

전통적인 대기업에서 일한 개발자분들을 몇 분 만나서 이야기를 나눌 기회가 있었는데, 모두가 그런 것은 아니었지만 대개는 관리자로서 하청 업체를 관리하는 경우가 많다고 한다. 그래서 실제로 코드를 많이 치지 않았고, 개발을 할 수 없는 환경이 아쉬워서 다른 회사로 이직한 분의 이야기도 들을 수 있었다. 대신 막대한 자본력을 바탕으로 커다란 프로젝트를 진행하고 다양한 개발자와 함께 일할 수 있는 기회가 주어지기 때문에 프로젝트 진행 경험을 쌓을 수 있다는 장점이 있다.

IT 대기업의 경우에는 국내에서 가장 많은 트래픽이 발생하는 서비스를 가진 회사들이다. 따라서 다른 어떤 회사에서도 경험하기 힘든 데이터를 만지고, 트래픽을 처리하는 경험을 하게 될 가능성이 크다. 특히 데이터는 오랜 기간 축적이 되어야 할 뿐만 아니라, 작은 회사에서는 양질의 데이터를 확보하기가 쉽지 않은데, 이런 IT 대기업은 양질의 데이터를 확보하고 적극적으로 업무에 활용하고 있다. 한편 이런 곳에서 일하게 된다면, 한 분야에 굉장히 전문성을 갖고 일을 하게 될 가능성이 크다. 장점은 특정 분야에 전문가가 될 수 있다는 점이고, 반면 단점은 다양한 분야에 노출될 기회가 적다는 점이다.

대기업이 가지는 또 다른 장점 중의 하나는 높은 연봉이다. 기본적으로 개발자는 이직이 잦은 편이다. 실력만 인정받는다면 좋은 기회를 많이 제시받을 수 있다. 하지만 결국 이직할 때의 연봉은 전 직장의 연봉을 기준으로 정하는 경우가 많다. 따라서 아무리 실력이 좋아서 30~50% 연봉 인상을 한다고 하더라도, 현재 연봉이 낮다면 연봉의 절대량은 적을 수밖에 없다. 요즘은 스타트업 중에서도 대기업의 연봉을 맞춰 주고 개발자를 데려가는 경우가 많기 때문에, 연봉이 중요한 사람이라면 대기업의 문을 두드려 보는 것도 좋겠다.

02 | 외주 용역 업체(SI, System Integration)

SI는 시스템 통합(System Integration)이라는 영어 단어의 약자로, 외주 개발 회사를 지칭한다. 외국에서도 사용하는 용어다. 국내에서 한때 개발자라고 하면 떠올리던 '3D' 이미지는 바로 이 업계에서 왔다고 해도 과언이 아니다. 회사의 솔루션이 따로 있는 것이 아니라, 클라이언트의 프로젝트를 대신 만들거나 직원을 파견해서 수익을 창출한다. 프로젝트를 직접 따오든, 직원을 파견하든, 결국에는 클라이언트로부터 받는 수익금에서 개발자의 임금을 제외하는 형태의 인건비 장사를 하는 곳이라고 볼 수 있다.

장점은 그 어떤 회사보다 다양한 프로젝트에 참여할 많은 기회를 가진다는 것이다. 새로 시작하는 프로젝트일 수도 있고, 혹은 기존에 존재하던 프로젝트를 유지 · 보수하는 일을 하게 될 수도 있는데, 이렇게 다양한 프로젝트에 참여하면서 다양한 기능을 가장 효과적이고 빠르게 개발하는 능력을 키울 수 있다. 이렇게 빠르게 프로젝트를 진행하는 능력을 키운 분들 중에서는 회사에 소속되지 않은 형태의 개인 프리랜서로 일을 하거나, 직접 클라이언트와 일을 하는 형태의 프리랜서로 일을 하면서 많은 돈을 버는 개발자도 있다.

지방 파견을 가야 하는 경우도 있고 빠듯한 마감 시간에 쫓기는 경우가 많기 때문에, 개인적으로는 개발에 즐거움을 쉽게 잃을 수 있다는 점에서 비전공자에게는 크게 권하지 않는다. 다만 단기간에 다양한 프로젝트를 경험해 보고 싶다는 등의 자신의 의지가 확고한 경우라면 괜찮다고 생각한다.

03 | 중소기업 / 스타트업

바야흐로 스타트업의 시대가 아닌가. 많은 사람들이 어느 날 갑자기 스타트업이 유명해졌다고 생각하지만, 사실 스타트업이 이렇게 흥하기 전에는 중소기업이 그 자리를 채우고 있었다. 그리고 스타트업과 중소기업의 구분이 애매한 회사들도 많다. 굳이 따지자면 중소기업이 스스로의 매출을 기반으로 기업을 키워나가는 방식이었다면, 스타트업은 초기 외부 투자에 의지해서 회사의 규모를 빠르게 키워나가는 방식이 다른 점이 아닐까 싶다. 하지만 외부 투자에 의지하지 않고 스타트업을 운영하는 경우도 있기 때문에 이렇게 단순히 비교하기도 쉽지 않다. 따라서 이 부분에서는 스타트업과 중소기업을 따로 구분하지 않고 글을 쓰도록 하겠다.

다른 기업의 형태와 비교하자면 스타트업은 보통 하나 또는 소수의 서비스를 직접 운영하는 형태다. 그래서 구성원들이 제품에 대한 애착이 높고, 개발자들이 열정적인 경우가 많다. 비교적 회사 구성원의 숫자도 적기 때문에 마음먹기에 따라서는 굉장히 넓은 분야에 대한 지식과 경험을 쌓을 수 있다. 스타트업이라고 하면 급여가 너무 형편없을까 봐 걱정하는 경우도 있는데, 배달의 민족이나 토스 같은 서비스는 개발자를 쓸어간다고 할 정도로 좋은 대우로 개발자를 모셔 가고 있다. 잘 준비한다면 좋은 대우와 함께, 스타트업 특유의 자유로운 분위기를 잡을 가능성이 있다.

하지만 스타트업은 정말 천차만별이다. 특히 월급을 떼이는 경우도 많고, 열심히 다니던 회사가 어느 날 갑자기 사라져도 이상하지 않은 것이 스타트업이다. 또한 구성원의 이직도 잦은 편이기 때문에, 회사 서비스에 깊은 지식을 가지고 있는 사람을 찾기 힘들다는 점도 큰 단점으로 작용한다. 스타트업이라고 하면 굉장히 자유롭고 적극적으로 토론을 할 거로 생각하기 쉬운데, 대부분의 경우에는 대표와 경영진의 발언권이 절대적이기 때문에 실제로 굉장히 수평적인 경우는 찾기 힘들다. 그리고 속도를 매우 중요하게 생각하는 분위기 때문에 서비스의 품질보다는 일단 만들고 보는 것이 중요하게 되는데, 이 경우 기술의 깊이를 쌓기 힘든 경우가 많다.

다양한 근무의 형태

2

　나는 개발자로 싱가포르에서 일을 하고 있다. 외국에서 생활하기 전 한국에서 3년 정도 개발자로 일을 했는데, 개발자라는 직업이 참 다양한 근무 형태를 선택할 수 있는 자유를 준다는 생각이 들었다. 나의 경우에는 3개의 스타트업에서 일을 하기도 했고, 프리랜서로 클라이언트와 별도의 계약을 맺어서 업무를 진행하기도 했으며, 외국에 나와서 한동안은 원격으로 클라이언트와 일을 하기도 했다. 그리고 지금은 싱가포르에서 미국계 기업에서 일을 하고 있다. 개발자라는 직업은 정말 이 시대의 '비자' 같다는 생각이 든다. 각각의 근무 형태가 어떻게 다른지, 그리고 각각의 근무 형태는 어떤 방식으로 시작할 수 있는지 이야기해 보도록 하자.

국내 취업

현재 외국에서 일을 하고 있다 보니, 해외에서 신입 개발자로 일을 시작할 수 있냐는 문의를 자주 받는다. 하지만 나는 국내에서 최소 2~3년 경력을 쌓고 오라고 권하는 편이다. 그 이유는 한국에서 신입 개발자로 입사할 경우, 신입 개발자에 거는 기대가 그렇게 크지 않기 때문이다. 물론 기대가 크지 않다고 해서 일을 적게 준다는 의미는 아니겠으나, 처음 들어온 사람이 충분히 자기 분야에서 자리 잡고 자기 몫을 할 수 있을 때까지 기다려 준다는 의미이다. 그리고 국내 기업의 경우에는 비교적 다양한 업무를 경험할 기회가 많기 때문에, 국내에서 비교적 쉽게 찾을 수 있는 기회를 잘 이용해 보면 좋겠다.

다만 국내 취업의 경우 한국 특유의 기업 문화에 자유롭기 힘들다. 물론 스타트업은 회사 문화가 자유로운 경우가 많으나 이것도 회사마다 천차만별이고, 결국 회사의 문화라는 것은 그 조직에 속한 사람들이 만들기 때문에 큰 시각에서 봤을 때 크게 차이가 나지 않는다. 한국 특유의 기업 문화란 결국 지나치게 잦고 긴 회의, 상사의 눈치를 보느라 충분히 자신의 의견을 피력하지 못하는 상황, 자신의 업무와는 상관없이 결국 다 함께 야근하는 문화 등을 말할 수 있다.

하지만 최근에는 정말 여느 대기업 못지않은 복지와 훌륭한 기업 문화로 많은 개발자의 꿈의 직장이 된 회사들도 존재한다. 따라서 꼭 해외에서 일하는 것이 아니더라도 훌륭한 개발자들과 함께 일할 기회가 존재한다는 사실을 믿고, 좋은 회사 찾기에 도전했으면 한다.

어느 곳에서든 취업할 때라면 마찬가지겠지만, 특히 국내에서 취업할 때 조언하고 싶은 점은 회사에서 어떤 식으로 채용 공고를 내는지, 그리고 면접 때 회사 분위기가 어떤지 잘 살펴보라는 것이다. 많은 회사가 다양한 채널을 통해서 대외적인 이미지를 잘 관리하지만, 실제로 일하는 공간에서 사람들이 일하는 문화와 방식까지 연기하기는 쉽지 않다. 면접 장소에서 다양한 질문을 통해서 구성원들이 어떻게 일하는지 파악하고, 동시에 사무실에 있는 사람들의 표정이나 대화 등을 통해서 어떻게 일하는지 잘 지켜보는 것이 좋은 회사를 판단하는 데 큰 도움이 된다.

프리랜서

프리랜서는 한 회사에 종속되지 않고 프로젝트마다 계약을 해서 일을 하는 개발자를 의미한다. 프리랜서도 크게 두 가지 방식으로 나눌 수 있는데, 하나는 커다란 프로젝트에 부족한 인력을 채우기 위해 고용되는 방식과 또다른 하나는 직접 클라이언트가 프로젝트를 수주하는 방식이다. 전자는 관련 업계에 충분한 인맥이 있고 실력만 뒷받침이 된다면 지속적인 업무를 받을 수 있지만, 기본적으로 사무실에 출근하는 등 회사에 출근하는 것과 업무 형태가 다르지 않을 수도 있다. 같은 경력의 개발자에 비해서 보수도 약 최대 2배 정도 많은 것이 일반적이다. 후자의 경우에는 직접 클라이언트와 미팅을 통해서 프로젝트를 계약하고, 필요에 따라서는 추가로 개발자를 고용하거나 디자이너를 고용하기도 한다. 프로젝트 진행과 관련된 미팅도 진행해야 하는 경우가 많다. 따라서 프로젝트 한 건당 기대할 수 있는 수익이 훨씬 크지만, 다양한 관계자와 업무 회의를 진행해야 하는 커뮤니케이션 비용 등 집중력이 분산되는 환경이 잦기 때문에 커뮤니케이션에 능한 사람에게 추천한다.

만약 전자처럼 대규모 프로젝트에 자유롭게 일하는 형태로 프리랜싱을 하고 싶다면, 우선은 관련 업계에서 일을 해 보기를 권한다. 특히 한국에서는 은행권 개발자들이 이런 경우가 많은 것으로 알고 있는데, 한 분야에 전문성을 쌓고 관련 프로젝트에 꾸준히 참여하는 방식으로 인맥을 쌓아 나가는 것이 중요하다. 결국 프리랜싱을 하게 되더라도 특정 분야에 전문성을 쌓기 시작하면 그 분야에서 일하는 다양한 사람들을 만나게 되는데, 이렇게 만나는 사람들이 다른 프로젝트를 추천해 줄 수도 있기 때문에 관계를 잘 유지하는 것이 좋다.

만약 후자처럼 직접 클라이언트에게 영업하는 방식으로 프리랜싱을 하고 싶다면 처음에는 지인으로부터 프로젝트를 받아서 시작하는 것이 좋다. 이런 방식의 프리랜싱은 포트폴리오가 정말 중요하다. 아무리 회사를 오래 다녔다고 하더라도 같은 기간 프리랜싱을 한 사람에 비해서는 포트폴리오가 적을 수밖에 없고, 또한 회사에 다닌 경우에는 혼자서 한 프로젝트 전체를 진행하기보다는 특정 부분을 진행하기 때문에 프리랜싱용 포트폴리오로 사용하기 어려운 경우도 많다. 따라서 처음에는 비교적 저렴한 가격으로 주위 지인들을 통해서 최초 프로젝트를 진행하고 포트폴리오를 정리하는 것이 가장 좋은 방법이다. 최근에는 국내에도 다양한 프리랜싱 플랫폼이 생겨서 어렵지 않게 프로젝트에 지원할 수 있게 되었는데, 제대로 된 포트폴리오를 갖추지 못한 경우에는 거의 계약을 따내기가 힘들다.

해외 취업

앞서 이야기했던 것처럼 해외 취업을 생각하고 있고, 영어가 충분히 유창하지 않다면 2~3년 정도는 충분히 국내에서 경력을 쌓기를 추천한다. 국내 회사들이 신입 개발자에게 더 너그럽다는 점도 초반에 국내에서 경력을 쌓는 것의 큰 장점이지만, 해외에서는 주니어로 평가받는 1~3년 차 개발자에 대한 대우가 국내에 비해서 그리 좋지 않은 편이다. 게다가 해외에서 생활한다는 것, 특히 개발자가 많이 선택하는 영미권의 생활비도 결코 만만치 않다. 외국은 한국처럼 전세라는 시스템이 있지도 않고 이주 초기에 한국에서처럼 은행에서 대출을 받기도 쉽지 않기 때문에, 결국 높은 월세를 내면서 생활을 할 수밖에 없다. 그래서 한국보다 조금 더 높은 연봉을 받게 된다고 하더라도, 실제 생활은 더 형편없을 수 있다.

해외 생활에 대한 막연한 환상을 가지고 해외 취업을 했다가, 막상 팍팍한 현실을 이기지 못하고 한국으로 돌아가는 경우도 많다. 이런 상황을 피하기 위해서 가장 좋은 것은 국내에서 충분한 경력을 쌓은 후에, 좋은 대우를 받으면서 해외 생활을 시작하는 것이라고 생각한다. 다른 나라에서 산다는 것은 결코 쉬운 일이 아니다. 분명히 더 나은 점도 존재하지만, 더 어려운 점도 존재하고, 많은 것들이 달라진다는 점에서 이미 불편한 점들이 생길 수 있다. 그런데 생활마저 쉽지 않다면 정말 한국으로 돌아가고 싶을 것이다.

국내에서 충분히 경력이 있고 해외 취업을 희망하는 나라에서 사용하는 외국어에 능통하다면 적극적으로 해외 취업에 도전해 보면 좋다. 내가 거주하고 있는 싱가포르는 한국인에게 3개월간 무비자로 싱가포르에 머물 기회를 제공하는데, 3개월 동안 혹은 잠깐 다른 나라를 나갔다 오는 방식으로 반년 정도 싱가포르에 머물면서 취업에 성공하는 경우를 어렵지 않게 볼 수 있다. 물론 싱가포르의 경우 대표적으로 주거비가 비싼 나라이기 때문에, 주거비와 생활비를 감안하여 충분한 예산을 확보해서 오는 것이 좋다. 그리고 꼭 해외 취업을 하기 위해서 현지 국가에 체류할 필요는 없고, 화상으로 면접을 다 마치고 오는 경우도 있다. 하지만 현지에 거주할 경우 더 많은 면접의 기회를 얻을 수 있는 것도 사실이다. 특히 한

번 취업 비자를 받은 경우라면 그 이후 이직은 훨씬 쉽게 진행된다.

원격 근무

원격 근무는 사실 국내/해외 취업이나 프리랜싱과 비교할 내용은 아니라고 생각한다. 왜냐면 국내외 취업을 하는 경우나 프리랜싱을 하는 경우 모두 원격으로 근무할 가능성이 있기 때문이다. 원격 근무는 사무실 출근과 비교를 하는 게 더 옳은 것 같다. 하지만 여기서는 근무의 한 형태로서 원격 근무에 대해서 이야기해 보자. 한국에서는 아직 원격 근무를 하는 회사를 거의 찾기 힘들지만 하나둘씩 생기고 있고, 외국에서는 매일은 아니더라도 일주일에 하루 이틀 정도는 원격으로 근무하는 것을 권장하는 경우도 많다. 프리랜싱은 큰 프로젝트에 들어가는 경우에는 클라이언트 사무실에 상주하기도 하지만, 직접 프로젝트를 수주한 경우에는 원격으로 근무하면서 중간중간 진행 상황만 공유하기도 한다.

원격 근무는 다양한 협업 기술의 발전과 함께 도입되었다. 왜 우리는 매일 같은 사무실에 출근해서 일을 해야 할까? 그건 예전에는 여러 사람이 다른 공간에서 효과적으로 일할 수 있는 방법이 존재하지 않았기 때문이다. 지금처럼 화상으로 여러 명이 회의를 하는 것도 어려웠고, 칸반 보드처럼 협업을 도와주는 다양한 도구도 존재하지 않았다. 하지만 기술이 발전하면서 다른 공간에 있어도 효율적으로 일하는 것이 가능해졌고, 실리콘밸리를 중심으로 원격으로 일하는 실험을 하기 시작했다. 원래는 실리콘밸리 지역의 끔찍한 수준의 임대료를 피하기 위해서 시작했던 실험이, 이제는 더 많은 사람들이 효과적으로 서로 협업할 수 있도록 도와주고 있다.

그런데 원격 근무는 모두에게 좋기만 할까? 나는 그렇지 않다고 생각한다. 나는 원격 근무를 하는 데 크게 3가지 요소가 중요하다고 믿는다.

우선은 스스로를 관리할 수 있는 습관이다. 원격 근무는 보이지 않는 공간에서 일을 하는 것이다. 사무실에 출근한다면 몸이 안 좋아서 일을 많이 못하더라도 용서가 되기도 한다. 그런데 출근을 하지 않았는데 결과물이 좋지 않다면, 그건 그냥 일을 하지 않은 것이 된다. 특히 원격 근무의 특성상 실시간으로 서로의 응답을 기대하기보다는 일정 기간의 자유로운 업무 시간 동안 일을 마무리하는 일이 많은데, 스스로 관리할 수 없는 사람이라면 계속해서 일을 미루다 마지막에 처리하는 상황이 반복될 가능성이 크다. 그렇게 내놓은 결과물의 성과가 계속해서 좋지 않으면 좋지 않은 평가를 받게 될 것이고, 조직에서 신뢰를 잃게 될 것이다.

두 번째로, 외로움에 강한 사람이어야 한다. 회사에 나가면 언제든지 사람들을 만날 수 있다. 결국 일하는 시간 동안에는 각자 일을 하게 되겠지만, 그래도 같이 점심을 먹을 동료, 잠깐 커피를 마시며 수다를 떨 수 있는 동료가 있다는 말이다. 하지만 원격 근무는 하루 종일 사람들과 이야기를 나눌 기회를 상실한 채 일에만 집중해야 한다. 예를 들어, 많은 업무로 인해 번아웃(Burn-out)이 왔다면 회사에서는 다른 사람들이 나의 상태 변화를 알아챌 수 있지만, 원격 근무 상황에서는 그 누구도 나의 변화를 알아채기 힘들다. 따라서 다른 사람들과 함께 어울리고, 그 속에서 즐거움을 찾는 사람이라면 어울리지 않는 업무 방식일 것이다.

마지막으로는 자신만의 업무 공간을 가진 사람에게 원격 근무를 권한다. 디지털 노마드(Digital nomad)를 대표하는 이미지 중 하나는 해변에서 여유롭게 컴퓨터를 하는 프로그래머의 모습이다. 그런데 해변에서 컴퓨터로 일을 해 본 적이 있는가? 정말 끔찍하게도 일이 안된다. 원격으로 일을 할 때는 특히 주어진 시간 안에 일을 제대로 처리하는 생산성이 필요하

파트 4 ··· 다양한 개발자의 삶

다. 그 누구도 지켜보지 않기 때문에, 제대로 집중하지 않으면 하루 종일 일을 하게 될 수도 있다. 생산성에 있어서 정말 중요한 요소는 내가 충분히 집중할 수 있는 환경을 갖추는 것이다. 그래서 원격 근무를 허용하는 회사에서 일하는 많은 사람들이 업무는 자신의 방에서, 자신이 가장 선호하는 장비와 함께 근무하는 것을 선호한다. 그리고 원격 근무에는 인터넷이 정말 중요한데, 인터넷이 제대로 되지 않는다면 인터넷이 되는 카페를 찾아 매일 돌아다니는 것이 정말 고통스러운 일이 아닐 수 없다.

스스로를 관리할 수 있고, 외로움에 상대적으로 자유로우며, 자신만의 업무 공간을 확보할 수 있는 사람이라면 원격 근무를 적극 권하고 싶다. 원격 근무는 보통의 회사 생활이 빼앗아 가는 공간과 시간의 자유를 많이 회복할 수 있다. 자신이 원하는 시간에 원하는 장소에서 일하고, 결과만 보여 주면 되는 것, 그것이 사실 제대로 일을 하는 것이 아닌가 싶다.

개발자로 창업하기

3

개발자가 되었을 때 선택할 수 있는 방향 중의 하나가 바로 창업이다. 국내 많은 개발 커뮤니티에서 창업에 대한 내용은 잘 논의되지 않지만, 개인적으로는 개발자만큼 창업하기 좋은 직업이 없다고 생각한다. 나 역시도 창업하기 위해서 개발 공부를 시작했고, 해외에서 개발자로 일하고 있는 지금도 창업의 기회가 없는지 끊임없이 주변을 살피고 있다. 이번 챕터에서는 개발자로서 창업했을 때의 장점에 대해서 나눠 보도록 하자.

개발자와 대화할 수 있는 개발자

나는 모든 사람이 개발자가 되어야 한다고 생각하지 않는다. 마찬가지로 모든 대표가 개발을 알아야만 한다고 생각하지는 않는다. 하지만 IT 창업을 생각하고 있는 사람이라면 최고의 개발자가 될 필요는 없지만, 개발이라는 과정을 이해하는 것은 중요하다. 왜냐면 회사가 고객을 위해서 만들어 내는 제품에 대해서 제대로 이해하지 못한다면 개선점도 찾기 힘들어지기 때문이다. 또한, 개발자들은 개발자만의 대화 방식과 원하는 업무 환경이 있는데, 이것을 제대로 이해하지 못한다면 좋은 개발자를 찾기 힘들고, 이것은 만들어 내는 제품의 품질에 직접적인 영향을 미칠 수밖에 없다.

우선 개발자가 원하는 업무 환경에 대해서 조금 더 이야기를 해 보자. 물론 개인차가 있겠지만, 많은 개발자들은 회사 내에서의 승진에 크게 연연하지 않는다. 그리고 실력 있는 개발자라면 크게 관리하려고 하지 않아도 알아서 업무를 찾아내고, 그 업무를 자신의 기준까지 마무리하는 걸 즐긴다. 시키지 않아도 새로운 기술을 공부하고, 그걸 자기 프로젝트에 테스트해 보고, 실제 업무에도 반영해 보고 싶어 한다. 이런 개발자에게 팀을 꾸리고 프로젝트를 리드하라는 요구는 오히려 굉장히 부담스러운 일일 수 있다. 좋은 개발 문화와 함께 훌륭한 개발 환경을 갖춰 준다면, 사실 회사 입장에서 그렇게 부담스럽지 않을 정도의 투자로도 개발자의 애사심을 크게 높일 수 있다.

그리고 개발에 대한 이해가 낮을 때 개발자에게 업무와 마감 기한을 함께 주는 경우가 많다. 하지만 특히 새로운 분야에 대한 개발을 진행하는 경우라면, 개발자들이 처음 만나는 상황에 대해 공부해야 하는 시간이 많이 필요하고 에러를 잡는 데 시간이 많이 필요하다. 그리고 특히 이 기한을 측정하는 것이 매우 어려운데, 이 부분에서 개발자들과 충돌이 일어날 가능성이 크다. 가장 큰 문제는 이렇게 개발자들이 마감 기한을 유보하는 태도에 대해서 일정을 늦추려고 한다고 오해하는 경우인데, 만약 대표가 이 부분에 대한 이해가 있다면 개발자에게 새로운 분야에 대해 학습할 시간을 주고 충분히 근사한 일정을 설정할 수 있도록 도움을 줄 수 있다. 그리고 개발자가 제시한 일정이 합당한 것인지도 함께 이야기를 나눠볼 수 있다.

본인이 기술적으로 책임질 수 있다면

만약 대표 본인이 개발을 할 수 있고 실제로 제품을 출시할 수 있는 정도의 실력이라면, 창업 초기 비용을 획기적으로 낮출 수 있다. IT 창업에서 가장 큰 비용이 드는 것은 실제로 개발자의 임금이다. 요즘은 개발자 몸값이 정말 많이 올랐기 때문에, 스타트업에서 개발자를 구하기도 어렵고 그 몸값을 맞추기도 어렵다는 이야기를 많이 한다. 2018년 기준 대졸 신입 개발자 연봉으로 5천만 원을 주는 회사도 있다고 하니, 실력 있는 경력직 개발자의 연봉이 얼마나 높을지는 말하지 않아도 되겠다.

그렇게 실력 좋은 개발자 2~3명을 뽑는다면, 초기 스타트업에서 1년에 2~3억을 쓰는 건 정말 일도 아니다. 그런데 몇억씩 들고 사업을 시작하는 스타트업이 어디 많은가? 대표가 직접 개발을 할 수 있다면 초기에 시간이 조금 더 걸리더라도 직접 제품 개발에 뛰어들 수 있고, 같은 자본금으로도 더 오랫동안 사업을 영위할 수 있다. 자본금이 떨어지는 속도가 늦춰진다는 것은 그만큼 회사가 생존할 가능성이 높아진다는 말이기도 하다.

그리고 많은 회사가 제품을 만들기 위해서 외주를 맡기는 경우가 많다. 그런데 이 상황에서 문제는 제품이 한 번 출시된 이후에 그 제품을 한동안 사용할 것이라는 전제이다. 실제로는 서비스가 출시된 이후 고객의 피드백을 받아서 더 빠르게 발전해야 하는데, 외주에 의존한 서비스는 이

속도가 매우 더딜 수밖에 없다. 하지만 대표가 개발에 직접 참여하고 있다면, 외부 팀과의 의사소통에 드는 비용을 최소화하고 고객 피드백을 통한 제품 개발에 힘을 쏟을 수 있기 때문에 더 좋은 제품을 만들 수 있다.

또한 단순히 제품의 기능이 작동하는 것뿐만 아니라, 얼마나 장애 상황에 잘 대처하는지도 중요하다. 고객들의 돈이나 민감한 정보를 다루는 서비스일수록, 한 번의 서비스 장애가 많은 고객의 이탈로 이어질 가능성이 크다. 그런데 많은 대표들이 이런 서비스의 안정성에 대한 중요성을 모른다. 사업 초기에 확장성에 대한 고려가 전혀 안 된 제품을 만들고 서비스를 시작하는데, 초기에는 고객이 거의 없고 이 상태에서 망하는 경우가 많기 때문에 크게 문제가 없지만, 간혹 갑작스럽게 많은 고객이 유입되는 경우에는 적은 동시 접속자로도 서비스가 마비되는 사태가 발생할 수 있다. 이런 상황을 막기 위해서는 대표가 그 중요성을 인식하고 초반에 시간이 더 걸리더라도 개발자들이 이런 부분을 충분히 고려하여 서비스를 개발할 수 있도록 동기를 부여하여야 한다. 그렇지 않으면 사고가 터졌을 때 줄사표를 내는 개발자를 보게 될 수도 있다.

기술 트렌드

개발자가 창업을 했을 때의 또 다른 장점은 대표가 기술의 변화에 매우 민감하게 반응할 수 있다는 점이다. 기술에도 유행이 있다. 그리고 남들보다 빠르게 기술의 발전을 읽고 관련 서비스를 만들어서 훌륭하게 성공한 사례를 적지 않게 볼 수 있다. 개발자라는 직업은 누구보다 가까이 기술을 접하는 일이다. 많은 사람들이 존재하는지도 모르는 기술을 개발자는 일상적으로 사용한다. 기술이 충분히 서비스를 만들어 낼 만큼 발전했지만 아직 제대로 된 서비스가 없는 경우, 시장을 선도하는 서비스를 만들 수도 있다.

그리고 투자자들도 최근 기술을 가진 기업에 투자하려는 경향이 강하다. 회사가 자신만의 기술을 갖고 있다는 것은 그만큼 다른 회사에서 비슷한 서비스를 따라 만들기 힘들다는 의미이고, 그만큼 경쟁이 덜하다는 의미이다. 투자자에게 한 시장을 독점할 수 있다는 것만큼 매력적인 것은 없고, 그것은 사업가 본인에게도 마찬가지다. 특정 기술에 매력을 느낄 때 그 분야의 전문가라고 불릴 수 있을 만큼 공부하고 빠르게 사업화한다면, 충분히 큰 가치의 서비스를 만들 수도 있고 이런 기술을 가진 기업의 경우 큰 회사들이 인수를 희망하는 경우도 많다.

개발자 출신 사업가가 더 배울 점

하지만 개발자 출신 사업가가 가지는 약점도 분명히 존재한다. 대체로 오랫동안 개발을 해 온 사람은 사람을 대하는 기술이 약한 경우가 많다. 개발자들과 어울렸기 때문에 개발자를 대하는 방식에는 익숙하겠지만, 그 외 다른 팀과의 의사소통에는 능하지 못한 사례를 자주 본다.

그뿐만 아니라 대표가 회사를 운영하면서 신경 써야 할 부분은 기술적인 부분만은 아닌데, 해 오던 일이 개발이다 보니 개발 이외의 일을 잘 챙기지 못하기도 한다. 그래서 채용, 기업 문화 구축, 비전 제시 등 대표가 해야 할 다양한 일을 뒤로하고 개발 업무에만 집중하다 보면 팀원들이 회사에 마음을 두지 못하고 떠나게 되는 것이다.

이런 경우 최대한 경영 전반에 대한 내용을 빠르게 공부하되, 잘 모르는 부분에 대해서는 빠르게 인정하고 자신의 부족함을 채워 줄 사람을

파트4 ⋯ 다양한 개발자의 삶

외부에서 영입하는 것이 좋다. 단, 기업의 비전이나 제품의 방향성에 대해서는 대표 본인이 끊임없이 고민하고 다른 사람들과 대화를 나눠서 합의를 이끌어 내야 하는 부분이라고 생각한다.

HOW A HISTORIAN BECAME A DEVELOPER

비전공자에서
데이터 분석가로

INTERVIEWEE
KPMG 컨설턴트 **조은성**

조은성님은 대학교에서 경영학을 전공하였으나, 대학교 재학 중 1년 간 회사 생활을 경험하면서 데이터 분석가의 길을 걷기로 결정하였다. 이 길을 걷기 위해서 비즈니스 도메인 지식, 프로그래밍, 통계학 3가지의 벽을 넘어야 했다고 한다. 조은성님이 어떤 식으로 이 길을 개척했는지 살펴보자.

마르코(이하 '마') 오늘은 KPMG에서 데이터 분석가(컨설턴트)로 일하고 계신 조은성님을 모시고 이야기를 나눠 보려고 합니다. 조은성님께서는 경영학과에 입학하고, 데이터 분석가로 경력을 전환한 경험을 가지고 계신데요. 비전공자로서 어떻게 데이터 분석가로 경력을 시작할 수 있는지 궁금한 분들께 도움이 되리라 생각합니다. 조은성님, 자기

소개 간단하게 부탁드릴게요.

조은성(이하 '조') 안녕하세요, 저는 경영학부를 졸업하고 현재 외국계 컨설팅 회사인 KPMG 컨설턴트로 데이터 분석 업무와 컨설팅을 하고 있는 조은성이라고 합니다.

마 오늘 이렇게 함께 해 주셔서 정말 감사드립니다. 은성님께서 경영학과로 대학교에 입학하시고, 이후에 엔지니어링에 관심이 생겨서 소프트웨어라는 학과에 복수전공을 하신 거로 알고 있어요. 그런데 문과생인 제가 보기에 경영학이라는 전공과 소프트웨어라는 전공이 굉장히 다른 것 같은데, 그걸 하시는 과정에서 어려운 점이 있었나요? 그리고 복수전공을 하고 나니 그 이후에 도움이 된다고 느낀 점이 있었나요?

조 저도 제가 소프트웨어 관련된 공부를 하게 될 거라는 생각은 못 했었는데요. 학교에 다닐 때 1년 정도 크몽이라는 회사에 다녔습니다. 그때 기획자로 일을 했는데, 숫자 없이 아이디어로만 전략을 도출하는 데 한계를 많이 느꼈어요. 그래서 기획자로서 나만의 무기를 찾고 싶다고 생각을 했는데, 그게 저는 데이터 분석이었던 것 같아요. 개발자들 옆에서 SQL 쓰는 것을 배워서 실제로 데이터를 뽑아 보기도 하는 과정이 저에게는 굉장히 즐거웠어요. 그래서 아직 학교를 졸업하지 않았으니, 학교에 가서 제대로 배워 보자는 생각이 들어서 복수전공을 하게 되었습니다.

마 지금 데이터 분석가로 일을 하고 계신데, 소프트웨어 학과에서 공부했던 부분이 도움이 된다고 느끼시나요?

조 제가 지금 일을 시작한 지 반년 정도 됐지만, 기본이 되는 부분에서 도움이 되는 부분이 있다고 느끼고 있어요. 그리고 데이터 분석 업무를 하려고 준비하고 계신 분이라면 프로그래밍 언어를 배우는 것을 피할 수 없을 것 같아요. 프로그래밍을 공부하다 보면 알고리즘이나 데이터베이스 등 소프트웨어에 대한 다양한 지식이 필요한데요. 이런 프로그래밍 공부를 하는 동안, 만나는 장애물을 해결하기 위한 지식을 습득하는 데 도움이 되었다고 생각합니다.

마 학교에 다니면서 스타트업에 다니셨다고 말씀을 해 주셨는데, 어떤 부분에서 데이터에 매력을 느껴서 데이터 분석가로 일을 하기로 결심하였나요?

조 크게는 두 가지 포인트가 있을 것 같은데요. 우선 첫 번째는 저 자신의 강점을 쌓아 나가는 데 매력이 있었고, 다른 하나는 기획 업무에서 모호함을 없애 주는 것이 좋았습니다. 특히 스타트업에서 기획자로 일해 보신 분이라면 느껴 보셨을 거라고 생각을 하는데요. 아무리 노력을 해도 결국 기획자 본인에게 무엇이 쌓이고 있는지 잘 모를 때가 많은 것 같아요. 그에 반해 주위의 개발자분들이나 디자이너분들은 확실하게 자기의 영역이 있고, 경험이 쌓이는 것이 보였어요. 그래서 저도 저만의 영역을 찾고 싶다는 생각이 강했습니다. 그러던 와중에 찾았던 분야가 데이터 분야였고, 실제로도 저에게 매우 매력적으로 느껴져서 커리어로 고려하기 시작했습니다. 특히 기획 쪽은 회의를 하다 보면 각자의 주관적인 의견을 주고받다 보니까, 계속 회의를 진행하다 보면 결국은 소위 말하는 '짬'이 많은 사람의 의견을 따라가게 되는 경우가 많은 것 같아요. 그런데 그렇게 경험이 많은 분의 말이라고 해서 항상 옳은 것은 아니거든요. 그런데 만약 그런 상황에서 데이터나 숫자로 어떤 전략이 더 효과가 있다고 명확하게 제시를 할 수 있으면, 감에 의존하는 것이 아니라 실제로 더 효과적인 의견을 채택하고 집행하는 데 더 수월했을 것 같아요. 그래서 이런 방식으로 기획 업무에 도움을 받고자 데이터에 관심을 가지게 되었던 것이, 데이터 분석가로 일을 하게 되는 데 도움을 주었던 것 같습니다.

마 학교에 다니는 중간에 회사 생활을 하셨던 것이 은성님께 좋은 경험이 된 것 같은데요. 저의 경우에는 다른 친구들이 많이 하는 방학 중 인턴도 못 해봤는데, 학교에 다니면서 회사에 다녀야겠다고 결정하는 과정이 쉽지는 않았을 것 같아요. 학교에 다니면서 회사 생활을 해 봐야겠다고 결심하게 된 계기가 있나요?

조 당시 저에게 영향을 많이 주셨던 분이 한 분 있어요. 저희 학회에 강연을 오셨던 분이 그때 당시에 케이큐브벤처스에서 일하시던 임지훈 씨라고, 카카오에서 대표로 일하신 분이었어요. 그분 강연을 듣고 스타트업에 관심이 많이 생겼고, 실제로 관련해서 업계가 많이 변하고 있다는 사실을 느끼게 되고 뉴스로도 접하게 되면서 문자로만 변화를 느끼는 것보다 실제로 체감해 보고 싶다는 생각을 하게 됐어요. 그래서 스타트업에 합류를 결정했습니다.

마 그러면 스타트업 생활을 정리하고 대학교로 돌아간 이후에, '나는 경력을 전환해 봐야겠다'고 결심하신 건가요?

조 네, 그 당시 스타트업에서 경험했던 것들이 데이터 분석가의 길을 걷기로 결심하게 된 가장 큰 계기였던 것 같아요.

마 그러면 제 생각에는 데이터 분석가로서 경력을 쌓겠다고 결심을 하고 난 이후에 가장 걱정될 것 같은 부분은, '어떻게 하면 데이터 분석가가 될 수 있을까?' 하는 부분일 것 같아요.

조 네, 맞아요!

마 어떤 식으로 계획을 세웠고, 어떤 방식으로 실행했는지 이야기를 해 주실 수 있을까요?

조 우선 데이터 분석을 하는 데 필요한 것이 무엇인지 찾아봤는데요. 첫 번째가 도메인 관련 지식이고, 두 번째가 프로그래밍, 세 번째가 통계라는 사실을 알게 되었어요. 학교에 돌아가서 가장 먼저 시작했던 건 컴퓨터 공학 관련 복수전공을 하는 일이었어요. 학교에서 컴퓨터 공학 관련된 공부를 마치려고 노력을 했고요. 그런데 학교에는 코딩이나 통계 관련해서 R과 같은 언어를 알려 주는 수업이 없었어요. 그래서 그런 나머지 공부들은 학교 밖의 학원 같은 곳을 통해서 해결하려고 노력했습니다. 마지막에 남은 통계 지식은 이런 방식으로도 해결하기가 쉽지 않았는데요. 통계 쪽은 지금 해외의 코세라(Coursera)나 에드엑스(EdX) 같은 곳의 강의를 이용하면 해결할 수 있는 좋은 환경인 것 같아요. 저렴한 가격에 언제든지 접근할 수 있다는 장점도 있고요. 통계 쪽은 아직도 부족하다고 느껴서 이런 강의를 통해서 지속적으로 공부하고 있습니다.

그런데 이 세 가지만 채웠다고 끝나는 건 아닌 것 같아요. 데이터라는 것이 실제로 데이터를 만져 보고 가공해 보는 작업을 통해서 경험해야 익숙해지는 것 같은데, 학부생이었을 때는 그런 데이터에 접근할 기회가 없었어요. 스타트업에서 일할 때는 데이터베이스에 접근할 기회가 많았는데, 다시 학교로 돌아오고 나니 그런 데이터를 얻기가 너무 힘이 들더라고요. 그래서 이 세 가지 공부를 마친 후에는 최대한 다양한 데이터를 접하려고 노력했습니다.

파트4 ··· 다양한 개발자의 삶

마 다양한 기술을 공부하셨는데, KPMG에 입사하는 데 어떤 기술이 가장 중요하다고 생각하시는지, 그리고 현재 일을 하면서는 어떤 기술을 가장 많이 활용하고 계신지 알려 주실 수 있을까요?

조 물론 세 가지 기술 모두 중요하겠지만, 지금 업무를 수행하는 데 가장 도움이 되는 부분이라면 컴퓨터 관련 지식이에요. 왜냐면 실제로 일을 할 때 코드를 직접 짜는 경우가 많고, 이런 코드를 짜는 것은 컴퓨터 공학 수업에서 알려 주지는 않지만 그 당시 배웠던 지식들이 바탕이 되어 일을 하기 때문에, 컴퓨터 관련 지식을 가장 중요하다고 말하고 싶어요. R이라는 언어에는 실제 통계학으로 석 · 박사 하시는 분들이 만들어 놓은 라이브러리도 많아요. 그래서 실제로 통계학적 지식을 깊이 이해하지는 못하더라도, R의 라이브러리에 접근해서 그런 통계를 충분히 사용할 수 있거든요. 물론 깊이 있게 이해하는 사람과의 능력치는 차이가 날 수 있겠지만요. 그럼에도 어찌 됐든 그 일을 할 수 있게 만들어 주는 기술이 첫 번째는 코딩 역량 그리고 이후에는 컴퓨터 공학 관련된 지식이라고 생각합니다.

마 지금 KPMG라는 외국계 컨설팅 회사에서 일하고 계신데요. 스타트업에서 처음 일을 했을 때와 마찬가지로 상상 속의 데이터 분석가 업무와 실제 데이터 분석 업무를 하면서 '이런 점이 다르구나'라고 느끼는 부분이 있을 것 같아요.

조 데이터 공부를 하는 분들이 접하는 데이터 대부분이 굉장히 깔끔하고 아름다운 데이터인 경우가 많아요. 저도 회사에 들어가기 전에는 캐글(Kaggle) 같은 곳에서 엄청나게 깔끔하게 정제된 데이터를 가지고 연습을 많이 했는데요. 실제 제 경험도 그렇고 다른 회사에서 데이터 분석가로 일하는 친구들의 이야기를 들어보면 회사에서 다루는 데이터는 그렇게 아름답지도 않을뿐더러, 실제로 다룰 수 있는 데이터를 구하는 일도 굉장히 힘들더라고요. 데이터 안에 중복이 있는 경우도 있었고, 실제 사용 가능한 데이터로 만들기 위해서 가공을 해야 하는 일도 많았어요. 그래서 실제 데이터 분석가 업무의 많은 부분이 데이터 정제라는 것을 알게 되었어요. 그리고 지금 일하고 있는 회사는 컨설팅 회사다 보니 데이터 분석 작업뿐만 아니라, 문서 작업 등 기획 작업도 많이 하게 되더라고요. 하지만 이런 업무도 앞서 말씀드렸던 데이터 관련 지식 중 도메인 지식에 속한다고 생각을 하고 배우는 마음으로 일을 하고 있습니다.

마 아직 일한 지 6개월 정도밖에 되지 않아서 모르는 것이 많다고 겸손하게 말씀해 주셨지만, 데이터 분석가의 길을 걷기 위해 노력하는 분들에게는 은성님의 이런 경험이 많은 도움이 될 것 같아요. 사실 데이터 분석 전공이라는 것이 존재하지 않으니까요.

조 맞아요.

마 데이터 분석가로 일하기 위해서는 말씀해 주신 것처럼 도메인 지식, 프로그래밍, 통계학 등 다양한 분야의 지식이 필요한 것 같은데요. 사실 관련 전공 중 하나의 전공을 공부하고 있거나 공부했다고 하더라도 결국 데이터 분석 업무에서는 모두 비전공자가 아닌가 생각이 들어요. 모든 지식을 한 번에 가지고 있을 수는 없으니까요. 이런 비전공자분들에게 이런 식으로 준비를 하면 데이터 분석과 관련된 직무로 일을 시작하는 데 도움이 될 거라고 생각하는 방향이 있을까요?

조 굉장히 쉬우면서도 어려운 질문이라고 생각하는데요. 가장 중요한 점은 실제 데이터를 사용할 수 있는 환경에 노출되는 것이라고 생각해요. 그리고 그 데이터를 가지고 어떤 식으로든 의미를 뽑아 보고, 데이터를 정제해 보는 경험을 하는 것이 큰 도움이 된다고 생각합니다. 실제로 자신만의 포트폴리오를 만들어 보는 것이 중요하고요. 그러기 위해서는 자신이 다룰 수 있는 언어가 있어야 하기 때문에, 데이터를 다룰 수 있는 언어를 하나 공부하는 것을 추천하고 있습니다. 언어는 크게 세 가지가 있는데 SQL, R, 파이썬이 데이터 분석 업무를 하시는 분들이 주로 다루는 언어들이에요. 그중에서 어떤 언어든 좋으니까 한 언어를 정하고, 그 언어를 충분히 맛보고, 그걸 통해서 자신이 관심 있는 분야의 데이터를 다뤄 보는 경험이 데이터 업무에 재미를 느끼게 하는 데 중요한 요소라고 생각합니다.

마 데이터 분석이라는 업무는 오래 존재했지만, 이전에는 '데이터 분석가'라는 이름을 붙이지 않고 기획자가 겸하는 업무의 한 갈래로 진행되어 왔다고 생각하는데요. 최근에 데이터의 중요성이 커지면서 '데이터'의 이름을 붙인 직무가 많이 생겨나고 있다고 느껴요. 그런데 이런 직무에 바로 들어가고 싶은 분들이 느끼는 가장 큰 걱정은 회사에 '내가 공부한 내용을 어떻게 증명할 수 있을까'라는 부분이라고 생각을 하거든요. 그래서 많은 분들이 관련 학위를 따려고 노력하거나, 수료증을 받는다거나, 포트폴리오를 만드는 등의 작업을 하는 것 같아요. 은성님께서는 어떤 방식으로 스스로 쌓아 온 경험을 증명하셨는지, 그리고 어떤 방법이 가장 효과적이었다고 생각하시는지 궁금합니다.

조 저도 비슷한 고민을 했어요. 그리고 어떤 방식으로 회사에 내가 공부한 내용을 알릴 수 있을지도 많이 생각했고요. 그래서 실제로 취업할 때 가장 중요하게 생각했던 것이 포트폴리오였어요. 저는 석사를 할 계획도 없었거든요. 하지만 '제가 가진 기술들이 이런 것들이다.'라고 증명해야 했기 때문에 포트폴리오에 많이 집중했습니다. 포트폴리오라는 것이 무엇인지 처음에는 감이 오지 않지만, 계속 포트폴리오를 준비하면서 결국에는 포트폴리오란 '제가 이런 것도 할 수 있어요.'라는 걸 알리기 위해서 블로그라든지 개발자 SNS인 깃허브에 코드를 올려서 나의 전문성을 보여 주는 작업이라고 생각했어요. 지금 회사의 2차 면접을 볼 때도 "SQL을 얼마나 사용할 수 있는가?"라는 질문을 받았어요. 그래서 블로그에서 실제 SQL 작업을 해서 기록해 두었던 것을 보여 드리기도 했었고요. 그리고 지금도 계속하고 있는 작업이지만 깃허브에 작성한 코드를 올리는 작업을 꾸준히 하고 있습니다. 저는 그런 것들이 실제로 면접이라는 짧은 시간 안에 역량을 보여 주는 데 도움이 된다고 생각합니다. 석사나 박사를 하는 것도 좋은 방법이라고 생각하지만, 그런 길을 가지 않고도 데이터 분석 업무를 하기 위해서는 포트폴리오를 만드는 것이 가장 좋은 방법이라고 생각합니다.

마 지금 이 시대에 가장 핫한 데이터 분석가라는 일을 하고 계세요. 그래서 아마도 많은 분들의 연락도 받으시고 조언도 구하시리라 어렵지 않게 짐작할 수 있는데요. 저도 데이터 관련 분야에 일하고 있는 사람으로서 은성님께서는 데이터 분석가라는 직무에서 앞으로 어떤 방향을 보고 계신지가 궁금하네요.

조 앞으로 어떤 커리어를 쌓아 나갈지는 항상 고민하는 주제인 것 같은데요. 데이터 분석 업무는 회사에 입사하기 전부터 계획해 왔어요. 현재는 컨설팅 관련 업무도 함께 하고 있고요. 그래서 최근에는 금융회사의 컨설팅과 데이터 분석을 함께 하고 있는데요. 지금 당장은 금융 산업이 어떻게 돌아가고 있는지 이해를 해야, 차후에 데이터 분석을 할 때 더 원활하게 분석을 할 수 있을 거라는 생각이 들어요. 그래서 금융 산업에 관련된 지식을 확실하게 쌓는 것이 첫 번째 목표이고요. 이후에는 그런 부분들의 데이터나 IT 관련된 기술을 적용해서 새로운 것을 만들어 보는 것에도 관심이 가네요. 가령, 최근에 핫한 머신러닝이나 딥러닝 등을 활용한 영상 기술들이 업계에 많이 접목되고 있는 걸 느끼는데요. 컨설팅 회사에서 일하고 있고, 최근에는 금융 산업 관련된 프로젝트를 하고 있다 보니, 이런 것들을 어떻게 접목할 수 있을지 고민하는 단계에 있습니다.

마 말씀해 주신 것처럼 머신러닝이나 딥러닝 같은 분야가 빠르게 발전하고 있고 많은 분들이 관심을 가지고 있는 분야이기도 한데요. 회사에 다니면서 새로운 분야를 공부하기가 쉽지 않을 것 같아요. 혹시 어떤 방식으로 따로 공부하고 계신지 이야기해 주실 수 있을까요?

조 말씀해 주신 것처럼 회사에 다니면서 새로운 분야를 공부한다는 것이 쉽지 않은 일인데요. 주말 시간을 활용해서 스터디를 하거나, 퇴근한 이후에는 평일 저녁 시간 확보가 규칙적이지 않다 보니 시간이나 장소에 구애받지 않고 공부할 수 있는 방법이 있으면 좋을 것 같아요. 그래서 지금은 남는 시간에는 코세라 같은 인터넷 강의를 통해서 통계 공부를 하고 있어요. 그리고 캐글 같은 사이트에서 실제 기업들이 올린 데이터를 받아서, 틈틈이 데이터를 만져보면서 제대로 된 포트폴리오를 만드는 형태로 자투리 시간을 활용하고 있습니다.

마 오늘 이렇게 좋은 이야기 많이 들려주셔서 데이터 분석가로 경력을 시작하고 싶은 많은 분들께 도움이 되었을 것 같아요. 시간 내주셔서 정말 감사드립니다.

조 인터뷰 초대해 주셔서 감사합니다.

오픈소스, 개발자 커뮤니티, 그리고 해외 취업

INTERVIEWEE
그랩 안드로이드 개발자 **정승욱**

정승욱님은 국내에서 다우기술, 잔디라는 기업용 메신저를 개발하는 토스랩에서 일하였고 현재는 싱가포르에서 그랩이라는 택시 O2O 서비스의 안드로이드 개발자로 일하고 있다. 안드로이드 개발자로 최고의 경력을 쌓아나가고 있는 승욱님의 경험이 국내외 많은 모바일 개발자분들에게 좋은 조언이 될 거라고 생각한다.

마르코(이하 '마') 안녕하세요. 오늘은 싱가포르 그랩에서 안드로이드 개발자로 일하시는 정승욱님을 모시고 이야기를 한 번 나눠 보겠습니다. 간단하게 자기소개 좀 부탁드립니다.

정승욱(이하 '정') 안녕하세요, 정승욱입니다. 한국에서 7년 정도 일을 하고,

작년 중순부터 그랩 택시에서 안드로이드 엔지니어로 일을 하고 있습니다.

마 오늘 시간 내주셔서 정말 감사드려요. 한국에서 오래 개발자로 근무를 하시다가 현재 싱가포르에서 일을 하고 계신데요, 오늘 승욱님께서 해 주시는 이야기가 개발자가 되려고 하는 분들, 그리고 한국에서 개발자로 일하면서 싱가포르 취업을 희망하는 분들께 많은 도움이 될 것 같습니다. 관련해서 질문 몇 가지 드리도록 할게요.

먼저 승욱님께서는 컴퓨터 교육과를 졸업하셨는데요, 동기분들 중에는 개발자가 아닌 교사로 근무하고 계신 분들도 많을 것 같아요. 컴퓨터 공학 전공과 교육학 전공이 어떻게 다른지 궁금합니다.

정 먼저 컴퓨터 공학과 교육학 전공의 차이에 대해 말씀드릴게요. 제 주관적인 이야기를 바탕으로 하고 있기 때문에 모든 것이 일반화될 수 없다는 점을 참고해 주시면 좋을 것 같아요. 교육과의 경우는 교육에 초점을 둔 커리큘럼이 조금 더 추가되어 있어요. 대신에 공학에서 배우는 심화 과정이 많이 빠져 있습니다. 아무래도 학과생들이 주로 교육이나 교직에 관심이 많다 보니 컴퓨터 자체에 대한 관심은 상대적으로 적은 편이고, 학과 분위기가 공학과에 비해서는 컴퓨터 공학 자체에 관심을 가지는 학생 수가 적습니다. 교수님도 그 현실을 인지하고 계시기 때문에 수업의 깊이가 공학과에 비하면 얕은 편입니다. 대신에 교육이 전공이다 보니 커뮤니케이션이나 심리학과 같이 엔지니어가 가지기 어려운 소양을 익힐 수 있는 장점이 있습니다. 저는 이부분에서 혜택을 많이 봤다고 생각해요. 일반 공학과에서는 익힐 수 없는 소양을 교육과를 전공했기 때문에 얻을 수 있었어요. 반면에 부족한 공학적 지식은 개인적인 공부를 통해서 채워 나가야 했습니다.

지식의 목마름을 채우기 위해 학교에 다니면서 공학과 수업을 청강하기도 했어요. 진로 자체는 사범대생이다 보니 중등 교육 쪽으로 많이 빠지게 됩니다. 다만 제가 재학 중이던 당시에는 컴퓨터 교사가 아직 지금처럼 각광받지 못하는 시기였어요. 그래서 어쩔 수 없이 많은 학생들이 타 학과를 복수전공으로 선택해서 수학 선생님이나 영어 선생님으로 진로를 변경하는 경우가 많았습니다. 일부는 저처럼 소프트웨어 개발에 관심을 가져서 프로그래머가 되기도 했고요.

마 교육학과를 전공했기 때문에 교직에서 일할 기회도 있으셨을 것 같은데, 어떻게 프로그래머가 되기로 결정하였는지 이야기를 들려주시면 좋을 것 같아요.

정 저 같은 경우는 교육보다는 프로그래밍에 훨씬 큰 재미를 느꼈어요. 가장 결정적인 계기가 된 것이 모든 사범대생이 3, 4학년 때 나가는 교생 실습이었습니다. 교생 실습을 나가면 1~2달가량 학교생활을 하면서 학생들을 가르치는 경험을 하게 되는데요, 생각보다 저랑 안 맞더라고요. 제가 생각 이상으로 낯을 가리는 성격이라는 걸 알게 되었어요. 그래서 그때 진로를 프로그래머로 확실하게 바꿔야겠다는 생각을 하게 되었습니다.

마 그러면 교생 실습을 나간 이후에 개발자가 되어야겠다고 결심을 하고 더 준비하신 것들이 있나요?

정 지금은 학생들이 포트폴리오를 준비하는 것이 일반적인데요, 당시에는 포트폴리오를 준비하는 학생들이 거의 없었어요. 포트폴리오 만드는 방법을 배워야 하는데 당시에 학과 선배 중에도 포트폴리오를 준비하는 분들이 많지 않았고요. 그래서 혼자서 공부하면서 일단 프로그램을 만들어봐야겠다고 생각을 했어요. 원격 제어 프로그램과 안드로이드 모바일 앱 2~3개가량을 혼자서 출시했어요. 8년 전이니까 앱 자체가 많지 않아서 포트폴리오가 굉장히 큰 도움이 됐어요.

마 포트폴리오만 잘 정리해서 보여 주면 회사에서 큰 관심을 보였을 것 같아요.

정 네, 당시에는 학생이 포트폴리오를 준비하는 경우가 드물다 보니 더 효과가 좋았던 것 같아요.

마 대학교를 졸업한 이후에 한국에서 두 군데의 회사에 다니셨는데요. 다우기술 그리도 잔디, 이 두 회사에 관해 소개 좀 부탁드릴게요.

정 첫 번째 회사였던 다우기술에는 4년 가까이 다녔어요. 규모가 있는 중견 기업이었는데요, 내부에 자체 서비스를 하는 팀, 솔루션을 하는 팀, 그리고 신규 제품을 만드는 팀도 있었어요. 그중에서 저는 신규 제품을 만드는 모바일 개발팀에서 근무했습니다. 당시 국내에 안드로이드와 아이폰 앱이 출시가 되던 시기여서 관련 부서가 막 생기는 와중에, 저는 앞서 말씀드린 포트폴리오 덕분에 모바일 개발팀에 안드로이드 개발자로 입사할 수 있었어요. 4년 동안 출시/미출시 제품을 포함하여 약 10개가량의 서비스와 솔루션을 만들었습니다. 두 번째로 근무한 회사는 잔디라는 대표 서비스를 가진 토스랩이었습니다. 슬랙 같은 기업용 채팅 서비스를 하는 스타트업인데요, 초기 멤버 중 한 명으로 약 2년 3개월가량 안드로이드 개발자로 근무했습니다. 운이 좋게 회사가 성장하는 과정을 지켜볼 수 있었죠.

마 그 이후에 토스랩에서 잔디를 개발하셨는데요, 팀 구성원들이 굉장히 글로벌한 회사였다고 들었어요. 어떤 분들과 함께 일했는지 이야기 들려주시면 좋을 것 같아요.

정 토스랩은 구성원들이 독특한 회사였어요. 우선 코파운더와 초기 투자자분들 중 한국 국적자분들과 한국 국적이 아닌 분들이 절반씩 섞여 있었어요. 회사가 성장해 나가는 과정에서 외국 경험이 있으신 분들이 점점 더 많이 늘어났고요. 그러다 보니 회사 안에서도 영어로 대화를 나눌 기회가 자연스럽게 많아졌습니다. 결정적으로 CEO가 중국계 미국인이었고, 한국어를 전혀 할 줄 모르는 분이셨어요. 출근하자마자 면담을 하자고 하시는데, 저는 당시에 영어로 대화를 할 준비가 전혀 되어 있지 않았어요. 어떻게든 자리를 피하고 싶었지만, CEO가 대화를 하자고 하는데 피할 수가 없잖아요(웃음). 그런 상황이 오랫동안 지속되다 보니 자연스럽게 영어에 노출이 많이 됐던 것 같아요. 구성원들이 다국적이었던 것뿐만 아니라, 다른 큰 기업이나 다양한 경험을 한 분들이 굉장히 많이 모여 있는 조직이었어요. 한 분 한 분 모두 자기 분야에서 전문성을 가지고 계신 분들이기도 했고요. 그렇기 때문에 각자의 업무에 대한 자부심도 있었고요. 그러다 보니 스타트업이 가지는 최대 장점 중 하나라고 하는 수평적인 조직 구조가 자연스럽게 생기게 된 거죠. 외국인이 많다는 점도 있고, 또한 각자 자기 분야의 전문성을 가진 사람들이 수평적 커뮤니케이션을 원하고 있었다는 점이 컸어요. 그래서 자연스레 C-level 임원들과도 친하게 지낼 수 있는 수평적 구조를 갖추다 보니, 업무에 대한 커뮤니케이션도 원활하게 이루어진 것 같아요. 개인적인 생각으로 한국에서 굉장히 찾아보기 힘든 자유로움의 끝판왕에 가까운 회사였습니다.

마 토스랩에서 경험했던 수평적 문화와 영어로 커뮤니케이션하는 과정이 승욱님께서 지금 해외에서 일을 하겠다고 결심하는 데 많은 영향을 미쳤을 것 같아요. 어떤 계기로 토스랩을 퇴사하시고 해외 취업을 결정하게 되었는지 궁금합니다.

정 제가 첫 회사를 퇴사하게 된 계기 중 하나가 엔지니어라면 외국을 경험해 봐야 한다는 확고한 생각이었는데요. 토스랩은 저에게 굉장히 좋은 징검다리가 되어 주었던 것 같아요. 외국인 비율이 높은 수평적회사였다는 점에서 '외국에서 일한다는 게 이런 거구나'라는 걸 간접적으로 느낄 수 있었습니다. 그러면서 일할 수 있겠다는 확신이 생겼어요. 제가 외국에 나가서 일을 할 수 있겠다고 더 강한 확신을 가지게 된 계기는 오픈소스 활동입니다. 저는 오픈소스 활동을 활발하게했는데, 그 과정에서 외국인들과 커뮤니케이션을 할 기회가 많았어요. 오픈소스 활동을 하는 개발자들 대화 속에서 느끼는 묘한 기운이있는데, 한국 회사와 굉장히 다르다고 느꼈어요. 그러면서 자연스럽게 저런 분위기 속에서 일해 보고 싶다는 마음이 한층 더 강해졌고, 외국에서 일해 보고 싶다는 결심이 서게 되었습니다.

마 토스랩에서의 생활과 오픈소스 활동을 통한 외국인 엔지니어들과의 교류가 계기가 되어서 외국에 나가야겠다고 결심을 하게 되신거네요.

정 네, 그렇죠.

마 오픈소스 이야기를 해 주셨는데요, 오픈소스 활동을 하고 있지 않은분들께서는 어떻게 시작할 수 있을지도 궁금할 것 같아요. 어떤 활동을 하였고, 어떻게 시작하였는지 이야기 들려주시면 좋을 것 같아요.

정 첫 번째 오픈소스 활동은 저 혼자 저장소 하나 만들어서 하는 깃허브를 했어요. 엔지니어가 되면 당연히 알 수밖에 없는 서비스 중 하나입니다. 당시에 구글에서 새로 만든 API를 이용해서 하나를 만들었는데, 그게 굉장히 큰 주목을 받았어요. 그런 경험이 하나씩 쌓였습니다. 제가 테스트 코드에 한참 빠졌던 시기가 있었는데요, 안드로이드의 척박한 테스트 환경에서 그걸 조금 더 좋게 만들 수 있는 Robolectric이라는 오픈소스 코드가 하나 있었어요. 그런데 초기 셋업을 하는데 일일이 하나씩 손으로 해줘야 해서 불편한 점이 많았어요. 그걸 제가 스크립트를 하나 만들어서 보완했는데, 운 좋게 오픈소스 관리자가 승인을 해 주었어요. 그러면서 오픈소스 하나에 제 이름이 올라가게 된 거죠. 그 이후에도 몇 가지 활동을 했는데 좋은 결과를 가져온 것도 있었고, 그렇지 못한 것도 있었어요. 그런 여러 활동을 하면서 자연스럽게 오픈소스 활동에 노출이 된 것 같습니다.

마 승욱님께서 구글 디벨로퍼 엑스퍼트(Google Developer Expert, 이하 GDE)로 활동을 하신 걸로 알고 있는데요, 혹시 이 그룹이 오픈소스 활동과 어떤 연관성이 있나요?

정 있을 수도 있고 없을 수도 있어요. 사실 모든 그룹 멤버들이 오픈소스 활동을 하는 건 아니고요, 그 그룹에 제가 들어갈 때 오픈소스 활동했던 로그가 큰 도움이 되긴 했습니다. 그리고 그룹 안에서 제법 큰 오픈소스 프로젝트의 커미터(Commiter)나 컨트리뷰터(Contributor)로 계신 분들도 있기 때문에, 그룹에 들어간 후에도 그분들과 관계를 쌓는 데에 오픈소스 활동이 좋은 계기가 되어 주었습니다. 앞서 말씀드렸다시피, 모든 사람들이 오픈소스 활동을 하는 건 아니지만, 유명한 몇 개의 프로젝트의 경우 좋은 대화 주제가 되면서 자연스럽게 어울릴 수 있는 계기가 되는 것 같아요. 그런 의미에서 새로운 커뮤니티

그룹에 들어가는 데 큰 도움이 되는 것 같습니다.

마 GDE 활동을 어떻게 시작하셨고, 활동할 때 어떤 이벤트 등이 있는 지 궁금하네요. 그 부분에 대해 간단하게 이야기해 주시겠어요?

정 먼저 GDE가 어떤 것인지 간단하게 설명해 드릴게요. 구글에서 국 가별로 자신들이 가지고 있는 제품이나 기술 등을 대신 홍보해 주는 조직이 있는데, 혼자이거나 굉장히 소규모인 경우가 많아요. 그래서 그 조직을 지원하기 위해 만들어진 게 GDG와 GDE입니다. GDG 는 구글의 제품이나 기술을 활용해 이벤트나 커뮤니티를 조성할 수 있는 주최자의 역할을 하고요, GDE는 주최자들이 만든 커뮤니티나 이벤트에 가서 기술을 대신 홍보하거나 엔지니어에게 조언하고 기술 적 리딩을 하는 역할을 하는 사람들의 모임입니다. 제가 GDE가 될 수 있었던 것은 운이 좋게 구글 코리아에서 GDE를 선발하겠다고 공식 발표를 한 적이 있었어요. 이를 통해 지원했고요, GDG에서 활 동했던 활동 로그도 있었고 그를 통해 내부 사람들과 자주 소통을 하 다 보니 친해지게 되어서 추천을 받게 되었습니다. 마침 시기가 잘 맞아서 추천과 더불어 활동 로그, 스피치 등을 종합적으로 평가해서 GDE로 선발되었습니다. GDE가 되면 구글이 직접 개최하는 이벤 트나 GDG가 개최하는 이벤트에 참여해서 구글의 신기술이나 제품 에 관하여 사람들에게 조언을 해 주는 역할도 하고요. 엔지니어 밋업 (Meetup)에 참가해서 구글 기술 및 제품에 대한 피드백을 취합하여 구 글에 전달하는 역할도 합니다. 외부 사람들과 구글 사이의 징검다리 역할이라고 보시면 될 것 같습니다.

마 토스랩 퇴사 후에 해외 취업을 준비하는 과정이나 현재 그랩 택시에 취업하는 과정에서도 GDE 활동이 큰 도움이 됐다고 들었어요.

정 네, 정말 GDE가 저한테는 좋은 발판이 되어 주었습니다. 해외 취업을 하는 과정에서 GDE라는 활동을 빼놓을 수가 없어요. 안드로이드라는 플랫폼 자체가 구글 의존도가 높습니다. 안드로이드 오픈소스의 90% 가까이가 구글의 소프트웨어 엔지니어를 통해서 나오기도 하고요. 해외에서는 한국의 대학이나 기업의 인지도가 그렇게 높지 않아요. 우리가 외국의 어떤 회사가 좋은지 잘 모르듯이, 외국에서도 한국의 어떤 회사가 좋은지 관심이 없어요. 대학도 마찬가지고요. 그냥 한국에 있는 대학일 뿐이에요. 연구 조직이라면 의미가 있을지 모르지만, 글로벌 회사의 경우 굉장히 많은 나라에서 굉장히 많은 사람들이 오고 각자의 출신과 이력이 다르기 때문에 크게 관심이 없습니다.

그렇지만 GDE라는 이력은 모든 글로벌 회사가 아는 구글이라는 회사에서 인증해 준 엔지니어 인증서 같은 거예요. 그러다 보니 해외 취업을 하는 과정에서 GDE라는 이력을 빼놓을 수가 없었어요. 이력서를 제출하면 면접까지 쉽게 갈 수 있었고, 역으로 GDE 경력을 보고 연락을 주는 기업의 채용 담당자들도 많이 있었어요. 저에게 아주 큰 도움이 되었습니다. 현재 제가 다니고 있는 그랩이라는 회사의 경우도, 작년에 구글에서 개최하는 개발자 컨퍼런스인 구글 IO에 참가했을 당시 현재 저의 매니저를 만난 것이 계기가 되어 취업을 하게 되었습니다. 구글 IO에서 현재 매니저를 만났을 당시에 저는 그분에 대해서 잘 몰랐는데, 싱가포르에 있는 회사고 활발하게 구인을 하고 있다는 것만 알았어요. 그래서 명함을 달라고 했죠. 그랬더니 저의 이력에 대해 물었는데 안드로이드 엔지니어고 GDE 활동을 하고 있다고 하니 흔쾌히 명함을 주더라고요(웃음). '이 친구는 구글에서 인증받은 엔지니어다'는 것이 채용 과정을 훨씬 쉽게 해 주었던 것 같아요. 저는 해외 취업에 있어서 구글 덕을 봤습니다. 인정합니다. 큰 도움을 받아서 싱가포르에 있는 회사 두 군데, 그리고 캐나다에 소재한 회사 두 군데 면접을 봤고 최종적으로 그랩에서 취업 제의를 받았습니다. GDE 이력 덕분에 커다란 기회를 얻게 됐죠.

마 GDE 덕분에 현재 매니저분도 만나게 되고 혜택을 많이 봤다고 말씀하셨는데요, 저는 사실 승욱님께서 겸손하게 말씀을 하셨지만 본인 스스로도 많이 노력하셨다는 생각이 들어요. 한국에도 실력 좋은 개발자분들이 많이 계신데 해외에 나가야겠다고 결심을 해도 쉽사리 도전하지 못하게 되는 게 바로 영어 때문인 것 같습니다. 승욱님께서도 특히 영어에 힘을 많이 쏟으셨을 것 같아요. 현재 싱가포르에서 모국어나 제2외국어로 영어를 하는 개발자들과 함께 일을 하고 계시잖아요. 영어 공부 방법을 공유해 주시면 좋을 것 같아요.

정 저는 퇴사를 하고 본격적으로 영어 공부를 했어요. 하루에 짧게는 6시간에서 길게는 8~9시간 정도 영어 공부만 할 수 있는 시간이 있었어요. 퇴사 전에는 회화 학원에 다녔는데요, 9~10개월 정도 초급 영어반을 다니면서 실력 향상 목적이 아니라 자신감 고취를 목적으로 공부를 했습니다. 퇴사 후에는 영어 회화반에서 아이엘츠 공부도 3달 정도 함께 했어요. 처음에는 호주, 캐나다 같은 영국 문화권인 나라로 가야겠다는 마음이 있었기 때문에 아이엘츠를 준비해야겠다 마음을 먹었죠. 기초가 제대로 안 잡힌 상태에서 문법, 쓰기, 듣기, 말하기를 한 번에 공부하기에 아이엘츠가 제일 좋겠다는 판단도 있었고요. 그때 문법 기초와 업무를 할 때 유용한 비즈니스 영어를 익힐 수 있었던 것 같아요. 미국 드라마에서 보는 일상 회화와 비즈니스에 사용되는 영어는 또 다르잖아요. 사소한 실수도 학원에서 교정을 많이 해 주다 보니 큰 도움이 됐어요.

그런데 결정적으로 영어 실력이 정말 많이 늘었던 건 면접을 통해서였어요. 정말 아이러니하죠(웃음). 제가 싱가포르에 가야겠다고 결심을 했던 게 5월이었는데, 그 후에 회사에 지원해서 계속 인터뷰를 봤어요. 3차 정도까지 면접이 있는 회사도 있어서 횟수로 따지면 약 20번 정도 면접을 봤던 것 같아요. 면접을 보면 볼수록 면접 영어 스킬이 늘어요. 왜냐하면 모든 회사가 면접 진행할 때 포맷이 거의 비슷하거든요. 엔지니어의 특징인지, 인터뷰 질문이 그렇게까지 다양하지 않더라고요(웃음). 항상 하는 질문이 컴퓨터 공학에 관련된 질문, 아키텍트 관련 질문, 언어나 플랫폼에 관한 질문으로 범주에서 크게 벗어나지 않다 보니 모든 대답이 경험치로 쌓였어요. 제가 하는 대답뿐만 아니라 면접자의 영어를 귀 기울여 듣고 그들의 영어를 모방하면서 더 영어 실력이 늘기도 했습니다. 운이 좋게 그랩이 가장 마지막에 면접을 본 회사였어요. 감이 가장 좋을 때죠(웃음). 몇 번의 실패에 가까웠던 면접이 도움이 돼서 가장 마지막에 본 3회의 그랩 면접은 훌륭하게 마무리할 수가 있었습니다. 그간의 실패 혜택을 본 거죠.

마 그 정도면 운명인 것 같아요(웃음).

정 너는 내 운명이죠(웃음).

마 그랩에서 일한 지는 어느 정도 되셨나요?

정 작년 8월부터 일했으니 거의 1년 가까이 되어 가네요.

마 싱가포르의 좋은 개발자를 다 데려간다는 의미로 개발자 진공청소기라는 별명까지 있는 그랩에서 실력 있는 개발자분들과 어깨를 나란히 해서 일을 하고 계실 것 같아요. 물론 토스랩에서도 좋은 분들과 함께 일을 하셨지만, 현재 근무하고 계신 싱가포르 그랩과 한국을 비교했을 때 정말 좋은 경험을 했다 싶은 부분이 있다면 공유 부탁드릴게요.

정 한국의 일반적인 회사와 비교를 하면 확실히 자유도가 훨씬 높습니다. 토스랩이 이미 저에게 상상할 수 없을 정도로 자유도가 높은 회사였음에도 불구하고, 훨씬 더 자유도가 높아요. 이건 영어권 회사의 공통점인 것 같고요. 그랩이 가지는 특징 중의 하나는 엔지니어 본인이 가지는 스킬에 자부심이 굉장히 높다는 점인 것 같아요. 이를 유지하기 위해서 티를 내지는 않지만 엔지니어 스스로도 공부를 굉장히 많이 해요. 넷플릭스가 최고의 복지는 좋은 동료라는 말을 했잖아요. 그 말이 여실히 느껴졌습니다. 토스랩에서는 높은 커뮤니케이션 능력을 갖춘 개발자들이 높은 직위로 올라가는 구조였다면, 그랩에서는 높은 커뮤니케이션 능력은 기본이고 그 위에 높은 수준의 기술을 가져야만 그 자리에 올라갈 수 있는 것 같아요. 토스랩의 기술력이 낮다는 의미는 결코 아니고요(웃음). 다만, 모든 개발자가 각자의 기술에 대한 자부심을 유지하기 위해 각자의 성장 곡선을 관리한다는 문화가 저에게는 굉장히 인상적인 모습이었습니다.

마 왠지 승욱님의 이야기를 듣고 있으니 기말고사를 앞둔 고등학교의 긴장감이 떠오르는데요.

정 네, 맞아요.

마 모두 열심히 하는데 티는 내지 않고, 최고가 되기 위해 노력하는 느낌. 그런 분위기 속에 있으면 그렇게 해야 하잖아요. 그런 부분에서 느끼는 중압감도 클 것 같은데요, 스트레스는 어떻게 관리하고 계시며 또 개인적인 공부를 위한 시간은 어떻게 만들고 계신가요?

정 처음 왔을 때는 정말 스트레스가 심했어요. 동료 개발자들이 일도 열심히 하고 공부도 열심히 하다 보니 제가 가지고 있던 기술 수준이 그들의 그것에 도달할 수 없겠다는 중압감이 들어서 스트레스를 많이 받았죠. 해외 생활 자체가 처음인데 격차가 심한 동료들과 일을 하다 보니 처음 3개월 정도는 이루 말할 수 없을 정도의 스트레스를 견디며 동료들을 따라가려고 엄청나게 노력했어요. 퇴근은 일찍 하는 편이었는데요, 집에 돌아와서 제가 이전에 작성했던 코드들을 하나씩 다 뜯어보는 작업을 했어요. 동료들을 지켜보니 모니터 두 개중 한 개로 일을 하면서, 나머지 한 개에 항상 유튜브를 띄워 놓고 기술 관련된 공부를 하고 있더라고요. 저는 회사 일을 할 때는 다른 걸 못하는 스타일이라 집에 돌아와서 개인 공부를 하면서 모니터에 기술 세미나 같은 유튜브를 항상 틀어놓고 지냈어요.

그럼에도 불구하고 따라가지 못하는 영역이 존재했어요. 아무래도 영어 실력에 차이가 나다 보니 원어민 친구들이 영어로 나누는 기술적 깊이를 이해하기가 어려웠습니다. 그래서 '따라잡자'는 욕심보다는 '반 박자만 뒤처져서 따라가자'는 마음이 더 컸던 것 같아요. 사내에서 새로운 기술에 대한 이야기가 나오면 2~3일 정도 혼자 공부해 보고 내 의견도 갖는 방식으로요. 그럼에도 제가 팀에서 어떤 기여를 하고 있는지 끊임없이 어필은 해야 하잖아요. 해외 회사 생활의 기본이 자기 어필이기도 하고, 그래야 보상도 따라오고 말이죠. 제가 팀 내에서 갖는 우위 중 하나가 바로 생산성이었어요. 생산성 하나는 정말 자신 있거든요. 그래서 생산성 측면을 강하게 어필을 하면서, 동료 개발자들이 잘 다루지 않으려고 하는 어려운 이슈들을 나서서 담당하면서 저의 기여를 자연스레 어필했습니다. 팀 내에서 저만의 영역을 만든 거죠. 그래서 이제 어려운 이슈들이 전부 저한테 온다는 단점이 있기도 합니다(웃음). 그렇지만 이 부분이 제가 팀에서 가지는 전략적 아이덴티티입니다.

마 싱가포르나 미국 같은 나라의 특징이라고 하는데, 해고가 굉장히 자유롭잖아요. 그랩은 또 수습 기간이 6개월로 다른 회사보다 길다고 알려져 있기도 해서 그 기간 동안 스스로를 증명하기 위해 더 많이 노력을 하셨던 것 같아요. 이런 이야기가 해외 생활에 막연한 낭만을 품고 계신 분들께는 경종을 울리는 좋은 이야기였을 것 같네요.

정 네, 미국식 기업 문화를 가진 나라에서는 어쩔 수 없는 부분인 것 같아요. 본인이 가진 역량을 끊임없이 어필하지 않으면 언제든지 해고 리스트에 올라갈 수 있으니까요. 저 같은 경우는 영어 실력이 부족해서 기술력으로 채워나가야 했던 부분들이 많았어요. 초반에는 힘들었지만 지금은 수습 기간도 무사히 잘 끝나고 팀에서 저만의 아이덴티티도 확고해지고 나니 중압감은 많이 사라진 것 같아요.

마 이제 좀 안정이 됐고 기술적으로 뒤처지지 않는다고 느끼기 시작한 게 어느 정도 시점이었나요?

정 수습 기간이 끝나기 전에 매니저가 짧게 이야기 좀 나누자고 저를 불렀어요. 그때 그분이 저에 대한 평가를 공유해 주면서 충분히 신뢰할 수 있는 사람이라는 걸 보여 주시더라고요. 그래서 '이대로 수습 기간만 잘 마치면 되겠다'고 안심이 됐죠.

마 기술적으로 치열한 회사에서 일하고 계신 것 같은데, 지금 승욱님 개인이나 팀에서 특별히 주목하고 있는 기술이 있다면 말씀해 주세요.

정 외부의 시선에서는 잘 보이지 않을지도 모르지만, 그랩 택시라는 앱의 사용자도 많아지고 내부의 기능이 굉장히 많아지면서, 전문성을 가진 조직을 분화해야 한다는 이야기가 나오고 있어요. 조직 구조뿐만 아니라 기술적인 부분에서도 어떻게 유기적으로 일을 잘 나눠서 할 수 있는지, 그러면서도 최대한 다른 조직 간의 소통을 효율적으로 할 수 있을지, 앱의 퀄리티를 높은 수준으로 유지할 수 있는지에 대한 고민을 많이 하고 있습니다. 매니저나 기술팀 리드들도 어떻게 하면 전문성을 가지고 각자의 도메인에서 작업할 수 있는 환경을 조성할 수 있을지에 대한 논의를 활발히 하는 것으로 알고 있어요.

마 개발자들이 자기 전문 분야에 깊이 있게 들어갈 수 있도록 돕자는 거네요.

정 네, 그렇습니다.

마 싱가포르 기업은 채용 시에 내부 추천 제도를 활발히 활용하는데요. 승욱님께서도 싱가포르 그랩 취업을 희망하는 한국 엔지니어분들을 많이 도와주고 계시다고 들었어요. HR에서 적당히 추천하라고 할 정도로(웃음). 현재 1년 정도 싱가포르에 계셨는데 승욱님이 느끼시기에 어떤 분들께 싱가포르 생활이 잘 맞을 것 같은지 이야기해 주실 수 있을까요?

정 싱가포르라는 나라는 다문화 국가입니다. 저희 팀만 해도 유럽, 호주, 동남아시아, 인도 등 세계 각지에서 온 사람들이 모여 있기 때문에 기본적으로 다양성에 대해 열린 마음을 가진 분이어야 할 것 같아요. 회사에서도 다양성을 중요하게 생각하기 때문에, 개발자 채용 시에 성비에 있어서도 남성, 여성 개발자를 모두 균등하게 채용하기 위해 노력하고 있기도 합니다. 저는 싱가포르에 처음 왔을 때 아시아의 뉴욕 같다는 느낌을 받았어요. 더 나아가서 다양성에서 오는 의견이나 관점에 대해서도 열려 있어야 합니다.

또한 싱가포르라는 나라가 그렇게 크지 않다 보니 조금 지루하게 느껴지는 경우도 있어요. 스스로 삶의 긴장감을 놓지 않을 수 있는 분들, 그리고 단도직입적으로 말해서 집돌이들한테 참 좋은 나라인 것 같습니다. 앞서 말씀드렸다시피 저는 그렇게 사교적인 사람은 아니에요. 필요한 자리에는 참석하지만, 집에서 혼자 보내는 시간도 좋아합니다. 싱가포르에서는 회사에 다녀와서 쉬다가 운동하고, 다시 집에 와서 쉬다가 잠들고, 다음날 또 출근하고 하는 일상을 반복해서 보내고 있는데, 저한테는 잘 맞는 것 같아요. 다른 관점에서 보면 주변 국가로 여행할 기회가 많다 보니 호기심이 많은 분들도 잘 맞을 것 같네요. "이런 분들께 좋아요."라고 콕 집어 말하기는 어렵네요(웃음).

마 맞아요, 아무래도 주관적인 부분이니까요. 승욱님의 의견이 궁금했어요(웃음). 민감한 질문일 수도 있지만, 승욱님께서는 지금 최고의 회사에서 좋은 커리어를 쌓아 가고 계신데요. 앞으로 개발자로서 어떤 목표를 가지고 계신지 궁금해요.

정 우선 앞으로 2~3년가량은 제 도메인 분야인 안드로이드를 꾸준히 할 것 같아요. 최근에 블록체인, 머신러닝, AI와 같은 신생 분야 기술들도 많이 탄생하고 있잖아요. 그래서 그런 분야에 대한 지식을 조금 넓히고 싶다는 욕심도 있습니다. 최근에 준비하고 있는 부분들도 있고요. 그런 분야를 제 도메인으로 삼아 전환하고 싶다는 생각은 아니지만 언제든 기회가 있다면 뛰어들 수 있을 정도로 준비를 하고 싶습니다. 또한 가급적이면 관리직이 되고 싶지 않았는데, 최근에 이런 사람들과 함께라면 관리직도 괜찮겠다는 생각이 들더라고요. 영어 실력의 장벽이 있다 보니 아주 높이는 어렵겠지만, 중급 매니저까지는 도전해 보고 싶어요.

마 그렇군요. 개인적으로도 궁금했던 이야기를 들을 수 있어서 정말 좋은 시간이었습니다. 오늘 이렇게 시간 내주셔서 정말 감사드립니다.

정 저도 정말 즐거운 시간이었습니다. 많은 분들께 도움이 됐으면 좋겠습니다.

비전공자로서 국내 대기업, 그리고 해외 취업 개발자로

INTERVIEWEE
개발자 **김정훈**

김정훈님은 경제학과를 졸업하고, 특이하게도 졸업 후 영업사원으로 입사했으나 개발자로 직종을 전환하였다. 그리고 프리랜싱, SI 등 다양한 일을 하다가, 최근에 싱가포르에 개발자로 취업해서 일하고 있다. 개발자로서 걸을 수 있는 다양한 정훈님의 이야기가 많은 분들이 진로를 결정하는 데 도움이 될 거라고 생각한다.

마르코(이하 '마') 안녕하세요 여러분. 오늘은 김정훈님을 모시고 인터뷰를 진행해 보려고 하는데요, 정훈님께서는 한국에서 경제학과를 전공하시고 S사를 거쳐서 싱가포르에서 개발자로 근무하고 계십니다. 비전공자로서 어떻게 개발자가 되었고 해외 취업을 하였는지 들어볼 수 있을 것 같네요. 정훈님 자기소개 좀 부탁드릴게요.

김정훈(이하 '김') 안녕하세요. 저는 싱가포르에서 프로그래머로 근무하고 있는 김정훈이라고 합니다. 싱가포르에 거주한 지는 1년 반 정도 됐고, 현재는 e-commerce 회사에서 소프트웨어 엔지니어로 일하고 있습니다. 요즘은 주로 프런트엔드를 많이 하고요, 백엔드도 조금씩 개발하고 있어요. 그때그때 필요에 따라 기술을 익혀서 이런저런 개발을 하고 있습니다.

마 경제학을 전공하고 현재는 전공과는 다른 일을 하고 계신데요. 학교에 다니면서 프로그래밍 관련 수업을 들은 적이 있으신지 궁금하네요.

김 제가 초등학교 때 컴퓨터 학원이 유행이었어요. 제대로 된 프로그래밍이라기보다는 워드프로세스 자격증이나 정보처리기능사 자격증을 따는 학원이었는데요. 저도 그렇게 공부를 시작했어요. 학교에 보면 컴퓨터 조립하고 그런 아이들 있잖아요, 컴퓨터 키드. 저도 그런 아이 중 하나였어요. 집 근처 전자상가에 가서 컴퓨터 가게 아저씨들이랑 놀고 하면서 컴퓨터랑 친해졌죠.

마 굉장히 어릴 때부터 컴퓨터를 좋아하셨군요?

김 맞아요. 동아리 활동이 특성화된 고등학교에 다녔는데요, 당시에 전산 반에서 활동하면서 축제 때 프로그램도 작성해서 납품하고 했던 기억이 있네요. 지금 생각하면 말도 안 되는 코드이긴 하지만요(웃음). 그리고 학교에 다닐 때 플래시를 좀 봐달라고 부탁을 받았어요. 플래시 액션 스크립트 1.0이 나왔을 땐데, 만지다 보니까 재미있더라고요. 우연한 기회로 아르바이트도 했었고요. 학문이라기보다 생활로서의 프로그래밍을 했던 것 같아요. 기초 없이 어떻게든 돌아가게 만드는.

마 그런데 왜 대학교 전공은 경제학으로 정하셨나요?

김 대학교 때 전공을 정할 때는 딱히 컴퓨터를 전공해서 먹고 살아야겠다는 생각이 들지는 않았어요. 당시 저의 꿈은 빠르게 일확천금을 해서, 은퇴하고 놀고먹는 거였거든요(웃음). 그래서 경제학을 공부하면부자가 될 수 있을 줄 알고 경제학을 선택했죠. 학과 공부는 그렇게 열심히 한 편은 아니었고, 컴퓨터를 만지는 시간이 더 길었던 것 같아요. 제가 졸업한 학교는 문과, 이과 캠퍼스가 나뉘어 있었어요. 그래서 컴퓨터 과학 수업을 듣고 싶었는데 멀어서 문과 캠퍼스 안에 있는 컴퓨터 교육 수업을 들었는데요. C 프로그래밍 수업이 너무 재미가 없어서 포기한 경험도 있어요. 학교에 다닐 때 제대로 수업을 들은 경험은 없고요, 거의 독학으로 공부를 했네요. C보다는 자바가 재미있을 것 같기도 하고, 또 당시에 컴퓨터 공학 수업을 하던 교수님께서 요즘 자바 개발자 수요가 많아서 자바 공부를 하면 돈을 많이벌 수 있을 거라고 하셔서 자바 공부를 해서 아르바이트도 하고 했는데요. 실제로 돈을 많이 받지는 못했어요(웃음). 대학교 시절은 뭐 그렇게 보냈네요.

마 아까 플래시 개발 말씀하신 것도 대학교 때 하신 거죠?

김 네, 맞습니다.

마 프로그래밍뿐만 아니라 컴퓨터 자체와 굉장히 오랫동안 가깝게 지내신 것 같아요.

김 네, 그렇네요. 오래 만지긴 만졌는데, 기초는 별로 없는 상태에서 수박 겉핥기 식으로 많이 해 왔어요.

마 S사에 계실 때 개발 관련된 일을 하셨던 거로 알고 있는데요, 비전공자로 입사하셔서 어느 시점에 나는 개발 관련된 일을 해야겠다고 마음을 먹게 되었나요?

김 학교 다닐 때 프로그래밍 공부를 했던 것은 '프로그래밍을 해야겠다'가 아니라 IT 기반의 사업을 해서 일확천금을 노려보자는 생각이었는데요. 기술 분야다 보니 기술을 모르면 안 되잖아요. 그래서 나중에 언젠가 내가 사업할 때를 대비해서 그 근간이 되는 기술을 공부해보자고 마음을 먹었던 것 같아요. S사의 경우 사실 저는 영업 사원으로 입사했어요. 그런데 부서 배치를 받을 당시에 HR에서 새로운 프로젝트를 하는데 인원이 부족하다고 설득을 하더라고요. 프로젝트팀에 가면 프로젝트 매니지먼트를 할 텐데, 영업이랑 크게 차이가 없다며 가는 게 어떻냐고 하길래 수락했어요. 그렇게 신규 프로젝트팀으로 부서 배치를 받고, 부장님께서 개발자가 부족하다며 너 코딩 해봤다고 들었는데 개발 한번 해 보라고 하시더라고요.

마 거의 이 정도면 정훈님께 개발이 운명이 아닌가 싶네요.(웃음)

김 사실 프로젝트 구조가, 개발 자체는 아웃소싱 업체가 하고 프로젝트 관리만 하는 전형적 SI 구조이기 때문에 직접 개발을 할 기회가 많지는 않았어요. 그런데 한 번 고객사에서 갑자기 말을 바꾸면서 시스템 연결에 관한 말도 안 되는 요청 사항이 들어왔는데, 아웃소싱을 한 업체와는 그 계약이 안 되어 있어서 일을 진행할 수가 없는 상황이었어요. 그때 제가 나서서 제가 해 볼 수 있을 것 같다고 해서 처음 코딩할 기회가 생겼어요. 일과 중에는 프로젝트 관리 일이 있으니까 코딩할 시간을 많이 내기는 힘들어서 밤에 혼자 사무실에 남아서 코딩을 하곤 했죠. 당시에는 서러운 마음도 들었는데, 지금 돌이켜 생각해 보면 그 당시가 회사 생활 중에 가장 즐거웠던 것 같아요. 그 이후에 맡은 다른 프로젝트에서도 틈틈이 코딩을 할 기회가 있으면 최대한 참여해서 코딩에서 멀어지지 않으려고 노력했던 것 같아요. 그런데 조직 구조상 프로젝트 매니저들이 부하 직원이 코딩하는 것을 석연치 않게 여겨서 늘 밤에 따로 시간을 내서 했습니다.

마 관리를 해야 하는 조직에서 직접 코딩을 하겠다고 도전하는 게 쉽지 않았을 것 같아요. 팀 내에서도 '하고 싶으면 한번 해 봐' 정도의 태도였다고 말씀을 주셨는데, 그래도 계속하신 걸 보면 코딩에 대한 열정이 있으셨던 것 같아요.

김 컴퓨터를 만지게 된 계기가 예전에는 해커를 꿈꾸면서였어요. 그러다가 프로그래밍을 접하면서 무언가 만들어 냈을 때의 성취감을 느꼈던 것 같아요. 그래서 더 큰 관심을 가지게 된 것 같고요.

마 아까 말씀 주신 부분 중에, S사에서 근무할 당시 SI 업체에 아웃소싱을 주는 형태로 일을 하셨던 것 같은데요. 혹시 S사와 SI 업체의 관계나 그 업무 내용에 대해서 조금 더 말씀해 주실 수 있을까요?

김 사실 저는 S사에 근무할 당시는 SI 업체에 아웃소싱을 맡긴 경험도 있고, 퇴사 후에는 직접 아웃소싱을 하는 업체에서 개발자로 S사 프로젝트를 담당한 경험도 있습니다. 아웃소싱 업체 소속으로 일할 때는 PM이 있고, 기획자, 디자이너가 있어서 기획자가 전달해 준 기획서에 따라 코딩만 하면 됐어요. 회의에 참여할 일도 많이 없었어요. S사에서 일할 당시에는 고객사와 아웃소싱 업체 사이에서 다리 역할을 했어요. 회의를 통해서 고객의 요구 사항을 전달하고, 중간 진행 과정을 확인해서 고객사에 납품하는 역할을 했습니다.

마 개발자로서 굉장히 넓은 업무 범위의 일을 경험하셨네요.

김 네, 광범위한 일을 했죠. 대신 사람을 대할 일이 많다 보니 그로부터 받는 스트레스가 컸어요. 현재 싱가포르에서는 IT 컨설턴트라는 직종으로 분류되는 일을 했던 것 같아요.

마 네, 그렇다면 대기업 S사 퇴사를 결심하게 된 이유와 그 이후에 국내에서 어떤 일을 하셨는지 이야기 들려주실 수 있을까요?

김 처음으로 다닌 풀타임 직장이기도 했고 퇴사할 때 고민이 참 많았어요. 몇 가지 이유가 있었는데요. 먼저, 제가 처음 입사해서 들어갔던 프로젝트가 국내에서 대단히 큰 규모의 프로젝트였어요. 거의 처음 도입하는 형태의 아키텍처여서 시스템 설계를 위해 외국에서 여러 컨설턴트도 프로젝트에 투입되었는데, 어린 마음에 프로젝트 베이스로 이 나라 저 나라 다니며 일하는 그 사람들이 되게 멋있어 보였어요. 나도 언젠가는 저렇게 해외를 다니며 일하고 싶다는 꿈을 꾸었던 게 첫 번째 이유였던 것 같아요. 두 번째로 몇 년 정도 일을 하다 보니 슬럼프가 왔어요. 그러던 와중에 테드(TED) 강연을 하나 보게 되었는데, 댄 핑크의 동기 유발에 관한 이야기였어요. 지금도 다운될 때마다 한 번씩 찾아보곤 하는데요. 그 사람이 주장하는 동기 유발 요소에는 크게 3가지가 있어요. 바로 주도성(Autonomy), 전문성(Mastery), 목적(Purpose)입니다. 그래서 한 번 생각해 봤어요. '내가 지금 직장에서 주도성을 가지고 일을 하고 있는가? 전문성을 키울 수 있는 일인가? 어떤 목적을 가지고 일을 하고 있는가?'라고 스스로에게 질문을 던졌을 때 뭐 하나 만족할 수 있는 것이 없더라고요.

마 주도성이라 함은 자율성을 가지고 일을 한다는 뜻인가요?

김 예를 들어서 내가 오늘 출근했을 때, 내가 오늘 무슨 일을 할지 모르는 상황은 사람을 굉장히 피곤하게 만들잖아요. 내 일정을 내가 짤 수 없는 상황. 업무 방향성이나 일정에 대한 결정권이 너무 제한적이어서 조직의 부품이 되어 간다는 느낌이 강하게 들었던 것 같아요.

마 스스로 무엇인가를 주도하고 있다는 기분은 굉장히 중요하죠.

김 그리고 제가 마지막으로 담당했던 프로젝트는 더 글로벌한 프로젝트였어요. 저희가 직접 시스템을 만들어서 세계 각지에 배포하는 프로젝트였는데요. 당시에 저는 영어로 자기 표현을 하는 것도 힘들 정도였어요. 그러다 보니 자괴감도 들고, 회사 생활도 재미없는데 그만두고 영어 공부를 해 보자는 마음이 들었어요. 그래서 회사를 그만두고 뉴질랜드에 가서 영어 공부도 하면서 1년 정도 열심히 놀았어요. 그 후에 한국으로 다시 돌아왔어요. 당시에는 해외에서 일을 하고 싶다는 마음은 크게 없었고요, 영어를 배워서 돌아왔으니 영어를 쓸 수 있는 환경에서 일을 해 보자는 마음이었어요. 그래서 프리랜서로 일을 하기도 했고, 외국계 기업에서도 근무했고요, 스타트업을 차려 보기도 했어요. 여러 가지 일들을 했었네요.

마 저는 정훈님께서 디지털 노마드로 외국에서 일을 하신 건 알고 있었는데, 뉴질랜드에서 1년 정도 지낸 줄은 몰랐어요!

김 어학연수죠(웃음). 뉴질랜드로 어학연수를 떠나게 된 계기가 된 책이 한 권 있어요. 이탈리아에 사는 한국인 건축가가 쓴 책이었는데, 외국인으로서 이탈리아에 살면서 얻은 그 나라의 문화에 대한 지식이나 사회를 바라보는 식견에 큰 감명을 받았어요. 당시 저는 외국 생활을 해 본 적이 없어서, 나도 이방인으로서 외국에 살아보고 싶다는 생각이 들어 뉴질랜드로 떠나게 됐습니다.

마 뉴질랜드는 언제쯤 다녀오신 건가요?

김 조금 늦은 편이었어요. 한국 나이로 서른한 살 땐가?

마 그렇게 한 발 내딛는 게 정말 쉽지 않았을 것 같아요. '나가야겠다'고 결심하게 된 계기가 있었나요?

김 사실 저는 대학교에 다닐 때 '영어로 일을 해야겠다'는 생각을 한 번도 안 해봤어요. 그냥 '한국 회사에 들어가서 한국말로 일하면서 살아야지'라고 생각했죠. 그런데 입사하자마자 첫 프로젝트에 배속을 받아서 외국인 컨설턴트 세 분과 회의에 들어갔는데, 그분들을 마주하는 순간 정말 큰 충격을 받았어요. 그리고 마지막 프로젝트 배포할 때도 전화만 오면 너무 무서운 거에요(웃음). 그래서 전화를 받으면 항상 나 지금 너무 바빠서 전화 못 받으니까 나중에 메신저로 이야기하자고 하고, 번역기로 찾아보고 이야기하면서 자괴감이 많이 들었죠. 내가 생각하는 나의 모습은 이런 게 아닌데, 언제까지 이렇게 떳떳하지 못하게 살아야 하나? 스스로 한번 변해 보자는 생각을 했었죠. 그리고 또 하나의 계기는 아까 말씀드렸던 책이에요. 아무도 모르는 곳에서 이방인으로서 사는 삶은 어떤지 궁금했어요.

마 그 당시에 그 책을 보고 느꼈던 이방인으로서의 삶을 지금 싱가포르에서 살고 계시잖아요. 유학은 뉴질랜드에서 하셨고, 읽었던 책은 이탈리아에 관한 책인데, 싱가포르에서 살겠다고 결심하신 게 조금 갑작스러운 결정이었다는 생각도 드는데요. 어떻게 싱가포르로 오겠다고 결심을 하게 되었는지 궁금하네요.

김 한국에서 마지막에 다녔던 회사가 여러 나라에 지사가 있는 외국계 회사였어요. 사실 그 회사를 입사한 목적도, 그때쯤에 외국에서 근무해 보고 싶었는데 이 회사에 들어가면 파견 근무로 외국에서 일할 수 있겠다는 생각이 들어서였어요. 일하면서 해외 포지션에 여러 군데 지원을 했는데 잘 안 되더라고요. 뜬금없이 가보지도 않은 폴란드 바르샤바에 있는 포지션에도 지원을 해 보고(웃음). 싱가포르에 있는 포지션에도 지원을 했죠. 결과가 좋지만은 않았어요.

그러던 와중에 당시에 디지털 노마드라는 걸 알게 됐어요. 발리에서 개발하며 사는 분들의 글을 블로그 등을 통해 접하면서, 일단은 일을 그만두고 외국을 돌아다니면서 내 제품을 만들어서 수익화를 해 보자는 생각으로 퇴사하고 발리로 날아갔습니다. 앱을 만들어 본 경험이 없어서 자마린이라는 걸 배워서 앱을 만들자 싶었는데, 유혹이 많더라고요(웃음). 그래서 한 달 정도를 열심히 놀았어요. 너무 허송세월을 보낸 것 같아서 생산적으로 일을 하려면 도시에 살아 봐야겠다는 생각이 들어서, 싱가포르에서 1~2달 정도 지내다가 태국으로 넘어가겠다는 계획을 세웠죠.

싱가포르에 있는 동안 밋업(Meetup)이라는 서비스를 통해서 개발자 네트워킹 이벤트를 알게 되어서 참가했어요. 처음에는 어떻게 말을 걸지 했는데 생각보다 편하게 대해주더라고요. 그렇게 네트워킹 행사에 자꾸 참여하다가, 지금 제가 싱가포르에서 다니고 있는 회사에 입사하게 된 계기가 되어 준 이벤트에 참가하게 됐어요. 그 당시 저희 팀 매니저였던 분께 싱가포르에서 내 앱도 만들면서 구직도 하고 있다고 이야기를 했더니, 지금 본인 팀에서 마침 사람을 뽑고 있으니 한번 지원해 보라는 권유를 받았습니다. 그렇게 지원을 해서 인터뷰도 보고 일을 할 기회를 얻게 되었습니다. 하늘에서 뚝 떨어진 기회는 아니고요. 싱가포르에 와서 링크드인 프로필을 싱가포르로 바꾸니까 리쿠르터들한테 막 연락이 오더라고요. 신기했어요. 리쿠르터를 통해 주어진 기회로도 몇 군데 면접을 봤어요.

마 그렇군요. 정훈님께서 원래는 계속 백엔드 일을 하신 거로 알고 있고, 지금 회사에서는 주로 프런트엔드 일을 하시는 거로 알고 있는데요. 사실 개발자로서 분야를 바꾸는 게 쉬운 결정도 아니고 쉬운 일은 더더욱 아니잖아요. 어떤 계기로 분야를 바꾸게 되었는지, 또 바꿔보니 어떤지 이야기해 주시겠어요?

김 사실 프런트엔드, 백엔드를 구분하기 시작한 지 몇 년 안 돼서요. 예전에는 구분 없이 다 했거든요. 자바, 스프링으로 백엔드 개발하고, 자바스크립트, 제이쿼리로 프런트엔드 개발하고. 그러다가 SPA 프레임워크들이 나오면서 구분이 생기기 시작했죠. 자바스크립트 개발자분들께 죄송하지만(웃음) 저는 처음에 자바스크립트를 별로 선호하지 않았어요. 지금은 아주 사랑하지만요(웃음). 당시 팀에서 하는 프로젝트도 대체로 백엔드 역할이어서 백엔드를 주로 했어요. 그러다가 회사를 그만두고 내 제품을 만들어 보자 생각했을 당시에, 프런트, 백엔드를 포함해서 풀 사이클로 앱을 한 번 만들어 봐야겠다는 생각을 했어요. 그래서 프런트엔드 개발 공부를 제대로 시작을 했어요. 그러다가 지금 회사에 들어와서 새 프로젝트가 시작됐는데, 팀에 프런트엔드 개발을 할 줄 아는 사람이 아무도 없는 거예요. 모바일 개발자인데 프런트엔드도 함께 하는 분이 한 분 계시는 정도였어요.

마 프런트엔드 개발을 해 보고 싶다고 말하기 좋은 기회였을 것 같아요.

김 맞아요. 당시 저는 입사 초기여서 열정도 넘쳤고, 열심히 리액트를 공부해서 제가 해 보겠다고 했죠. 참 재미있는 게, 한국 회사는 어떻게 해서든 일을 더 주려고 하거든요. '프런트엔드 하기 싫다고 해도 할 사람이 없으니까 네가 해' 하는 느낌. 그런데 이 조직은 '니가 안 해봤는데 할 수 있겠어?'라고 보수적으로 접근하더라고요. 오히려 거꾸로 제가 공부해서 할 수 있다고 설득했더니 3개월 동안 파일럿 기간을 줄 테니 한 번 만들어 보고, 팀원들이 결과물을 만족스러워하면 계속 프런트엔드 개발을 하는 거로 하고, 아니면 새로 사람을 구하겠다는 결론이 났어요. 당시 싱가포르에 온 지 얼마 안 됐을 땐데, 정말 열심히 공부했어요. 신입 사원 때도 이렇게까지는 공부를 안 했던 것 같아요. 퇴근하고도 공부하고, 주말에도 공부하고. 한 3~4개월은 정말 정신없이 공부했습니다. 자바 개발자들에겐 죄송하지만(웃음) 그 당시에 저는 자바는 고리타분하다는 인식이 있어서 새 언어를 배워 보고 싶었는데, 프런트엔드를 하면서 자바스크립트 ES6의 변화된 모습을 보니 정말 멋지더라고요. 이게 내가 알던 자바스크립트가 맞나 싶을 정도로 그 언어를 보는 것 자체가 너무 즐거웠어요. 지금은 자바스크립트를 너무 좋아하고요. 가끔 회사에서 백엔드를 맡기면 짜증이 나는 지경이에요(웃음). 개인적으로 느끼는 차이는 자바스크립트는 혼자 나와서 자유롭게 사는 삶이에요. 그런데 자바로 들어가면 부모님 집으로 들어간 느낌이에요. 빨래도 해 주시고 밥도 해 주시고 다 해 주시는데 어딘가 마음이 불편한 느낌?

마 하하. 예전에 자바스크립트에 대한 불편함이 자바로 옮겨간 그런 느낌이 드네요.

김 그게 약간 차이가 있어요. 다시 한번 자바스크립트 개발자분들께 죄송하지만, 예전에 자바스크립트를 잘 몰랐을 때는 근본 없는 언어라는 생각이 들었어요. 지금 자바스크립트로 개발하면서 자바를 보면 약간 꼰대질하는 언어라는 생각이 드네요(웃음).

마 왜 이렇게 할 게 많아, 그런 느낌이죠.

김 정말 규율과 온갖 속박이 있어서 자율성이 제한되는 느낌이죠. 다시 한번 자바 개발자분들께 죄송합니다. 근데 저를 지난 수년간 먹고 살게 해 준 고마운 언어예요.

마 이렇게 수습을 하시네요(웃음). 아까 정훈님께서 한국 회사에서는 못 해도 하라고 하는 반면, 지금 속한 조직에서는 오히려 하고 싶다고 설득을 해야 한다고 말씀을 하셨는데요. 이 외에도 또 싱가포르의 외국 회사에서 근무하니 한국과 이런 점이 다르다 싶은 부분이 있나요?

김 제일 큰 차이가 그거인 것 같아요. 한국에서 회사 생활을 할 때는, 아침에 출근해서 늘 내가 오늘은 무슨 일을 하게 될까 예측이 안 돼서 항상 불안했어요. 누가 또 나한테 와서 또 어떤 예정에 없던 비합리적인 일을 시킬까 하는 걱정이 있었어요. 예를 들면 제 역할은 개발인데, 그 이외에 문서를 만들고, 보고 자료 만들고, 정작 개발 일은 뒷전으로 해야 하는 일들이 비일비재했어요. 사람이 자율성을 잃는다는 게 참 즐겁게 일할 수 없는 환경을 만들었던 것 같아요. 현재 제가 싱가포르에서 다니고 있는 회사 역시 제가 꿈꿔왔던 것만큼 자유로운 조직은 아닌데요. 대신에 6개월 단위로 프로젝트가 끊기고요, 최소 다다음 프로젝트로 어떤 프로젝트를 맡게 되고 그 안에서 어떤 역할을 맡게 될지 이미 계획 공유가 되어 있어요. 그리고 그 역할 이외의 다른 역할은 정말 급한 상황이 아닌 이상 들어오지 않는다고 보면 돼요. 또 프로젝트에서 주어진 업무량도 한국에서는 조금 빠듯하게 짜인 경우가 많았어요. 반면에 이곳에서는 여유 있게 할 수 있는 정도의 일을 줘요. 그래서 현재 생활에 만족한다면 여유롭게 지낼 수도 있고, 남는 시간에 다른 일을 해 보고 싶다면 사람들과 모여서 주어진 업무 외의 것을 만들어 보는 프로젝트를 할 수 있을 정도의 여유가 있는 것 같아요.

마 그렇죠. 개발자들이 시간이 남는다고 노는 경우가 많지 않죠(웃음).

김 제가 제일 처음에 리액트 공부할 때, 인터넷에 떠도는 템플릿들을 가져다가 소스코드 참조를 많이 했거든요. 회사에 저처럼 프런트엔드 공부를 이제 막 시작하는 동료 개발자들을 위해서 레퍼런스가 될 수 있는 사내 표준 템플릿을 만들어 보고 싶었어요. 회사 안에서 프런트엔드 개발을 하는 친구들끼리 모여서 사내 표준 템플릿 작업을 하는 프로젝트를 진행했어요. 그리고 프런트엔드 테스트 코드를 짜는 프로젝트도 했었고요. 요즘은 하반기에 할 예정인 데이터 시각화 프로젝트 관련해서 라이브러리를 시간 날 때마다 공부하고 있어요. 제가 처음 외국에 나가서 일해 보고 싶다고 했을 때, 주변에서 그런 이야기를 많이 들었어요. 어차피 외국에 나가봤자 별거 없다, 사람 사는 거 다 똑같다. 그런데 저는 막상 와서 겪어 보니 확실히 한국에서 일할 때와는 많이 다른 환경이라는 걸 느꼈어요. 노는 시간이 늘어난 것 같지는 않지만, 개발자로서 자기 계발을 할 여유가 생겼어요. 예를 들어 한국에서 주당 60시간을 일했다고 하면, 지금 같은 경우는 주당 40시간을 일하고 나머지 20시간에 내가 개인적으로 하고 싶은 일에 투자할 수 있는 여건이 주어진다고 보면 좋을 것 같아요.

마 요즘 한국 개발자분들 중에 해외 취업을 희망하는 분들이 많잖아요. 그중 내가 할 수 있을까 하는 두려움을 느끼시는 분들께 혹시 해 주고 싶은 조언이 있다면 말씀 부탁드릴게요.

김 저도 마찬가지인데요. 한국에서 일하면서 해외 취업을 하고 싶다는 생각이 있던 찰나에, 미국에 있는 어떤 회사에서 인터뷰를 보자는 연락을 받았어요. 당시 어학연수도 가기 전이어서 영어도 못 할 때고, 준비가 안 된 상태에서 그냥 무작정 전화 인터뷰에 응했어요. 이것저것 질문을 받았는데, 제대로 대답한 게 하나도 없었던 것 같아요. 영어로 대답을 해야 하는데, 머릿속에 떠도는 말을 할 수 없는 그런 상황. 좋은 충격 요법이었던 것 같아요. 어떻게 해서든 외국 사람들과 이야기할 기회를 계속 만들어나가고, 당장 준비가 안 됐더라도 인터뷰 기회가 주어졌을 때 그냥 하다 보면 하나하나가 경험이 되고 또 학습이 되더라고요. 마치 머신러닝을 학습하는 것처럼요. 꼭 능력치가 늘어나지 않더라도 다음에 유사한 환경에 노출됐을 때 대처하는 자세가 조금 더 의연해진다고 할까요.

마 저도 완전히 동의합니다. 꼭 뭔가 다음번에 말이 유창해진다기보다는 긴장이 덜 되는 것 같아요.

김 그러다 보면 긴장해서 못 했던 말도 점차 잘 할 수 있게 돼요. 내가 그때 왜 이 말을 못 했을까 후회가 되는 질문에 대해서는 모범 답안을 만들어 봐요. 영어 인터뷰를 한창 많이 할 때는 질의응답 리스트를 만들어서 외웠어요. 비슷한 질문이 나오면 외웠던 내용을 그냥 읊기도 하고요. 지금 만약 인터뷰를 본다면 영어 실력의 문제가 아니라, 영어로 업무를 하는 환경에 노출되어 있다 보니 전처럼 준비를 많이 안 하더라도 더 잘 대처할 수 있는 능력이 길러지는 것 같아요. 한국에 있으면 그런 기회가 많지는 않죠. 사실 저도 한국에 있을 때 영어를 쓸 수 있는, 외국인과 함께 하는 프로젝트에 들어가려고 노력했어요. 영어 학원을 계속 다닌다든가 하는 식으로 업무 외적으로라도 계속 영어에 노출될 기회를 만들려고 노력을 하면 언젠가 좋은 기회가 올 거라고 생각해요. 그리고 다 사람 사는 곳이니까요. 외국에 나와서 일을 하다 보면 또 비슷하고 그렇습니다(웃음).

마 마지막 질문인데요. 한국에 계실 때 꿈꾸던, 해외에 나가서 일해 보고 싶다는 꿈을 이루셨어요. 앞으로 또 다른 계획이나 목표가 있으신지 궁금합니다.

김 디지털 노마드, 길게 해 보지는 않았지만 저와 맞는 삶의 방식은 아니었어요. 정신이 없고, 적응하느라 바쁘고. 지금 가장 해 보고 싶은 것은 상주적 여행자라고 해서 특정 나라의 어떤 지역에 가서 2~3년 정도 거주하다가 다른 기회가 있으면 또 다른 나라로 옮겨서 그 나라의 문화와 삶의 방식에 대해 깊게 이해하는 삶을 꿈꾸고 있어요. 그런데 지금 살고 있는 싱가포르가 너무 살기가 좋아서요(웃음). 처음 올 때는 2~3년 생각하고 왔는데, 어떻게 될지 모르겠네요. 처음 계획했던 것보다는 오래 있을 것 같아요. 다른 나라로 옮겨갈지, 싱가포르에 계속 살지 아직 잘 모르겠네요. 혹시나 그래도 기회가 있다면 다른 나라에 살아 보고 싶다는 마음은 있어요. 업무적으로는, 올해는 일단 데이터 시각화를 열심히 공부하고 전문성을 갖춰서 프런트엔드 개발자에 더불어 저의 아이덴티티로 가져가고 싶어요. 장기적으로는 예전부터 계획했던 풀 사이클로 직접 처음부터 끝까지 서비스를 만들어서 세상에 출시해 보고 싶은 마음이 있어요. 그 프로젝트가 잘 돼서 노동으로부터 자유로워지고 싶네요(웃음).

마 응원합니다! 네, 정훈님 오늘 늦은 시간까지 고생 많으셨습니다.

스타트업 개발팀장으로
일하기

INTERVIEWEE
웨딩의 여신 개발팀장 **이중이**

이중이님은 컴퓨터 교육학과를 전공하고 현재 웨딩의 여신이라는 스타트업의 개발 팀장으로서 개발팀을 이끌고 있다. 최근 많은 분들이 스타트업에서 일하기를 희망하는데, 여러 스타트업에서 일을 한 이중이님의 경력과 현재 스타트업에서 개발팀장으로 일하는 이야기가 많은 분들께 도움이 될 거라고 생각한다.

마르코(이하 '마') 안녕하세요, 이번 시간에는 이중이님을 모시고 어떻게 개발자가 되었고 개발자로서 어떻게 생활하고 계신지 다양한 이야기를 들어보려고 해요. 중이님, 간단하게 자기소개 부탁드릴게요.

이중이(이하 '이') 안녕하세요, 저는 웨딩의 여신에서 백엔드 쪽에서 일하고 있는 이중이라고 합니다.

마 (웃음) 방금 이중이님께서 매우 겸손하게 자기소개를 해 주셨지만, 사실 웨딩의 여신 개발팀 팀장님이셔서 개발자가 되기를 희망하는 분들은 쉽게 듣기 힘든, 한 팀을 이끌어 나가는 이야기를 들어볼 수 있을 것 같아요. 질문을 하나 드리고 싶은데요. 중이님께서 컴퓨터 교육학과를 전공하신 거로 알고 있어요.

이 네 맞습니다.

마 컴퓨터 교육학과와 전산학 혹은 컴퓨터 공학이 어떻게 다른지 간단하게 설명해 주실 수 있나요?

이 교육학과는 사실 사범대학교 소속이어서 20학점 정도를 따로 교육학을 이수하고, 나머지는 컴퓨터 공학과와 비슷한 수업을 이수하게 되어 있어요. 졸업 후 진로는 컴퓨터 교사나 교육 업계인 경우가 많고요.

마 그러면 중이님께서도 컴퓨터 과목을 가르치는 선생님이 되실 수도 있었다는 이야기인데, 선생님이 되지 않으시고 개발자의 길을 선택하신 이유가 있을까요?

이 처음부터 프로그래머가 되겠다고 생각하지는 않았고요. 복학했을 때, 아마 2010년 정도였던 것 같은데, 그때 막 아이폰 같은 스마트폰이 나오기 시작했어요. 그때 즈음에 학교에서 스마트폰을 쓰면서 학교 앱이 없다는 걸 알게 되었고요. 내가 쓰기 위해서 앱을 만들어서 올렸는데 사람들이 많이 쓰다 보니까 피드백을 받게 되고, 그게 즐거워서 밤을 새우고 검색해 가면서 기능을 개선해 나갔어요. 사람들로부터 피드백을 받는 것도 좋고, 그 피드백을 바탕으로 서비스를 개선하는 게 즐거워서, 그때부터 개발자의 꿈을 꿨어요.

마 학교에 다니면서 서비스를 만들었다고 이야기를 해 주셨는데, 학교에 다니면서 만든 서비스에 대해서 조금 더 설명해 주시겠어요?

이 그렇게 큰 서비스는 아니지만 학교 앱이나 기숙사 외박 대장, 학교 SNS 서비스를 만들었고요. 공모전 같은 창업 경진대회라고 해서, 진흥원 같은 곳의 지원금을 받아서 사업을 해 보기도 했었고요. 그래서 앱을 몇 개 만들었어요. 프리챌 같은 게임을 만들기도 했네요.

마 그러면 동기분들은 교육학과를 졸업해서 선생님 진로를 택한 경우도 많이 있나요? 동기분들은 어떤 진로를 많이 선택하셨나요?

이 대부분 교사를 하고 있고요. 아니면 컴퓨터 강사를 하고 있어요. 그중에서 몇 명은 게임 개발이나 개발자를 하고 있는 친구들도 있습니다.

마 중이님께서 첫 회사 생활로 대기업에서 인턴을 하신 거로 알고 있는데, 인턴 생활에 대해서 이야기를 들려주실 수 있을까요? (웃음)

이 사실 너무 오래되어서 기억이 잘 안 나는데요(웃음).

마 그러면 자세한 내용은 아니더라도, 지금은 스타트업에서 개발 팀장으로 일하고 계시고 전 직장도 스타트업에서 일하신 거로 알고 있는데, 문화적인 측면에서의 차이점을 알려 주시면 좋을 것 같아요.

이 아, 지금 회사도 그렇고 전 회사도 그런데요. 스타트업은 인원이 적기 때문에 적은 인원으로 안정적이고 효율적인 성과를 내야 해요. 특히 빠르게 성장하기 위해서는 굉장히 많은 테스트도 해야 하고 많은 기능 개발을 해야 하기 때문에, 실수는 할 수 있지만 빠르게 개발을 해야 하거든요. 의사결정도 빠르게 이뤄지고요. 이렇듯 일단 속도가 매우 빠르고 인원이 적기 때문에 자기가 맡은 부분에 대해서 큰 책임을 갖고 일을 해야 하는 것 같아요. 반면에 제가 일했던 대기업의 부서 같은 경우에는 제 위에 10명 정도 사람이 있었고 상명하복으로 일했기 때문에 제가 부품처럼 느껴지기도 했어요. 그리고 주도적으로 일을 벌이는 것도 어려웠고요. 반면 지금은 내가 원하는 걸 개발하는 기분이에요. 지금 개발하는 건 회사 자체 서비스라서 내 것을 만드는 기분이 든다는 게 큰 차이점인 것 같아요. 공부한 내용을 바로 서비스에 녹일 수 있는 여지도 훨씬 많고, 잘하는 분야가 있다면 프로젝트를 이끌 수 있는 기회도 많고요.

마   지금 웨딩의 여신에서 일하고 있다고 소개해 주셨는데, 어떤 회사인지 그리고 회사에서 어떤 일을 하고 계신지 소개 부탁드릴게요.

이   웨딩의 여신은 모바일 앱과 웹으로 서비스를 제공하는 회사입니다. 결혼을 준비하면서 예산을 공유하거나 실제로 결혼을 준비하는 콘텐츠를 만들어서 공유하기도 하는 서비스에요. 예를 들어서, 내가 어떻게 결혼을 준비했는지 블로그에 글을 쓸 수도 있고요. 먼저 결혼 준비하시는 분들의 노하우를 공유하기도 합니다. 그리고 청첩장도 만들 수 있고, 결혼 관련 여러 업체 상품을 보고 예약을 하는 등 결혼을 A부터 Z까지 준비할 수 있게 도와주는 서비스입니다. 그리고 저는 여기에서 백엔드를 전담하고 있고, 회사가 작기 때문에 필요한 때에는 웹 프런트, 안드로이드, 아이폰 앱의 서브 개발자로 함께 일하고 있습니다.

마   지금 근무하신 지는 얼마나 되셨나요?

이 2년 6~7개월 정도 일한 것 같아요.

마 지금 2~3년간 웨딩의 여신에서 일하시면서 회사가 빠르게 성장하는 모습을 지켜보셨을 것 같아요. 그런 빠르게 변하는 스타트업에서 일하면서, 다른 회사에서는 느낄 수 없을 것 같다고 느끼는 부분이 있다면 공유해 주시면 좋을 것 같아요.

이 회사가 빠르게 변하기도 하고, 사용자가 빠르게 늘거나 빠지는 걸 지켜보기도 했고요. 그리고 정체되는 것도 봤고요. 작은 규모에서 빠르게 성장하는 스타트업이라면 비슷하게 느낄 것 같은데, 기존 회사와 다른 점은 예측하지 못할 정도로 사용자가 늘게 되면 큰 장애가 많이 발생해요. 특히 유저와 트래픽이 늘면 서버와 인프라 부분에서 많은 고민이 생기는데요. 비용적인 측면이나 기존에 만들어 놓은 서버가 부하를 감당하지 못하거나, 데이터베이스 서버가 그 부하를 감당하지 못하는 경우도 있고요. 모바일 앱에 푸시를 보내기 시작하면서 한 시간 동안 서버가 내려가거나, 앱에 접속이 안 되거나, 서비스가 엄청나게 느려지는 경험도 했는데요. 이럴 때 처음에 이런 장애를 해결하는 게 너무 힘들었어요. 당시에는 저 혼자서 이런 걸 처리해야 했거든요. 이런 부하를 감당하기 위해서 서버를 늘렸다가 폭탄 요금을 맞아본 적도 있고요. 그래서 경우에 따라서 늘려 주고 줄여 주는 등 요령도 많이 늘었고, 계속해서 서비스가 늘어나다 보니 관리하는 코드도 많아져서 빠르게 신규 기능을 배포하고 안정적으로 관리하는 것도 많아지고 있네요. 그러면서 회사에 개발자도 많아지면서, 여러 가지 운영 측면에 대한 고민도 많습니다. 이전에는 개발만 하면 된다고 생각했는데, 개발팀을 운영하다 보니 그 외의 필요한 부분도 많이 보이고요. 그런 측면에서 고민이 많았던 것 같아요.

마 스타트업이라는 곳이 어느 정도 궤도에 오르면 정말 빠르게 성장하는 곳이다 보니, 초기에 적은 사용자에 대응하기 위해 만들어 놓았던 서비스가 갑자기 많은 사용자를 받아들였을 때 관리하기 어려울 거라는 생각이 드네요.

이 네, 맞습니다.

마 방금도 말씀해 주셨지만 한 팀원으로서의 개발자로 일할 때와 개발팀장으로서 개발의 방향을 이끌어야 하는 입장은 다를 수 있을 것 같아요. 중이님께서는 개발팀을 이끄는 부분에서 어렵다고 느끼거나, 개발팀을 이끌 때 중요한 요소가 있다고 느끼는 부분이 있을까요?

이 개발 팀을 이끌어 나가면서 어렵다고 느끼는 부분은 크게 없었고요. 마음이 맞는 사람들이랑 일하면 크게 어려운 일이 없는 것 같아요. 저희가 지금 일하는 방식은 아침에 간단하게 각자 서로 하는 일을 공유하고 일을 시작하거든요. 제가 개발자들과 함께 일을 하면서 노력하는 점은 문서를 만들지 않고, 회의도 길지 않게, 서로 믿고 아침에 각자 뭐 할지만 정하고 개발에만 집중할 수 있으면 제일 좋은 것 같아요. 개발 외에 다른 생각을 하지 않을 수 있도록 도와주는 게 개발팀장으로서의 가장 중요한 일이 아닌가 싶네요.

마 중이님 훌륭하십니다. 제가 알기로 최근에 중이님께서 학교에 개발을 가르치러 출강을 하셨다고 들었는데, 전공을 살리는 일이기도 하고 개인 시간을 내서 개발을 가르치는 경험을 하신 건데요. 어떤 학생들을 가르치셨는지, 그리고 개발을 가르치면서 어떤 걸 배우셨는지 경험을 나눠 주실 수 있을까요?

이 작년 3월부터 한 학기 정도 학생들을 가르쳤는데요. 그때 3개 고등학교의 2학년 친구들 15명 정도 뽑아서 같이 개발 공부를 했어요. 교사인 후배에게 제의를 받고 매주 수요일마다 학생들을 가르치게 되었는데, 교사로서 한 번도 강단에 서본 적이 없어서 그런 경험을 해 보고 싶은 생각이 들었거든요. 그래서 기회가 주어졌을 때 그런 경험을 해 보게 되었어요. 기대하지 않았는데 고등학생 친구들이 전공한 친구들만큼 개발을 잘했던 기억이 나네요. 저는 매주 수요일마다 3시간씩 한 학기 동안 13~14번 정도밖에 만날 수 없는 일정이었는데, 가르치고 싶은 게 너무 많았어요. 그래서 학생들이 스스로 공부할 수 있는 방법을 찾을 수 있게 집중적으로 지도했고요. 강의 위주보다는 제가 예전에 공부했던 방법으로 친구들을 가르쳤어요. 예를 들어, 기본적으로 어떤 방식으로 프로그래밍에 접근해야 하는지, 구글에서 어떻게 찾고, 튜토리얼은 어떻게 보고, 문서는 어떻게 찾는지를 중점적으로 가르쳤고, 문제를 푸는 건 최대한 배제했습니다. 자기 스스로 개발을 할 수 있게 도와주는 것에 집중했어요. 그래서 다는 아니지만 그중 30% 정도는 스스로 응용하면서 개발을 할 수 있게 되었어요.

마 되게 뿌듯하셨을 것 같아요.

이 제가 원했던 건 알려 주는 대로 프로그래밍하는 것보다는 스스로 공부할 수 있는 상태로 이끌어 주는 거였거든요. 그래서 제가 다른 언어를 공부할 때 하는 방식 그대로 그 친구들에게 알려줬어요. 다 따라가지는 못해도, 그중에서 잘 따라오는 친구들을 보면서 기분이 참 좋았고요. 수업이 끝나고도 계속해서 연락이 와서 어떻게 개발하고 있는지 이야기를 들려줘서 기분이 좋았어요.

마 중이님께서 회사에 있을 때는 회사 일을 확실히 하시지만, 퇴근 이후 시간에는 개발자들 사이에서는 토이 프로젝트(Toy project)라고 불리는 개인 프로젝트도 많이 하시는 거로 알고 있어요. 회사 생활하면서 바쁘실 텐데, 개발자에게 이런 개인 프로젝트가 어떤 의미인지, 그리고 퇴근 후 시간을 내서 이런 프로젝트를 계속할 수 있는 원동력이 무엇인지 궁금해요.

이 사람마다 다르겠지만 저는 개인 프로젝트를 하는 걸 적극 권하는데요. 저는 보통 제가 잘하는 부분보다는 잘 못하는 걸 개인 프로젝트로 해 보거든요. 그래서 아이폰 개발이 해 보고 싶다고 하면, 프로젝트를 하나 정해서 아이폰 개발을 해 보기도 하고요. 회사 일 외에 재미를 느끼기 위해서 개인 프로젝트를 하기도 해요. 이 자체가 회사에서 앞으로 어떤 일을 할 때, 미리 개인 프로젝트를 통해서 검증해 보고 도입할 수 있는 긍정적인 효과도 있어요. 그래서 개인 프로젝트를 많이 할수록 회사 생활에도 도움이 되고 개인 만족감도 커지는 것 같아요.

마 그동안 좋은 이야기 많이 해 주셨는데요. 지금 개발 팀장으로서 앞으로의 계획도 한 번 들려주시겠어요?

이 앞으로의 계획이 뚜렷하게 있는 건 아니고요. 저는 의미 있는 일을 하고 싶고, 사회에 도움이 되는 서비스를 만드는 게 제 삶의 목표거든요. 그걸 위해서 더 많은 트래픽을 처리하고, 서비스를 안정적으로 처리할 수 있도록 하기 위해 공부하는 것이 목표입니다.

마 중이님 오늘 좋은 이야기 많이 들려주셔서 감사하고요. 앞으로 하시는 일들 다 잘되시길 응원하겠습니다.

이 네, 감사합니다.

대기업을 퇴사하고 비전공자로 스타트업으로

INTERVIEWEE
체인파트너스 개발자 **곽동우**

곽동우님은 기계공학과 전공으로, 현대자동차 연구원으로 1년간 일을 하다가 퇴사하고, 부동산 중개 스타트업 직방에서 일을 했으며, 현재는 체인파트너스라는 블록체인 스타트업에서 일을 하고 있다. 비전공자로서 어떻게 개발자로 전향하게 되었는지, 스타트업에서의 생활은 어떤지 궁금해하는 분들에게 도움이 되는 이야기를 많이 나눴다.

마르코(이하 '마') 안녕하세요, 오늘은 체인파트너스에서 블록체인 개발자로 일하고 계신 곽동우님을 모시고 인터뷰를 진행해 보겠습니다. 곽동우님은 비전공자에서 개발자로 전향한 경우이기 때문에, 어떻게 하면 개발자가 될 수 있는지 그 노하우를 전해 주실 수 있을 것 같아요. 오늘 시간 내주셔서 감사하고, 자기소개 간단하게 부탁드릴게요.

곽동우(이하 '곽') 안녕하세요. 저는 곽동우라고 합니다. 체인파트너스라는 스타트업에 다니고 있고, 지금 4년 차 개발자인데요. 원래는 서버 개발을 하다가, 지금은 블록체인 회사에서 블록체인 개발을 시작한 상태입니다. 인터뷰 잘 부탁드립니다.

마 벌써 한국은 10시 가까운 시간인데 퇴근하고 시간 내주셔서 감사하고요. 첫 번째 질문은 대학교 전공이 기계공학과로 알고 있어요. 어떻게 보면 지금 하시는 일과 전공이 무관한데, 학교에서 컴퓨터 관련 공부를 하신 적이 있는지, 그 경험이 지금 개발자로 일을 하는 데 도움이 되었는지 궁금합니다.

곽 저는 기계공학과 출신이라서 컴퓨터 관련 수업을 듣거나 공부를 해본 적은 거의 없고요. 전공 과목 중에 컴퓨터 관련 C++ 수업이 하나 있었어요. 그런데 당시에는 컴퓨터 프로그래밍에 대한 관심이 전혀 없었기 때문에 공부를 안 했고요. 그래서 C++은 학점이 C+이어야 제맛이라는 생각에 C+을 맞았습니다(웃음). 시험을 치고 나오면서 교수님에게 "F가 있나요?"라고 물어보니 "없다."고 말씀하시기에 감사하다고 말하고 나왔습니다.

마 하하하

곽 저는 대학교 때까지는 개발을 하게 될 거라고 상상도 못 했고요. '기계학도로서 기계전공으로 앞으로 생활을 하겠구나'라고 생각했었죠.

마 저는 대학교에 다니면서 컴퓨터 관련 수업을 안 들어봐서 여쭤보고 싶은 게 있는데요. 컴퓨터 공학과나 전산과 전공생의 경우에는 무슨 강의를 듣는지 알고 들어갈 것 같은데, 비전공자로서 대학교에서 컴퓨터 관련 수업을 들을 때는 무슨 공부를 하게 될지에 대한 의식조차 없이 수업에 들어가게 될 것 같아요.

곽 네, 맞아요.

마 프로그래밍을 학교 수업으로 처음 접했을 때의 인상이 궁금하네요.

곽 이걸 왜 하나 싶었어요. C++이 어떻게 보면 컴퓨터 언어잖아요. 사람이 알아보기도 힘들고, 컴퓨터 프로그램은 이미 제가 쓰고 싶은 건 어지간하게 다 있고 쓸 만큼 쓰고 있는데 이걸 내가 왜 공부를 해야 하는지 이해하기 힘들었어요. 그리고 처음에 프로그래밍을 공부하면 계산기잖아요. 계산기를 내가 왜 만들고 있어야 하나 생각을 했죠. 이건 까만 화면에 흰 글씨인데 이게 무슨 소용인가 싶은 생각으로, 컴퓨터 수업이라는 인식조차 못 하고 들어가서 손코딩하고 코딩 프로그램을 깔아서 얼렁뚱땅 수업을 들었습니다. 들었다고 보기도 힘든 것 같아요.

마 첫 직장으로 기계공학과의 꽃이라고 불리는 현대 자동차의 연구원으로 사회생활을 시작하셨어요. 처음에 어떤 이유로 현대 자동차에 입사를 하게 되었고, 회사 생활은 어땠나요? 그리고 1년 정도 회사 생활을 한 후에 퇴사하셨는데 어떤 이유로 퇴사하셨는지도 궁금합니다.

곽 처음에는 4학년이 되고 동기들이 취업 준비에 뛰어들면서 저도 어디든 지원해 봐야겠다고 생각해서, 1학기 때 현대 자동차 여름 인턴을 지원했어요. 어쩌다 보니 합격해서 인턴을 했고, 그 후 정직원으로 전환이 돼서 4학년 2학기는 바짝 놀고 칼졸업 후 입사를 하게 되었습니다. 사실 제가 자동차에 크게 관심이 있어서 선택한 건 아니고요. 당시 건설 회사도 인기가 많아서 플랜트 회사 같은 곳도 알아보기도 했어요. 사실 현대 자동차가 연봉이 높고 지방이 아닌 경기도권에서

파트4 ··· 다양한 개발자의 삶

직장 생활을 할 수 있었기 때문에 지원했어요. 회사 생활을 하다 보니, 다들 대기업에 대해서 아는 것처럼 현대 자동차에서 상하 관계나 군대 문화를 경험하게 되었어요. 남자들은 대부분 군대 다녀오셨으니 어떤 분위기인지 아실 거라고 생각이 들어요. 그리고 저는 그게 당연한 거라고 생각했어요. 상사가 있고 부하 직원이 있으니 그게 당연한 거라고 생각했죠. 그런데 좀 답답한 느낌은 있었어요. 사람도 사람이고, 업무도 제가 꿈꾸던 그런 역동적인 일이 아니었고요. 반복적인 업무를 한다거나 하청 업체와의 통화 업무 혹은 팀 간의 회의를 통해서 서로 일을 미루기 바쁜, 그런 것들을 겪었어요. 일정에 치이기도 했고요.

결정적으로는 직장 상사의 모습을 보면서 '내가 10년 뒤, 20년 뒤 저런 모습이겠구나'라는 생각을 하게 되었어요. 그게 싫더라고요. 지금도 현대 자동차 직원이고 10년 뒤, 20년 뒤에도 현대 자동차를 다니고 있을 그런 삶이 싫어서, 아직 젊은데 내 삶이 아깝다는 생각을 하게 되었어요. 당시 제가 26살이었는데, 내 삶이 26살에 끝나나 46살에 끝나나 다를 게 없다는 생각에 퇴사를 결심하게 되었습니다. 더 여유 있고 내 삶에서 더 중요한 일을 해 보자는 생각에 회사에서 나오게 되었죠. 그런데 퇴사하기까지 몇 달 고민하긴 했어요. 그래도 퇴사하면서 엄청 걱정하기보다는 당시에는 안 되면 다른 데 다시 입사하면 된다고 생각했던 것 같아요.

마 그러면 퇴사를 하기 전에 개발자가 되기로 결정하신 건가요? 아니면 퇴사 후 개발자가 되기로 결정하신 건가요?

곽 퇴사 사유에는 사업이라고 적었어요. 무작정 사업을 하고 싶었는데 제가 그 당시에 컴퓨터 쪽에 관심이 있었던 것도 아니고 잘 아는 것도 아니어서, 가게를 하나 차려서 장사를 해 보자고 생각했었죠. 그런 사업도 사업은 사업이니까요. 개발을 시작하게 된 계기는 그 당시에 친형이 개발을 공부하고 있어서 추천을 해 줬어요. 당시 퇴사 전부터 퇴사 후까지 많은 코칭을 받고, 제가 진짜 원하는 삶이 어떤 것인가 고민을 해 보니, 저는 여유 있고 자유로운 삶을 원한다는 것을 알게 되었어요. 그 당시부터 지금까지도 꿈인데 저는 디지털 노마드 생활을 하고 싶거든요. 노트북 하나만 있으면 원하는 곳, 원하는 시간에 일할 수 있는 그런 근무 환경이 가능한 개발자가 되어야겠다고 생각하게 되었죠.

마 개발자가 되기로 결심을 하고 첫 회사에 입사하기까지 어떻게 준비하셨는지 궁금합니다. 학교에서 수업을 하나 듣긴 했지만, 그 외에는 전혀 관련 없이 개발자가 되기로 결심을 하신 거니까 그 부분을 공유해 주시면 다른 분들께 도움이 많이 될 것 같아요.

곽 한국은 안 좋은 제도도 있지만, 좋은 제도도 참 많은 것 같아요. 구직 활동을 도와주는 국비지원 제도들이 많거든요. 컴퓨터 학원을 6개월 가량 다녔는데, 따로 돈을 안들이고 오히려 출석만 꾸준히 하면 용돈을 받으면서 학원에 다닐 수 있었어요. 6개월 동안 자바라는 언어를 꾸준히 배웠고요. 학원 수료 후에는 취업까지 연계해 주는 제도가 있어서 6개월 동안 공부한 후 직방에 신입 개발자로 입사를 하게 되었습니다.

마 직방에 신입 개발자로 입사하게 되셨는데, 입사하는 과정에 어려움은 없으셨어요?

곽 실무는 처음 해 보는 거고 컴퓨터 공학을 깊게 공부한 것도 아니고,

학원에서 최대한 실무를 가르친다고는 하지만 6개월이라는 시간이 그렇게 긴 시간이 아니에요. 그 시간 동안 배운 것들을 최대한 활용할 수 있는 회사에 지원하자는 생각으로, 사실 여기저기에 지원했어요. SI 업체도 지원하고 스타트업에도 지원하다가, SI 쪽은 다른 업체의 서비스를 만들어 준다는 생각에 스타트업에 지원하기로 마음을 굳혔죠. 그리고 저는 미래에 창업할 생각에 작은 스타트업을 다니면서 어떻게 회사가 커 가고 어떻게 하면 망하는지 흥망성쇠를 보고 싶다는 생각을 했어요. 작은 회사일수록 사장 옆에 있을 일이 많으니까, 사장이 어떤 일을 하는지 지켜보자는 생각을 했어요. 그래서 스타트업에 지원했고, 직방의 첫 신입 개발자로 입사하게 되었습니다.

마 대기업에 1년 다니시다가 직방이라는 스타트업에 1호 신입 개발자로 입사를 하게 되셨는데, 분위기 차이가 크게 느껴졌을 것 같아요. 어떤 부분이 가장 인상적으로 다가왔나요?

곽 현대 자동차에 다닐 때는 무조건 '다나까'를 써야 하는 건 아니지만, 저는 신입사원이었으니까 상사와 부하직원 사이에 말투라든지 태도라든지 불편하고 얼어 있던 게 많았던 것 같아요. 퇴사 후 1년 정도 지난 시점에 직방에 입사했는데, 그 1년 동안에도 대기업에 있었던 습관이 남아있었던 것 같아요. 그 당시 저는 신입 개발자였고, 저보다 나이가 많으신 개발자분들이 계셨는데요. 지금 이렇게 말한 것도 그 개발자분들 엄청 싫어하실 거예요(웃음). 아마 "야, 형이지!" 이러실 거예요(웃음). 네, 형들이 있었는데요. 그분들에게 현대 자동차에서 하듯이 공손하게 하니까 오히려 손사래 치면서 불편하다고 그러시더라고요. 업무 같은 부분에서도 현대 자동차에서는 일이 많은 것도 있지만, 일이 다 끝나도 집에 가려고 하면 왜 가냐고 무슨 일이 있냐고 물어봤거든요. 내 퇴근 시간에 내가 가는 건데 집에 무슨 일 있냐고 되물어보는 식이었다면, 스타트업에서는 안 가면 왜 안 가냐고 물어보는 반대의 경험을 했죠. 업무량 자체는 비슷한 것 같아요. 다만 업무 성격은 개발이 조금 더 생각할 부분이 많았던 것 같아요. 머리를 써 가면서 고민도 하고요. 개발자로서 입사한 첫 회사다 보니 앞으로 개발자로서 잘해나가고 싶다는 부담감을 가지고 업무에 임했던 것 같습니다.

마 방금 말씀해 주신 것처럼 비전공자로서 개발자가 된 이후에 나를 증명해야겠다는 생각이 드는 것 같아요. 그 중압감을 어떻게 이겨내셨는지, 또 개인 시간을 활용해서 어떻게 공부하셨는지 궁금하네요.

곽 팀장님이나 동료 개발자에게 인정받으려고 굉장히 열심히 했습니다. 단점일 수도 있지만 모르는 게 생겼을 때 주변에 물어보지 않았어요. 몇 시간 동안 혼자 찾아보고, 도저히 모르겠다 싶을 때는 야근하면서 사무실에 인원이 많이 없을 때만 물어보곤 했습니다. 책임감이나 부담감이 있어서 그런지 집에 가서도 혼자 찾아보면서 일을 한 적이 많아요. 초반에는 부담감 때문에 자연스럽게 개인 시간을 내서 공부하게 됐던 것 같아요.

마 초반에 부담감이 심하셨다고 하셨는데요, 어느 정도 시점이 됐을 때 개발자로서 한 사람의 몫을 하고 있구나 하는 생각이 드셨나요?

곽 저를 믿고 업무 하나를 딱 주었을 때였던 것 같아요. 초반에는 코드를 계속 읽어 보라고 하고, 옆에서 계속 리뷰를 해 주셨거든요. 그러다가 믿을 만하다 싶었는지 업무를 주시면서 "결과물만 보여줘."라고 하셨을 때, 부담이 되긴 했지만 굉장히 뿌듯한 기분이 들었어요. 거꾸로 '평소보다 더 잘해야겠구나.'라는 책임감도 생겼습니다. 그 시점에 내가 한 사람의 몫을 한다는 생각이 들었던 것 같아요.

마 입사한 뒤에 몇 개월 정도 지난 시점이었나요?

곽 수습 기간을 마치고 3~6개월 사이였던 것 같네요.

마 직방에서는 어느 정도 기간 동안 일을 하셨나요?

곽 2년 11개월하고도 며칠이니 3년 가까이라고 볼 수 있겠네요.

마 직방에 계시던 3년이라는 시간 동안 회사가 굉장히 빠르게 성장을 했잖아요. 그 과정에서 느끼신 점이 있다면 들려주세요.

곽 제가 입사한 시점이 마침 성장 곡선을 그리기 시작한 시기였습니다. 입사 후 신기하게도 크게 성장을 해서 저 때문에 회사가 컸구나 하는 자부심은 있습니다(웃음). 이런 농담도 가끔 하는데요. 굉장히 신기한 경험이었죠. 처음에는 원래 스타트업이라는 게 다 그런 줄 알았어요. 직원 숫자도 눈에 띄게 빠르게 늘어나고, 사무실도 1년마다 이사를 하면서 2배, 3배 계속 커졌어요. 입사할 당시에 30명이던 직원 숫자가 퇴사 시점에는 160명 가까이 됐어요. 직원 수만 해도 5배 성장한 거죠. 다만 한 가지 아쉬운 점은 회사의 흥망성쇠를 보려고 했는데, 흥하는 모습만 보고 나왔네요(웃음).

마 빠르게 성장하는 회사를 어떤 계기, 혹은 어떤 계획으로 퇴사를 결심하게 되셨는지 궁금하네요.

곽 3년을 다니면서 새로운 프로젝트도 많이 하고 기술도 많이 익혔지만, 저 스스로 개발자로서의 성장 곡선이 완만해졌다는 생각이 드는 순간이 왔어요. 1~2년 차 때는 다른 1~2년 차보다 잘했을지도 모르지만, 3~4년 차에는 이 정도 속도로 성장해서는 안 되겠다는 느낌이 들더라고요. 그래서 조금 더 큰 시장, 큰 세상에 나가보자는 마음으로 퇴사를 결심하게 됐어요. 3년 동안 평가라고는 사내의 연봉 협상 정도였는데 갑자기 FA 시장에 나가서 내 몸값을 평가받는다는 생각을 하니 걱정스러웠어요. 하지만 그 두려움 때문에 지금 머물겠다고 결심하고 1~2년 뒤에 이직하려고 하면 더 어려울 수 있겠다는 생각이 들어서, 조금이라도 빠르게 퇴사를 하기로 했습니다.

마 직방 퇴사를 결심한 이후에는 머신러닝이나 딥러닝 기술에도 관심이 생겨서 그 분야 공부를 하신 거로 알고 있어요. 어떤 계기로 시작을 하였고 어떻게 공부하셨는지 알 수 있을까요?

곽 제가 컴퓨터 공학 전공이 아니다 보니 공학적으로 깊이 있게 공부해서 전공한 개발자분들을 따라가기에는 버겁지 않을까 생각했어요. 그래서 당시 최신 트렌드였던 머신러닝을 공부해서 남들과는 비슷한 출발선에서 시작을 하면 승산이 있지 않을까 싶었어요. 또 제가 수학을 좋아해서요. 대학교를 졸업한 이후에 거의 접할 기회가 없었던 수학적 개념을 머신러닝을 공부하면서 다시 접할 수 있어서 새롭고 재미있었어요. 또 전공인 기계공학과에서 배운 지식을 앞으로 쓸 일이 없을 줄 알았는데, 머신러닝을 통해 적용해 볼 수 있어서 유리한 분야라는 생각이 들었습니다. 활용도도 높고, 적용할 수 있는 분야도 많은 기술이어서 제 개인의 성장이나 앞으로 커리어 패스에 있어서도 많은 도움이 되리라 판단했어요. 지금은 많이 못 하고 있지만요.

마 최근에 체인 파트너스라는 회사로 이직을 하셨는데요, 왜 O2O 플랫폼에서 블록체인이라는 전혀 다른 분야로 이직을 결심하셨는지 궁금하네요. 또 체인 파트너스에서는 어떤 역할을 하고 계신가요?

곽 일단 이직을 준비할 당시에, 해 봤던 일만 하고 싶지 않아서 유사한 서비스는 피하자는 생각이 있었어요. 그래서 앞으로 미래를 이끌어 나갈 거라고 생각하는 기술인 머신러닝이나 블록체인 분야를 다루는 회사를 집중적으로 알아봤어요. 그 과정에서 머신러닝보다 블록체인에 더 큰 매력을 느꼈고, 블록체인 기술을 다루는 회사를 알아보던 중에 체인 파트너스를 알게 됐어요. 좋은 기회로 면접을 보고, 입사 제의를 받았습니다. 블록체인을 다루는 회사에 입사를 했다고 해서 당장 블록체인 코어 개발을 하게 되는 건 아니더라고요, 당연하겠지만(웃음). 처음에는 거래소 등 기존에 해 왔던 서버나 웹 개발 위주로 개발을 했어요. 최근에는 블록체인 기반 기술을 활용한 개발도 조금씩 하고 있습니다.

마 개발자로서 취업할 때 가장 고민이 많이 되는 부분이 어떤 회사에 다녀야 할까인 것 같아요. 개발자로서 두 개의 회사를 경험해 보셨는데, 개인적으로 '이런 회사에 들어가면 좋은 것 같아요'라고 추천해 줄 만한 기준이 있나요?

곽 본인이 흥미를 느껴야 하는 것 같아요. 그 회사가 가지고 있는 서비스가 내가 하루에 한 번은 들어가 볼만한 서비스면 좋을 것 같아요. 직방에 처음 입사할 때도 마침 집을 구하던 중이어서 직방을 활발하게 사용하던 중에 입사하게 되었어요. 입사 2년 정도 후에 한 번 더 이사를 하게 되었는데, 그 이후에는 쓸 일이 없더라고요. 그래서 흥미가 떨어져서 이직을 결심하지 않았나 싶네요(웃음). 지금 체인 파트너스의 경우는 개발 중인 프로젝트들이어서 현재 활발하게 쓸 수 있는 서비스가 없고, 또 제가 암호 화폐 투자를 활발하게 하는 편은 아니지만 그래도 블록체인 기술 자체에 대해서 미래 전망이 밝다는 생각에 기술 자체에 대한 관심도가 높은 것 같아요. 관심 있는 기술 분야이기 때문에 누군가 시키지 않아도 코드 한 줄 더 쳐 보고 DB 한 번 더 보게 돼요.

마 최근에 이미 분야를 크게 한 번 바꾸신 상태여서 조금 이른 질문일 수도 있지만, 앞으로 개발자로서 어떤 계획을 세우고 계신가요?

곽 블록체인 분야의 전문가가 되어 보고 싶어요. 블록체인 시장이 당장 몇 년 사이에 빠르게 커질 것 같지는 않지만, 장기적인 관점에서 제 능력과 시간을 투자할 만한 가치가 있다고 생각하기에 투자를 해 볼 예정입니다. 또한 기회가 된다면 블록체인 기반이든 다른 웹이나 서버 개발을 통해서 제 사업을 해 보고 싶다는 욕심도 있어요. CEO도 좋고, CTO도 좋고. 저만의 서비스를 만드는 건 또 차원이 다른 경험일 것 같아서 경험해 보고 싶어요.

마 기계 공학도에서 개발자로, 삶의 큰 변화를 겪으셨잖아요. 개발자로 전향한 후의 삶이 어떻게 달라졌는지, 또 아쉬운 부분은 있는지 궁금합니다.

곽 초반에 말씀드렸다시피, 대기업에 재직할 당시에 큰 회사고 만족스러웠어요. 뿌듯한 마음도 들었고요. 그런데 그게 전부였던 것 같아요. 개발자로 새로운 시작을 하게 됐고, 그 후에는 하루하루가 도전이고 새로운 시작이라는 느낌을 받아요. 보람차기도 해요. 한 가지 아쉬운 점은 공부할 게 너무 많다는 거네요(웃음). 개발자분들이라면 다들 공감하실 텐데, 개발자를 그만두는 그 순간까지 평생 공부를 해야 한다는 점이 아쉬워요. 다만 그렇기 때문에 다른 개발자를 보면서 항상 긴장하고 뒤처지지 말아야지 하는 생각도 들고, 심장 뛰는 삶을 살게 되었어요. 많은 분들이 스타트업이 바쁘고, 월급 안 주고, 야근 많다고 걱정하시는데요. 잘 알아보고 선택해서 가면 대기업보다 야근 적고, 월급도 대기업만큼 주고, 사람들도 좋고, 좋은 업무 환경에서 일할 수 있는 것 같아요. 대외적으로 보이는 것보다 훨씬 더 업무 환경이 좋거든요. 저는 개인적으로 크게 만족하고 있어요. 내가 오늘 짠 코드가 회사에 기여를 해서 1%라도 회사가 성장을 하면, 회사와 함께 성장하는 기분이 든다는 생각에 뿌듯하고 보람차요.

마 6개월 동안 학원에서 개발 공부를 하셨는데, 그때 동기들이나 개발자를 희망하는 분들을 보면 떠오르는 생각이 있을 것 같아요. 비전공자로서 개발자가 되고 싶어서 준비하고 계신 분들께 한 가지만 조언을 해 주신다면 어떤 것이 있을까요?

곽 '잘 할 수 있을까?'라는 고민을 하면 잘 하게 될 겁니다. 그런 고민을 안 하는 사람이 안 되는 거지, 고민하는 사람은 잘 될 겁니다. 저도 아직도 내일 잘 할 수 있을까, 내년에 잘 할 수 있을까 걱정이 되고 긴장하며 살고 있어요. 그런 고민을 하시는 분들은 잘 되지 않을까 생각해요.

마 오늘 좋은 이야기 들려주셔서 감사드려요. 다른 분들께 많은 도움이 되었을 것 같아요.

곽 고맙습니다.

실리콘밸리, 그리고 원격 근무

INTERVIEWEE
개발자 서준용

서준용님은 서강대에서 컴퓨터 공학과를 전공 후 미국에서 석사를 마치고, 실리콘밸리 두 곳의 회사에서 일을 하였다. 두 번째 직장인 GoPro에서는 원격 근무를 시작해서 뉴욕을 시작으로 다양한 나라로 여행을 다녔다. 많은 개발자가 꿈꾸는 실리콘밸리의 생활과 디지털 노마드 삶에 대해서 다양한 이야기를 나눌 예정이다.

마르코(이하 '마') 안녕하세요, 여러분. 오늘은 서준용님을 모시고 인터뷰를 진행할 예정입니다. 준용님께서는 미국에서 대학원을 졸업하시고, 실리콘밸리에서 근무하면서 최근 많은 분들이 관심을 가지고 있는 디지털 노마드 생활을 하셨습니다. 브런치 작가이기도 하시고요. 준용님, 간단하게 자기소개 부탁드릴게요.

서준용(이하 '서') 안녕하세요. 서준용입니다. 저는 한국에서 컴퓨터 공학으로 학사를 마친 후 미국에서 정보경영시스템으로 석사 학위를 받았습니다. 졸업 후 실리콘밸리에 취업을 해서 6년 조금 넘게 일을 했습니다. 처음 3년은 Zynga라는 소셜 네트워크 게임 회사에서 광고 엔진 개발을 했고, 최근 3년은 GoPro라는 액션 카메라를 만드는 회사의 소프트웨어팀에서 하드웨어나 소프트웨어를 통해 수집된 사용자 데이터를 수집 및 가공하는 일을 했습니다. 마르코님께서 말씀주신 것처럼, GoPro에서 있던 3년 중 첫 6개월만 사무실에서 근무하고, 그다음 6개월은 원격 근무를 했고요, 나머지 2년은 디지털 노마드 생활을 하면서 세계 12개국 정도를 돌아다니면서 일을 했습니다. 최근에 GoPro를 퇴사하고 재미있는 프로젝트에 합류하기 위해 한국으로 돌아와서, 다음 주부터 새 회사에 출근합니다.

마 다양한 채널을 통해서 실리콘밸리에서 근무했던 이야기를 나눠 주신 거로 알고 있어요. 그래서 많은 분들이 이미 미국 생활에 대해 잘 알고 있는 것 같습니다. 오늘은 먼저 준용님께서 미국으로 석사를 하러 가시기 전에, 한국에서 개발자로 근무하셨던 이야기를 여쭤보고 싶네요.

서 저는 서강대학교에서 컴퓨터 공학을 전공했습니다. 서류상에는 대학 졸업 후에 바로 미국에 석사를 하러 간 것으로 되어 있는데요, 사실 재학 중에 산업기능요원으로 3년가량 중소기업 전산실에서 근무한 경험이 있습니다. 그리고 대학교 4학년 때 삼성 소프트웨어 멤버십이라고 하는 삼성전자 산하에서 개발자로 인턴십을 1년가량 했습니다. 대학교 졸업 후 미국으로 출국하기 전까지 시간이 조금 있어서, 약 3개월간 작은 스타트업에서 근무하기도 했어요. 한국에서 일한 경험은 이게 전부여서 제대로 된 풀타임 직장 생활을 한 적이 없다고 이야기할 수 있을 것 같아요.

마 컴퓨터 공학을 전공하셨는데, 전공으로 컴퓨터 공학을 선택하게 된 계기가 있었나요? 그리고 개발자로 일하기로 한 계기가 있는지도 궁금합니다.

서 사실 큰 이유가 있는 건 아니고, 초등학교 1학년 때 286 컴퓨터가 집에 있어서 당시 또래 친구들보다 일찍 컴퓨터를 접한 편이에요. 물론 게임을 했고요(웃음). 모뎀으로 전화에 연결해서 PC 통신도 많이 했어요. 부모님께서 이럴 바에 컴퓨터를 제대로 배워 보거나 게임을 만들어 보는 게 어떻겠냐고 제안을 하셔서 고등학교 1학년 겨울방학 때 컴퓨터를 전공하는 형한테 두 달 정도 C 언어를 배웠어요. 이것저것 만들어 보고 코드를 짜는 게 재밌더라고요. 그래서 그때 컴퓨터 공학과로 진로를 정했어요. 수능 점수에 따라서 학교는 바뀔 수 있지만 무조건 컴퓨터 공학을 공부하기로 결심했죠. 당시에는 제 적성에 딱 맞는다는 생각은 안 들었고, 학부 성적이 안 좋아서 고생을 좀 했습니다. 그래도 시험은 잘 못 봐도 프로젝트나 코드를 짜는 일은 잘했어요. 그렇게 대학 시절을 보내고 유학 준비도 하게 됐고, 지금도 계속 개발자로 일을 하고 있네요(웃음).

마 어떤 계기로 미국 유학을 결심하게 되셨나요?

서 부모님께서 지원을 많이 해 주시는 편이었어요. 지원이 가능한 형편이기도 했고요. 그래서 석사, 박사까지 공부하는 걸 당연하게 생각하고 있었는데, 컴퓨터 공학 공부를 하다 보니 생각보다 잘 안 맞아서 대학교 4학년 때는 석사를 하는 게 맞나 고민을 하기도 했어요. 사실 저는 사람 만나는 것도 좋아하고 프로젝트를 하는 것도 좋아해서 일을 하는 게 더 맞나 싶기도 했죠. 4학년 때까지 딱히 하고 싶은 게 정해지지 않아서, 가능한 모든 선택지에 대한 준비를 했습니다. 국내 대기업 취업과 외국계 기업 취업 준비도 했고, 본교, 타교 대학원과 해외 대학원도 함께 준비했어요. 당시 국내에 있는 외국계 기업들은 개발자 조직을 한국에 두지 않는 경우가 많았고, 그나마 있는 회사도 경력직만 채용하는 경우가 많아서 선택지가 많지 않았어요. IBM, 야후, 모토로라, 구글을 지원했는데 다 떨어졌어요. 심지어 그 이후에 야후와 모토로라는 한국에서 철수해서 개발팀을 가지고 있지도 않았죠. 경력직이 아닌 상태에서 지원을 해 보니 다 떨어져서 회사 생활을 할 수 없었고요.

타교 대학원의 경우, 연구실 지원 모집 요강을 보니 지원 기준 최소 학점이 제 학점보다 0.8점씩 높더라고요(웃음). 이건 안 되겠다 싶어서 바로 포기했죠. 본교의 경우, 조금 더 수월하긴 했지만 역시 교수님들께서는 공부 잘하는 학생만 알아보시더군요(웃음). 그래서 해외 대학원으로 눈을 돌리면서 본교 교수님 7분 정도께 진학 상담을 받았는데, 운 좋게도 몇 분의 교수님께서 유학 준비를 한번 해 보고 잘 안되면 본인 연구실에 들어와서 2년 정도 공부하고 박사를 하라고 제안을 주셨어요. 그래서 본교 연구실은 자리 확보가 되었어요.

국내 대기업의 경우, 인턴십 중에서 딱 하나 붙은 게 삼성 소프트웨어 멤버십이었는데, 조금 독특한 개발자 전용 전형이어서 SAT 면제와 수료 후 바로 임원 면접으로 갈 수 있는 특권이 있었어요. 선택지를 하나 더 확보해 둔 상태에서 유학 준비를 시작했죠.

부모님과 이야기를 나눈 결과 유학 준비를 제대로 해 보자고 결심이 서서 삼성전자 입사를 포기하고 유학 준비를 본격적으로 시작했습니다. 꼭 유학을 가야겠다는 마음보다는 공부를 더 하고 싶으니 국내, 해외 모두 지원을 해 보고 기회가 닿는 곳에 가야겠다고 생각을 했고, 잘 풀려서 미국으로 유학을 가게 됐죠.

사실 석사를 하러 유학을 갈 때, 부모님이 제시한 지원 조건이 박사까지 하고 돌아오는 거였어요. 그런데 공부를 하다 보니 진짜 아니구나 싶어서 석사까지만 하게 됐죠. '이러다 길에서 객사하거나 과로해 죽거나 둘 중에 하나겠다'는 생각이 들었어요(웃음). 그래서 석사를 하면서 박사 진학이 아닌 취업 쪽으로 진로를 바꿨습니다. 굉장히 운이 좋게도 제가 졸업하는 시점에 컴퓨터 공학이 뜨기 시작하면서 취업 시장이 좋았어요. 비자 발급도 지금만큼 어렵지 않았고요. 입사는 어려웠지만 비자는 어렵지 않게 나왔기 때문에, 수월하게 일을 시작해서 지금까지 7년 정도 일을 하게 되었습니다.

마 대학원에서는 어떤 전공을 선택하셨고, 어떤 내용을 공부하셨는지 간단하게 소개해 주세요.

서 저는 카네기멜론 대학에서 프로페셔널 마스터(Professional Master)라고 불리는 정보경영시스템을 전공했는데요. 제가 유학 준비를 시작할 때는 이 프로그램에 대해서 잘 몰랐어요. 일반적인 석사를 아카데미아 (Academia)라고 부르는데요. 2년 과정에 1년을 코스웍(Course Work)을 듣고 논문 쓰고 졸업하는 과정이에요. 대부분 이런 아카데미아 과정에 지원했고, 딱 한 곳을 카네기멜론의 프로페셔널 마스터 과정에 지원했어요. 당시 석사 지원서 관련해서 선배님께서 지원서 리뷰를 해 주셨는데, 제 레쥬메(Resume)를 보시더니 아카데미아보다는 프로페셔널이 맞을 것 같다고 말씀하시면서, 카네기멜론을 한번 써 보라고 하시더라고요. 잘 모르겠지만 어차피 10개 정도 대학의 석사 과정을 지

파트4 ⋯ 다양한 개발자의 삶

원할 건데 하나 정도 더 쓰는 건 크게 문제가 없다고 생각하고 지원했죠. 제가 원래는 좋은 학교를 지원하지 못할 학점이었는데, 여기는 한번 지원을 해 봤고 최종적으로 카네기멜론을 포함해 4개 학교에 합격했어요. 국내에서는 타교 대학원도 갈 수 없던 제가 미국에서는 4개 학교에 합격한 것도 신기했어요. 만약 저랑 비슷한 레쥬메를 가진 사람이 저에게 상담을 신청한다면, 저도 비슷한 조언을 해 줄 것 같아요. 학점은 안 좋고, 프로젝트 성적이 좋은 친구들은 박사보다는 석사를 듣고 취업하는 과정을 선택하는 게 더 좋을 것 같아요.

제가 들었던 과정은 아카데미아가 아니기 때문에 논문을 쓸 필요가 없었어요. 학부 때처럼 열심히 수업 듣고 시험 보고 졸업하면 됐죠. 원래는 16개월 과정인데, 실무 경험이 있는 사람에게는 인턴을 면제해 줘서 12개월 수업만 들으면 졸업할 수 있었어요. 융합학과이기 때문에 컴퓨터 공학, 경영학, 경제학, managerial 이렇게 4가지 분야를 섞어서 가르쳤어요. 그래서 한 번도 배워 본 적이 없던 미시경제학, 거시경제학, 중간 관리자를 위한 과목 등 다양한 수업을 들었어요. 영어로 수업을 듣다 보니 비엔지니어링 과목을 위주로 들어서는 졸업 후에 진로가 어렵겠다 싶어서, 첫 학기 이후에는 엔지니어링 과목 위주로 수업을 듣고 졸업했어요. 과목의 절반 정도는 컴퓨터 공학 관련이지만 나머지 절반은 경영학, 경제학이다 보니, 다양한 전공과 업무 경험을 가진 학생들이 모여 있는 과정이었습니다.

마 처음에 박사 과정까지 생각하고 가셨다가 석사까지만 하기로 결심하셨다고 하셨는데, 혹시 어떤 부분에 어려움이 있었는지 자세히 이야기해 주시겠어요?

서 컴퓨터 공학과 수업 같은 경우는 '학부에 5학년이 있었다면 이런 걸 배웠겠구나' 싶은 정도의 수준이라 크게 어렵지는 않았습니다. 영어로 가르친다는 차이가 있기는 하지만 한국에서도 컴퓨터 공학 수업은 영어 원서를 사용해서 공부하는 경우가 많아서 익숙한 개념들이 많았어요. 다만 미시경제학이나 거시경제학같이 생소한 부분을 영어로 공부하는 건 다소 어려움이 있었어요. 또 논문이 필요하지 않은 석사 과정이었지만 저는 당시에 박사 생각이 있었기 때문에 Research Assistant로 교수님 연구를 도우면서, 또 교수님이 하시는 연구를 바탕으로 해서 개인적으로 하는 독립 연구도 했습니다. 저는 가능한 일을 찾아내서 만드는 것을 좋아했는데, 실현 가능성이 있는지 없는지 불분명한 것에 대하여 연구하는 것이 저랑 안 맞는다고 생각했어요. 당시에 박사 공부를 하던 친한 형들이 몇 분 계셨는데, 그분들을 지켜보니 머리가 좋아서 공부를 잘할 뿐만 아니라 엉덩이를 오래 붙이고 앉아서 끈기 있게 하시더군요. 칭화대, 북경대, 콜롬비아대 등 쟁쟁한 학교의 수석들이 열심히 하기까지 하니까 박사가 돼서 저 친구들이랑 경쟁하려면 정말 힘들겠다 싶었어요. 공부 자체도 그렇게 재미있지 않았고요.

결정적인 계기가 됐던 건, 처음엔 박사를 못 가면 어떡하지 싶었는데 갈수록 박사에 덜컥 붙으면 어떡하지 싶었어요(웃음). 가서 잘할 자신이 없는데, 컴퓨터 공학 박사는 짧아도 6~7년, 길면 8년도 합니다. 30대 전체를 그렇게 보내야 하는데 즐겁지 않은 일을 하면서 인생의 중요한 순간을 그렇게 보내도 괜찮을까 고민이 됐어요. 떨어지는 것보다 붙는 것이 더 공포스러운 순간이 와서 다른 선택을 해야겠다는 결심을 했죠. 마침 경기도 좋았고 저의 유학 준비를 도와주었던 형도 석사를 마치고 취업한 상태여서, 취업을 준비하는 과정에서도 많은 도움을 받아서 취업을 잘 했습니다. 부모님께도 취업이 돼서 박사를 안 간다고 말할 수 있게 되었고요. 제 인생에서 가장 잘한 선택이 뭐냐는 질문에는 박사를 안 간 것이라고 대답할 정도로 잘한 선택이었다고 생각합니다(웃음). 그리고 이 부분에 대해서 제가 배운 점들은 https://medium.com/@zechery1에 정리해 두었습니다. 10년 가까이 지난 정보라는 점 참고하고 읽어 주시길 바랍니다.

마 경기가 좋아서 취업을 잘 하셨다고 말씀해 주셨는데, 그럼에도 불구하고 실리콘밸리에서 외국인으로 취업하기가 결코 쉽지만은 않았을 것 같아요. 어떻게 준비를 하셨고, 어떤 어려움이 있었는지 궁금합니다.

서 네, 당시가 지금보다 비자 취득은 수월했지만 취업은 그때나 지금이나 쉽지 않은 것 같아요. 개발자의 취업은 기술 면접 중심으로 이루어집니다. 먼저 1, 2회의 화상 인터뷰를 통해 주어진 문제를 즉석에서 풀어나가며 대화를 나누는 형식으로 진행합니다. 그 과정에서 문제 해결 과정을 평가해요. 그 후에 본사로 초청해서 면접을 봅니다. 팀원 5명 정도와 1:1로 면접을 봐서 만장일치로 합격을 받아야 취업 결정이 됩니다. 모든 과정이 영어로 진행되다 보니 외국인으로서 어려움이 있어요.

　저 같은 경우에도 150군데 정도 서류 지원을 했는데, 그중 전화 면접을 본 곳은 15개가 조금 안 되고요, 또 그중에 현장 면접으로 이어진 것이 네 군데였습니다. 네 군데 중에 세 군데 합격을 해서 그중 한 곳에서 근무하게 되었습니다. 300~500군데 정도 지원할 생각이었는데, 150군데 지원해서 합격한 것은 잘 된 편이라고 생각해요. 300~500군데나 지원할 만한 회사가 있다는 사실과 더불어 그중 어느 회사에 가도 업무 강도가 높지 않고 급여 수준이 괜찮은 편이라는 점이 좋았습니다. 그럼에도 불구하고 엄청나게 노력해야 해요.

기술 면접 이외에도 인성 면접을 보는데, 성격의 장단점이나 그것을 극복하기 위해 어떤 노력을 했는지 등을 물어봅니다. 처음에 전화 인터뷰를 할 당시에는 스크립트를 적어서 화면에 띄워 놓고 읽는데도 틀리고 했는데, 자꾸 반복하다 보니 익숙해져서 머리로 생각하지 않아도 입이 말하는 수준이 되더라고요(웃음). 그때부턴 수월했어요. 기술 면접의 경우도 계속 공부하고 인터넷에서 기출 문제를 찾아서 계속 풀다 보면 아는 문제가 나오는 경우가 있어요. 그럴 때 저는 그냥 면접관에게 나 이거 아는 문제라고 당당하게 이야기했습니다. 그러면 보통 그냥 풀어보라고 하더군요(웃음). 쭉 풀고 설명까지 하고 나면 보통 한 문제를 더 주거나 하는데, 추가 문제이고 설명까지 할 정도로 시간이 충분하지는 않아서 수월하게 넘어갔어요.

마 첫 회사 Zynga는 어떤 회사였는지 알려 주시면 좋을 것 같아요.

서 제가 처음으로 일했던 Zynga라는 회사는 소셜 네트워크상에서 작동하는 게임으로 큰 성공을 거둔 회사였습니다. 우리나라에서도 농작물을 키우는 류의 게임들이 한때 유행했었는데, 그런 류의 게임 중 Farmville, Cityville 등으로 초반에 가장 큰 성공을 이룬 회사 중 하나입니다. 전성기에는 페이스북 전체 매출의 24%가 Zynga를 통해서 나올 정도로 잘 나가는 회사였어요. 소셜 네트워크 기반의 게임이나 소셜 네트워크의 폭발적 성장과 함께 성장한 회사라고 보면 좋을 것 같네요. 2010~2011년 제가 입사했을 무렵에 IPO를 했습니다. 저는 게임에 광고를 넣는 광고엔진팀에서 3년가량 근무했습니다.

마 IPO 무렵에 들어가셨으면 회사 분위기가 흥분에 휩싸여 있었을 것 같아요. 어떤 느낌이었는지 궁금하네요.

서   먼저 IPO를 했다는 건 회사가 어느 정도 궤도에 올랐다는 증거이고, IPO를 통해 유입된 거대 자금을 통해 다시 한 번 폭발적 성장을 하고자 하는 상태인데요. 저는 IPO를 한 직후에 IPO를 통해 거둬들인 자금으로 뽑힌 것 같습니다. 불행히도 Zynga라는 회사는 IPO 이후에 하락세를 맞게 됩니다(웃음). 하지만 게임 같은 경우 성공하기가 어려워서 그렇지, 한 번 성공하면 매출 규모가 워낙 크기 때문에, 주가가 높지 않을지언정 여전히 매출은 잘 나오는 회사였어요. 제가 입사했을 당시에는 학교를 졸업하고 바로 입사하는 신입 개발자가 매달 60명 이상 있었어요. 저 같은 경우도 월 동기가 60명입니다.

마   어마어마하네요.

서   성장세가 가팔랐기 때문에 회사 문화도 애자일하고, 젊은 친구들이 유입되면서 평균 연령이 낮다 보니 굉장히 재미있었어요. 게임 회사들이 워낙 재밌는 이벤트를 많이 하기도 하고요. 당시에 아침, 점심, 저녁 식사가 다 나왔는데, 상대적으로 소규모이다 보니 구글이나 페이스북 같은 회사보다 더 맛있게 잘 나왔어요. 금요일 오후에는 해피 아워라고 생맥주, 와인에 안주까지 제공하면서 친구들을 무제한으로 초대해서 놀 수 있게 자리를 만들어 줬어요. 새로운 게임이 출시되면 팀 전체를 하와이로 여행을 보내 주기도 하고, 파티도 하고. 자유로웠어요. 성과주의다 보니 성과가 잘 나오면 보너스나 주식도 많이 나왔습니다. 돈 있는 회사가 돈을 펑펑 쓰면서 놀면 어떻게 노는지 여실히 보여 주는 재미있는 회사였습니다(웃음). B2C 제품을 만드는 회사라서 고객 유입이나 피드백을 즉각적으로 볼 수 있어서 그것 역시 재미있는 경험이었어요.

마   광고 엔진을 만든다는 것이 어떤 일인지 자세히 설명해 주시겠어요?

서 제가 있었던 광고팀의 경우, 저희 자사 제품 내에 광고를 넣는 팀이어서 유저에 대한 자세한 정보를 가지고 있는 만큼 정교한 타게팅이 가능했어요. 데이터를 수집하여 잘 활용하는 데이터 중심의 회사로 유명하기도 했습니다. 예를 들어 새로운 게임을 출시할 때도 기존 게임 고객의 데이터 분석을 바탕으로 최대한 이탈이 일어나지 않는 범위 내에서 정교하게 타게팅을 하여 광고를 진행하는 등 자사 제품 간의 경계를 넘어서 크로스 프로모션을 진행하는 등의 일을 했어요. 데이터를 기반으로 광고를 하다 보니 수익성도 높은 편이었습니다. 안드로이드, iOS의 전사적 엔진 개발 및 데이터 수집 일도 했어요.

마 그렇게 방대한 데이터가 발생하는 곳에서 엔진 개발을 하는 건 정말 재밌는 일일 것 같아요.

서 그 당시에는 이 스케일이 얼마만큼 대단한지 자각이 없었는데, 저 혼자 배포하는 저희 팀 서버가 약 250개 정도 됐고 분당 처리하는 광고 개수가 억 단위였어요. 아무래도 큰 회사이고 데브옵스부터 시작해서 시스템이 잘 잡혀 있는 회사여서, 스케일에 대해 큰 고민 없이 개발을 할 수 있었습니다. AWS에 드는 서버 비용이 워낙 방대해서 한때 클라우드도 회사 자체 클라우드를 개발하여 사용했습니다. 결국 AWS로 돌아가긴 했지만요. 회사 규모가 크고 자본금이 많다 보니 할 수 있는 것이 그만큼 많았던 것 같아요. 외부에 의존하지 않고 내부에서 하는 일이 많아서 효율적으로 빠르게 일 처리를 할 수 있었고요. 여러 가지 의미에서 재미있는 경험이었습니다.

마 그 후로 GoPro라는 액션캠 회사에서 근무하셨는데, 하드웨어를 다루는 회사이다 보니 첫 번째 회사에서 했던 업무와 다른 일을 하셨을

것 같아요. 어떤 이유로 GoPro로 이직을 결정하게 되었는지 궁금하
네요.

서 Zynga에서 3년 정도 일을 한 후에 GoPro로 이직을 했는데, 자발적
이직은 아니었어요. 미국의 경우는 고용 보호가 잘 안 되어 있어서
구조 조정이 활발한 편입니다. Zynga의 경우 IPO 이후에 성장세가
주춤하다 보니 구조 조정이 굉장히 잦았어요. 근무했던 3년이라는 시
간 동안 7번의 구조 조정이 있었고, 같이 일하던 동료가 하루아침에
사라지는 경험을 했습니다. 그러던 중에 저희 팀의 절반이 날아가는
경험을 하면서 저도 이직을 하게 되었죠. 당시에 GoPro에 근무하던
친한 형의 추천을 받아서 지원했고, 마침 저와 잘 맞는 포지션이어서
입사 확정 후 근무를 시작하게 되었습니다. 입사 후 했던 일은 Zynga
의 소프트웨어 팀에서 했던 서버 개발과 큰 틀에서는 유사하지만 세
부적으로는 조금 다른 일이었어요. 데이터를 수집해서 저장한 후 가
공해서 API를 만들어서 제공한다는 맥락은 유사했지만 도메인이 달
랐습니다. 더이상 하고 있지 않지만 제가 GoPro에서 했던 프로젝트
중의 하나는 드론 관련 프로젝트였어요. 드론과 통신하는 서비스를
만들어서 데이터 프로세싱 파이프라인을 만들고, 데이터 클렌징 및
압축하여 데이터 팀에 전달하는 작업을 했습니다.

마 GoPro에서 하셨던 일은 하드웨어와 소프트웨어를 연결하는 일이어
서 일반적인 IT 기업에서 하기 힘든 소중한 경험을 하셨다는 생각이
드네요.

서 네, 하드웨어가 메인인 회사와 소프트웨어가 메인인 회사는 다르다는
생각이 들었어요. 소프트웨어만 하는 회사에서는 임베디드 C나 네트
워크 통신을 볼 기회가 많이 없겠죠. 개발 사이클 역시 소프트웨어 회

사의 서버 개발은 하루에 몇 번이고 배포를 할 수 있거든요. GoPro 의 경우 하드웨어 호출이 필요하다 보니 조금 더 조심스러웠어요. 개 발은 애자일한데 배포 속도가 따라가지 못하는 경우가 많았습니다. Zynga에서는 막 졸업한 후 주니어 개발자로 배우는 경험을 했다면, GoPro에서는 시니어로써 Zynga에서 경험했던 것들 중 모범 사례들 을 이식해서 개발 사이클을 발전시키는 일을 하기도 했어요.

마　하드웨어가 결합된 제품을 개발할 때의 특수성이 있네요.

서　아무래도 개발 사이클이 달라요. 더 근본적인 차이는 Zynga의 경우 소프트웨어에서 매출이 나는 회사이다 보니 소프트웨어 개발자가 왕 이었는데, GoPro는 하드웨어 중심의 회사여서 소프트웨어 개발자가 서포팅하는 조직이라는 느낌이라 썩 유쾌하진 않았습니다. 다만 그 렇기 때문에 긴급한 업무가 거의 없어서 과부하가 걸릴 일이 없다는 장점은 있었어요. 일장일단이 있는, 재밌는 경험이었습니다.

마　브런치에서 글도 쓰고 계신데, 최근에 실리콘밸리에서 개발자로 일 하는 경험에 대한 다양한 글들이 올라오는 것 같아요. 그를 통해서 실리콘밸리에서 개발자로 일하는 꿈을 꾸는 분들도 많은 것 같고요. 실리콘밸리의 생활을 직접 경험하면서 과장된 점, 혹은 거꾸로 정말 좋은데 잘 알려지지 않은 점이 있다면 이야기해 주세요.

서　정말 개인적인 경험이긴 한데 먼저 단점을 이야기하면, 실리콘밸리 개발자의 몸값이 1억은 기본이고 많게는 2~3억씩 받는 분들도 흔히 볼 수 있는데요, 그 이유가 35%가 넘는 높은 세금, 원룸 하나에 기 본 200만 원이 넘어가는 비싼 월세라고 볼 수 있어요. 또 그 돈을 주 는데도 치안이 좋지 않고요, 교통 체증도 어마어마합니다. 돈은 많이 들어가는데 생각보다 생활 속 불편함도 많은 편이에요. 그럼에도 불구하고 일적으로는 장점밖에 없는 것 같아요. 한국과 비교해서 연봉의 상한선이 없이 좋은 연봉을 주기 때문에 높은 물가에도 충분히 좋은 생활이 가능하고요, 보상 체계에 주식이 들어 있기 때문에 사원 개개인이 회사와 함께 성장할 수 있는 경험을 할 수 있는 것도 장점인 것 같아요. 기본급의 경우 적게 받는 사람과 많이 받는 사람의 차이가 그렇게 많이 나지 않을 수 있어요. 그렇지만 주식의 경우 개개인이 받은 양과 회사의 성장 정도에 따라 크게 차이가 날 수 있긴 해요. 1억 원어치 주식이 1년 후에 천만 원이 될 수도 있고요. 참고로 제 얘기입니다(웃음). 또 10억이 되는 경우도 있습니다. 그렇게 드물지 않아요. 실리콘밸리에서 집을 구매하고 이런 분들을 보면 대체로 연봉을 10억씩 받는 게 아니라, 받은 주식이 회사의 성장과 함께 커져서 그런 경우가 많아요. 작은 스타트업이 큰 회사에 인수 합병될 경우, 일반 엔지니어도 100억 혹은 1,000억 단위의 돈을 벌 기회가 있으니 기회의 땅이기는 하죠. 다만, 평범하게(?) 1억 대의 수입을 가진다면 삶이 팍팍해요. 세금 35%, 월세 250만 원 * 12 = 3천만 원, 1억에서 제외하고 서울의 두 배 물가를 견뎌야 한다고 이해하면··· 생각보다 저축을 많이 하기 힘들어요.

　업무 같은 경우, 회사나 팀에 따라 차이는 있지만 워크 라이프 밸런스를 보장해 주는 경우가 많습니다. 간혹 워크 라이프 밸런스가 맞지 않는 팀도 있는데, 그런 경우에는 그만큼 성장 가능성이 커요. 단순히 열정 페이로 끝나는 것이 아닌 금전적으로 혹은 주식으로 보상을 제대로 하죠. 또한 뛰어난 동료들과 함께 일한다는 것 자체가 큰 보상인 것 같아요. 모르는 게 있을 때 물어볼 수 있고, 대체로 태도도 좋은 편이에요. 간혹 또라이도 있지만요(웃음). 사실 뛰어난 동료는 양날의 검인 것 같기도 해요. 같이 일하면서 배울 것이 많다는 점에서는 더할 나위 없이 좋지만 또 너무 뛰어난 동료들에 둘러싸여 있다 보면 자괴감이 들 때도 많습니다. 애플이나 구글 같은 기업의 컨퍼런스를 다 함께 틀어놓고 보는데, 다음 날 컨퍼런스에서 공개됐던 기술을 가지고 프로토타입을 만들어서 그걸 가지고 놀고 있는 동료들을 보면 굉장하다는 생각이 들죠. 그렇게 익힌 기술들을 함께 업무를 하면서 배울 수 있다는 장점이 있지만, 또 그 친구들과 경쟁을 해야 하기도 하니 이런 부분에서도 일장일단이 있다고 말할 수 있을 것 같습니다. 실리콘밸리 생활 중 업무적인 부분에서 만족도는 컸고요, 삶의 부분에서는 생각보다 만족도가 높지 않았던 것 같아요.

마 스톡옵션을 말씀해 주셔서 생각났는데요, 저는 한국의 스타트업에 다녀 보니, 실리콘밸리 스타트업의 문화를 보고 따라 하려고는 하지만 실제로 스톡옵션이나 주식을 통한 성공에 대한 보상을 제대로 고려하고 있지 않다는 걸 느꼈어요. 스톡옵션 역시 현재가 아닌 성공을 했을 경우에 받을 수 있는 보상에 대한 약속 같은 거잖아요. 그런데 그 스톡옵션조차 나누고 싶지 않아 하면서 열정은 강요하는 스타트업들을 제법 많이 본 것 같아요. 그래서 실리콘밸리에 있는 스타트업들이 스톡옵션과 지분을 통해 어떤 식으로 직원을 동기 부여하는지 그 구조에 대해서 간단하게 설명해 주시면 좋을 것 같아요.

서 구조는 기본적으로 같습니다. 예를 들어 작은 스타트업에 시니어 엔지니어가 입사하면 연봉과 스톡옵션 비율을 조정하는데, 아무리 적게 받아도 20명 미만의 스타트업에 입사할 경우 0.01~0.1% 그리고 많게는 1% 정도를 받습니다. 0.1%를 받았다고 가정하면 회사의 1/1000이 내 것이 되는 거죠. 단순 산술로 그 회사가 10조에 매각되었다고 하면 100억이 제 몫이 되는 거예요. 아주 간단하게 이야기하면 이런 구조인데, 한국과 가장 큰 차이는 규모인 것 같아요. 한국에서는 잘 팔려야 1,000억인데 그러면 1억 받는 거예요. 그리고 100억 규모에 매각이 되면 1,000만 원이 되고요. 인생을 바꿀 수 있는 액수가 아니죠. 규모의 차이가 큰 것 같습니다. 이건 저도 들은 이야기인데 보통 실리콘밸리에서는 큰 회사가 IPO를 하지 않은 작은 회사를 살 때 지분의 100%를 통째로 산다고 해요. 그런데 아시아에 있는 회사의 경우 경영권 51%만 매수를 해서 C-level 경영진들은 지분을 팔고 엑싯(Exit)을 하는데, 경영진이 아닌 경우에는 스톡옵션의 행사가 불가능해지는 거죠. 매각 규모뿐만 아니라 100% 매각하지 않는다는 차이도 있는 것 같아요.

실리콘밸리는 세계가 집중하고 있는 시장일 뿐만 아니라 주목을 받는 서비스가 나올 경우 주변 회사들이 비용을 제대로 지불하고 적극적으로 사용하는 사례가 많은 것 같습니다. 그래서 사업을 영위하기도 좋고, 상대적으로 투자를 유치하기도 쉽고, 또 큰 규모로 매각이 일어난다는 선순환 고리가 생기는 것 같습니다. 물론 그러니까 다같이 미친 듯이 워라밸은 무시하고 일하지만 행복하게 일하는 그룹도 있고요. 그 과정에서 지분을 가진 직원들은 자연스럽게 경제적 보상을 받게 되죠. 한국은 아직 스톡옵션을 통한 보상과 스타트업 인수합병 문화의 선순환이 완전히 자리 잡지 못했기 때문에 어려움이 있는 것 같네요.

미국 같은 경우 서비스를 출시하면 대체로 글로벌 시장에서 통용되는 데 반해, 국내에서 서비스를 만들 때는 인구 5,000만 명의 내수 시장의 문제 해결을 중심으로 하다 보니 글로벌 시장의 수요와는 차이가 생깁니다. 시작부터 너무 다르기 때문에 같은 정도의 보상 체계를 바라기는 어려울 것 같아요.

　　최근에 글로벌 시장을 타깃으로 만든 서비스 중에서 게임 개발자에게 몇십억 규모의 인센티브를 제공한 사례가 있죠. 카카오의 경우도 IPO 이후에 초기 멤버들에게 큰 보상을 했고요. 국내에서 찾아볼 수 있는 사례는 게임 업계, 카카오, 네이버, 라인 정도가 아닐까 싶네요. 그렇지만 미국과 비교하면 규모가 확연히 다르죠. 페이스북의 경우 사원 번호가 50번 이하라면 최소 백억 대는 받지 않았을까 합니다(물론 주식 정리를 안 했다는 가정하에).

마　준용님 하면 '디지털 노마드'라는 키워드를 빼놓을 수 없죠. 저 역시 준용님께서 작성하시는 브런치 글을 꾸준히 봐 왔어요. 어떤 회사에 다닐 때 디지털 노마드 생활을 하였는지, 어떤 과정으로 시작하게 되었는지 굉장히 궁금합니다.

서　디지털 노마드 생활은 GoPro에 다닐 때 경험했습니다. 총 3년을 다니면서 실제 사무실에 출근했던 건 첫 6개월이 전부예요. 그다음 6개월은 뉴욕에 살면서 원격 근무를 했고요, 나머지 2년은 노마딩을 했습니다. 처음부터 계획했던 건 아니지만 뒤돌아보니 단계별로 나눠서 했던 셈이 되었네요(웃음). 샌프란시스코 생활 자체에 대한 고민이 있던 찰나에 마침 영주권을 받았어요. 그래서 샌프란시스코를 떠나서 뉴욕으로 옮겨야겠다고 결심했습니다. 당시에는 다니던 회사를 그만두고 뉴욕으로 가서 새로 직장을 구할 생각도 있었는데, 아무래도 뉴욕도 생활비가 만만치 않다 보니 부담이 되더라고요. 그래서 원격 근무를 시켜 주면 수월하게 뉴욕 현지에서 구직 활동을 해서 경제적 부담 없이 이직을 할 수 있을 것 같아서 원격 근무 요청을 했습니다. 마침 Zynga와 GoPro 두 회사 모두 원격 근무가 수월한 팀에 있었기 때문에 일주일에 한두 번 원격 근무는 크게 문제가 되지 않는 분위기였습니다. 뉴욕으로 이주를 결심하고 집과 차를 내놓고, 매니저에게 퇴사할 마음으로 동부로 이사를 간다고 평서문으로 선언을 했죠(웃음).

이야기를 하기 전에 세 가지 정도 매니저의 답변에 대한 시나리오를 구상했는데, 가장 모범 사례라고 생각했던 "내가 어떻게 도와줄 수 있을까?"라는 답을 들었습니다. 그래서 준비한 대로, 현재 회사와 팀에 굉장히 만족하는데 뉴욕으로 이사를 해야 하는 어쩔 수 없는 상황이고, 혹시 뉴욕에서 원격 근무를 할 수 있도록 지원해 준다면 계속 일을 하고 싶다는 의사를 밝혔습니다. 매니저가 인사팀과 매니지먼트와 상의 후에 답을 주겠다고 하더군요. 상의 후에 어느 정도 기간 동안 원격 근무를 하고 싶은지 물어왔어요. 사실 당시에 저도 뉴욕에서 살아 본 경험이 없었기 때문에 3~6개월 정도 살아 보고 계속 거주를 할지 샌프란시스코로 돌아올지 결정을 내려야겠다는 마음이 있었어요. 그래서 일단 3~6개월 정도만 원격 근무를 할 수 있으면 좋겠다고 해서 승인을 받았습니다. 대신 동부에서 서부 시간에 맞춰서 근무했어요. 오후 1시부터 밤 9시 정도까지. 그리고 3개월에 한 번 정도 샌프란시스코 오피스에 방문하겠다고 약속을 했습니다. 뉴욕 원격 근무 3개월 후 사무실에 와서 매니저와 면담을 했는데, 문제없이 잘하고 있고 이 정도로만 할 수 있다면 계속 원격 근무를 하는 것도 문제가 없을 것 같다는 피드백을 받았어요. 그래서 이직 준비를 딱히 않은 채로 뉴욕에서 원격 근무를 계속했습니다.

뉴욕에 오피스가 없어서 필요하면 화상으로 미팅을 하는 형태로 근무를 했는데, 6개월을 그렇게 일하다 보니 내가 일하는 곳이 딱히 뉴욕이 아니어도 상관이 없겠다는 생각이 들더군요. 어디에 있든 일만 잘하면 되잖아요. 피드백도 긍정적이었고, 원격 근무를 하는 동안 구조 조정도 있었는데 저한테 영향이 없었던 걸 보니 잘하고 있다는 생각이 들었습니다.

뉴욕에 있는 동안 시애틀, 보스턴 여행을 하면서 원격 근무를 하기도 했습니다. 회사에도 당당히 밝혔는데 크게 신경 쓰지 않는 눈치였어요. 원격 근무 6개월이 끝나갈 무렵 친한 친구가 캄보디아로 파견 근무를 간다고 하길래 캄보디아로 갔어요. 처음에는 시차나 인터넷 속도가 신경이 쓰였는데 잘 모르더라고요. 제가 뉴욕인지 어디인지(웃음). 그래서 그때부터 노마딩을 시작했습니다. 다만 아시아에 있을 때는 시차를 맞춰야 해서 밤을 새워서 근무했어요. 화상 통화를 할 때 조명을 켜고 흰색 배경에 있으면 어디인지 알 수가 없더군요(웃음). 그래서 에어비앤비로 살 곳을 구할 때 항상 흰색 배경이 있는 집을 찾아서 조명 세팅을 제일 먼저 했어요. 샌프란시스코에 거주했던 집이 월세 300만 원이었는데, 하루 숙박비 10만 원이면 세계 어디에서든 살 수 있겠다는 가정이 있었어요. 노마딩을 해 보니 실제로 그렇더라고요. 미국의 생활 물가도 워낙 비싸다 보니 다른 어느 나라에 살아도 크게 부담이 되지는 않았어요. 오히려 노마딩을 하면서 샌프란시스코에 거주할 때보다 저축도 조금 더 한 것 같습니다. 시작할 당시에는 이 생활이 2년이나 될 줄은 저도 몰랐지만, 2년간 노마딩을 하고 퇴사를 한 후, 지난달에 막 한국으로 돌아왔습니다.

마 준용님의 노마딩 생활을 글로 접하면서 회사에서 제도적으로 지원이 된다고 생각을 했는데 그런 게 아니었네요. 일주일에 하루 이틀은 원격 근무가 가능하지만 완전 다른 도시로 옮겨가서 근무하는 문화가 없던 곳에서 만들어 내신 건 줄은 생각을 못 했어요.

서 만들어 냈다기보다는 저 혼자 그냥 한 거죠(웃음). 사내에 풀타임 원격 근무라는 개념이 없었는데 저 같은 경우 뉴욕으로 가면서 예외적으로 인정이 된 케이스에요. 업무에 지장을 주지 않는 범위였기 때문에 법률적인 문제만 없다면 행여 회사에서 뭐라고 한다고 해도 크게 괘념치 않았을 것 같습니다.

마 그 이후로 계속 디지털 노마드 생활을 하셨는데, 가장 좋았던 나라를 꼽는다면 어디인가요?

서 두 나라가 생각이 나네요. 첫 번째는 지금 마르코님이 계신 싱가포르, 그리고 두 번째로는 도시는 여러 개였지만 일본이 마음에 들었어요. 노마딩을 하면서 제가 어떤 사람인지 조금 더 깨닫게 되는 계기가 되었습니다. 치안이 좋고 깨끗한 나라를 좋아한다는 사실을 알게 되었죠. 런던, 파리 같은 유럽 도시에도 있었는데, 물론 좋았지만 꼭 살고 싶다는 마음이 들지는 않았어요. 베를린이나 암스테르담에 못 가본 건 좀 아쉽네요. 싱가포르는 사실 큰 기대 없이 갔는데, 한국이나 일본보다 치안도 좋고 깨끗하고, 할 것도 많고, 주변에 여행다닐 수 있는 나라도 많고, 또 IT 쪽 기회도 충분히 있어서 정착하기에 좋겠다는 생각이 들었습니다. 일본 역시 비슷한 느낌이었어요. 음식이 맛있고, 사람들이 극단적으로 친절하고. 영어를 하면 사람들이 친절해지는, 영어가 권력이 되는 그런 나라였어요(웃음). 일본어 공부를 하고 있는데 실생활에서 일본어를 사용할 기회가 있다는 것 역시 굉장히 좋았어요. 그런데 일본에서 IT 분야로 기회가 가장 많은 도시는 결국 도쿄인데, 후쿠시마와 가깝다는 생각에 음식도 신경이 쓰여서 망설여졌죠. 일본에서는 오키나와, 오사카 그리고 삿포로에 머물렀는데, 최대한 후쿠시마에서 떨어진 곳들로 선택했거든요. 노마딩을 할 때는 잘 맞고 좋았지만 정착을 하기에는 어려움이 있다고 판단했죠.

마 실리콘밸리의 좋은 회사에서 일을 하셨고, 또 그 와중에 노마딩을 하고 높은 자유도도 경험하시면서 개발자로서 이상적인 생활을 해오셨어요. 최근에 한국으로 돌아가겠다고 결심을 하셨고, 그로 인해 많은 변화가 있으리라 생각이 됩니다. 준용님은 앞으로 어떤 삶의 계획을 가지고 계신지 궁금합니다.

서 돌이켜 생각해 보면 유학, 미국 취업, 노마딩을 포함해서 삶에 일어났던 큰일들이 그 시점으로부터 1년 전까지는 예상하지 못했던 경우가 대부분이었어요. 앞으로도 계속 그럴 것 같아요. 뭔가를 해야겠다고 미리 계획을 세우기보다는, 그때그때 상황 속에서 현재도 즐겁고 미래에도 즐거울 수 있는 일을 찾으려고 할 것 같습니다. 머릿속으로 큰 계획은 가지고 있어요. 지금 같은 경우는 '엔지니어로 내가 얼마나 더 경쟁력 있게 살 수 있을까'라는 생각을 합니다. 산업체부터 따지면 벌써 10년 넘게 엔지니어로 일을 하고 있더군요. 이렇게 오래 엔지니어로 일을 할 수 있을 줄 몰랐는데 말이죠. 엔지니어를 계속할 것인가, 아니면 다른 분야로 나가볼 것인가 고민 중이에요. 회사 역시 중간 규모의 회사들만 계속 경험을 했는데, 아예 작은 회사에 다녀볼까 아니면 구글, 페이스북과 같이 규모가 있는 회사에 도전을 해볼까 생각하고 있습니다.

　회사 같은 경우는, 재미있는 프로젝트를 하는 회사에서 좋은 제안을 받아서 일주일 후부터 일을 시작하는데 먼 미래가 어떻게 될지는 잘 모르겠어요. 결국은 제가 만족할 수 있는 좋은 곳을 잘 찾아다니고, 그럴 수 있도록 경쟁력을 유지하도록 노력하고, 경쟁력 유지가 어려울 것 같을 때는 경쟁력이 될 수 있는 다른 부분을 찾아서 메우고. 계속 그렇게 살아갈 것 같아요. 저 스스로도 제가 1년 뒤에 어디서 뭘 하고 있을지 잘 모르겠어요(웃음).

마 (웃음) 앞으로 어떻게 살아갈지 모르겠다는 막막함이 아닌, 내 1년 뒤는 아직 잘 모르겠지만 즐거울 것 같다는 막연함은 좋은 것 같아요.

서 네, 맞아요. 사실 어떻게 돼도 안 좋을 것 같진 않아요. 갑자기 IT 산업이 무너진다면 모르겠지만 그런 일이 5년 이내로 일어날 것 같지는 않고요. 변화는 계속 오고, 가만히 있으면 도태될 수 있다는 사실을 인지한 채로 살아가면 될 것 같아요. 잘 나가는 순간도 있을 테고 못 나가는 순간도 있을 테지만 순간순간을 유연하게 잘 살아가는 적응 능력이 더 중요하다는 생각이 드네요. 늘 열심히 적응하려고 노력하면서 살아가고 있습니다. 내년의 내가 어떨지 모르겠지만, 마르코님이 말씀하신 대로 막연해서 힘든 것보다 그때도 재미있고 행복하게 살고 있을 것 같다는 확신이 있어요.

마 준용님 이야기를 꼭 다뤄 보고 싶었던 건, 개발자로서 재밌고 즐겁게 살아가고 계신 분들 중에서도 특별한 이야기를 가진 분이라는 생각이 들었기 때문이에요. 많은 분들에게 영감을 줄 수 있는 이야기이기도 하고요. 정말 바쁜 시기에 시간을 내주셔서 정말 감사드립니다.

서 마르코님과 브런치에 글 쓰다가 서로 알게 되어서 싱가포르에서 직접 만나 뵙기도 했고, 이렇게 서로 인터뷰도 하고(웃음). 정말 재밌는 인연인 것 같아요. 제가 내년에 싱가포르에서 일을 하게 될 수도 있고요. 마르코님도 재밌게 살아가시는 것 같아서 건승을 빕니다. 오늘 인터뷰 중에 아무말 대잔치를 한 부분도 있겠지만 황금의 편집 잘 부탁드릴게요(웃음).

마 시간 내주셔서 정말 감사합니다.

서 오랜만에 한 시간씩 이야기하니까 재밌네요.

마 사심을 불어넣어서 궁금했던 부분을 많이 여쭤볼 수 있어서 정말 즐거운 시간이었어요.

서 서로 좋은 시간이었네요(웃음).

마 한국에서도 정착 잘 하시길 기원합니다.

서 집필 마무리 잘 하시고, 책 나오면 사서 보겠습니다.

스타트업 코파운더, 그리고 해외 취업

INTERVIEWEE
Seedly 개발자 **김희중**

김희중님은 그루폰 코리아에서 개발자로 사회생활을 시작하고, 명함 관리 앱 리멤버의 코파운더로 일을 하였다. 그리고 현재는 싱가포르에서 핀테크 스타트업인 Seedly에서 일하고 있다. 스타트업에 관심 있는 분들과 해외 취업에 관심 있는 분들께 도움이 되는 이야기를 나눌 예정이다.

마르코(이하 '마') 안녕하세요, 오늘은 김희중님을 모시고 인터뷰를 진행해 보려고 하는데요. 희중님께서는 한국에서 컴퓨터 공학과 전공을 하시고, 리멤버라는 명함 관리하는 서비스의 코파운더로 일을 하시다가, 현재 싱가포르에서 핀테크 스타트업의 개발자로 일을 하고 계세요. 한국에서의 스타트업 경험과 싱가포르에서 해외 취업 경험을 나눠 주실 예정이라 많은 분들께 도움이 될 것 같습니다. 오늘 이렇게 늦은 시간에 시간 내주셔서 감사하고요. 희중님 자기소개 부탁드릴게요.

김희중(이하 '김') 안녕하세요, 저는 김희중이라고 하고요. 현재 싱가포르에서 Seedly라고 하는 핀테크 스타트업에서 풀스택 개발자로 일하고 있습니다. 반갑습니다.

마 (짝짝짝) 희중님, 제가 알기로 컴퓨터 공학과 전공을 하신 거로 알고 있는데요. 컴퓨터 공학과 전공이라고 해도 많은 분들이 다 개발자가 되는 건 아닌 거로 알고 있어요. 그래서 대학교 때 어떻게 공부를 하셨고, 어떻게 생활을 하셨는지 궁금합니다.

김 저는 일단 컴퓨터 공학 전공을 했고요. 사실은 학교 때 기억이 많지는 않아요. 왜냐면 학교랑 일을 계속 병행했거든요. 일을 하는 중간중간 학교에 갔기 때문에 크게 학교에 대한 기억은 없는 것 같아요. 주위에 제 동기들을 봐도 개발자가 많지는 않은 것 같아요. IT 기업을 많이 가기는 하는데, IT 기업의 다른 부서로 가는 경우가 많은 것 같습니다. 인사팀에 간 친구도 있고, 개발자가 된 사람은 별로 없어요.

마 희중님이 컴퓨터 공학과로 진학하게 된 계기가 궁금합니다.

김 딱히 이유는 없었어요. 저는 원래 기계치인데요. 그냥 점수 맞춰서 선택해야 하는 상황이었는데, 그중 그나마 컴퓨터 공학과가 다른 과에 비해서 가장 나아 보였어요.

마 그럼 공학 계열로 진학을 하려고 생각은 하고 계셨는데, 전공에는 열려 있었다는 말인가요?

김 네, 맞아요.

마 그중에서 컴퓨터 공학과를 한 번 가봐야겠다고 선택하신 거고요?

김 맞습니다.

마 학교에 다니면서 계속 일을 했다고 하셨는데, 학교에 다니면서 어떤 식으로 개발자로 일을 하셨는지 이야기를 들려주실 수 있을까요?

김 처음에는 군대에 가려고 알아보던 중에 개발병이라는 게 있다는 걸 알게 됐고, 공군 개발병에 지원을 해서 2년 정도 일을 했어요. 그리고 복학을 했는데, 제 후임이었던 형이 저를 첫 회사였던 그루폰 코리아 에 소개해 줬어요. 그때부터 일을 하면서 학교생활을 병행하기 시작 했고요. 그루폰 코리아에서 9개월 정도 일을 하고 다시 복학해서 1년 정도 공부를 한 것 같아요. 그리고 리멤버의 전신인 회사에 합류하게 되었죠.

마 제대하시고 그루폰 코리아에서 일을 하셨는데, 그루폰 코리아가 어 떤 회사고 어떤 프로젝트를 진행했는지 궁금합니다.

김 그루폰 코리아는 다들 아시겠지만 소셜 커머스의 원조인 회사예요. 2011년 정도에 한국에 출시했고요. 출시 후 2달 정도 후에 제가 입사 했던 것 같아요. 저는 거기서 파트너 관련 웹 서비스를 개발했어요. 유저 쪽과 관리자 페이지도 같이 했고요. 당시에 제가 가장 어린 편 이었어요. 20대분들이 많아서 정말 재밌게 다녔던 거로 기억해요. 물 론 일이 많아서 야근도 하곤 했는데요, 출근하는 기분보다는 형 누나 들 만나러 가는 기분이었어요.

마 외국계 기업 특유의 문화 같은 게 있었나요?

김 제가 일하는 부분에서는 사실 본사와 같이 업무를 할 기회가 많지 않아서 잘 모르겠지만, 특히 입사 당시에 굉장히 자유로웠어요. 생긴 지 얼마 안 된 회사여서 체계는 없었지만 그 이후에 점점 자리를 잡아가더라고요.

마 이어서 리멤버에 관련된 질문을 드리고 싶은데요. 리멤버가 굉장히 빠르게 성장하기로 업계에서 유명했는데요. 리멤버에서 일을 하면서 회사가 팍팍 성장하는 모습을 지켜보셨을 것 같아요. 그 부분이 어떻게 느껴졌나요?

김 이게 밖에서 보기에는 팍팍 성장한 것처럼 보이기는 하는데, 저는 그 회사에서 4년 가까이 다녔거든요. 사실 꾸준히 성장한다는 건 보였는데, 팍팍 성장한다는 게 느껴지진 않았어요. 매일 거기 있으니까요. 하지만 스타트업을 다니면서 굉장히 많이 배운 것 같아요. 스타트업이라는 곳이 원래 적은 인원으로 많은 걸 해야 하잖아요.

마 그렇죠.

김 그러면서 다방면으로 많은 걸 배운 것 같아요. 일하는 거나, 프로세스 같은 부분에서요.

마 리멤버에서는 어떤 포지션으로 일을 하셨나요?

김 저는 안드로이드 개발자로 3년 정도 일하다가, 웹 풀스택 개발자로 전향했어요.

마 성공한 스타트업인 리멤버의 개발 문화가 궁금합니다. 특색이 있다고 느끼는 부분이 있을까요?

김 제가 다른 회사에 가 본 적이 없어서 다른 회사가 어떤지를 잘 모르겠어요. 하지만 정말 좋았던 점은 개발팀을 정말 아낀다는 점이에요. 개발자에게 개발에 대한 모든 걸 맡겨 주는 분위기여서, 정말 좋았어요.

마 어떻게 보면 한 회사에서 4년 가까이 일을 하다가 퇴사를 선택하기가 쉽지 않았을 것 같은데, 어떤 이유로 퇴사를 결정하게 되셨나요?

김 처음에는 퇴사 생각은 전혀 없었어요. 언젠가 퇴사하겠다는 생각조차 없었던 것 같아요. 중간에 한 번 번아웃을 경험했는데요. 그때 기분이 정말 많이 처지더라고요. 많이 다운되고 일도 하기 싫어지고. 그때 여행을 많이 다녔어요. 번아웃을 극복해 보려고요. 어느 정도 극복하긴 했는데, 예전처럼은 못하겠더라고요. 그런 것도 있었고, 4년이나 하다 보니 쉬고 싶다는 생각도 있었어요. 그리고 다른 건 어떤 걸 해 볼 수 있을까 하는 생각도 들었어요.

마 한 회사에 오래 다니면서 거기서의 전문성이나 기억이 많이 있으면서도, 스타트업이라 많이 바빠서 지치셨을 것 같아요. 새로운 시작이나 휴식이 필요하시지 않았나 싶네요.

김 네, 맞습니다.

마 리멤버가 네이버에 매각됐다는 소식을 들었어요. 그게 맞나요?

김 네, 저도 그 이야기를 전해 들었는데요. 네이버에 매각된 사실이 맞습니다. 이미 공시도 되었고요.

마 퇴사를 하고 현재 싱가포르에서 개발자로 일하고 계시는데요. 퇴사한 후 쉬고 싶었다고 말씀해 주셨는데, 어떻게 싱가포르에 오게 되었는지 이야기를 들려주실 수 있을까요?

김 사실 퇴사 후에 무엇을 해야 할지에 대해서 굉장히 고민을 많이 했어요. 쉬고 싶은 마음도 있었는데, 시간을 잘 쓰고 싶다는 생각도 들었어요. 그래서 예전부터 해 보고 싶은 걸 해 보자는 생각도 있었고, 공부를 해 보자는 생각도 있었어요. 그래서 처음에 두 가지를 생각했는데, 1년 정도 어학연수를 하거나, 1년 정도 세계 일주를 하거나였죠. 원래 퇴사하고 잠깐 리본즈라는 회사에서 아르바이트를 했거든요. 그 회사에서 아르바이트를 하다가, 같이 일하지 않겠냐고 제안을 해 주셨어요. 지인분께서 거기에 다니면서 추천을 해 주셨거든요. 그런데 저는 해외로 나가고 싶어서 거절했는데, 회사에서 본사가 싱가포르에 있으니까 거기에서 일해 보는 건 어떠냐고 제안을 주셨죠. 생각해 보니 돈도 벌고 해외에서 생활도 해 볼 수 있고, 영어권 국가니까 나쁘지 않은 선택인 것 같아서 결정하게 되었습니다.

마 싱가포르에 살아보니까 어떠신가요?

김 똑같은데요(하하).

마 처음에 싱가포르에 왔을 때 불편한 점이 있었을 것 같아요.

김 사실 저는 영어 공부를 별로 안 하고 싱가포르에 왔어요. 영어를 잘하지 못하는 상태에서 싱가포르에 왔고, 지금도 영어를 잘 못 해요. 그래서 너무 힘이 들어요.

마 그러면 싱가포르에 와서 영어 공부를 하신 건가요?

김 오기 전에 1:1로 일주일에 2번, 2달 정도 영어 공부를 하기는 했는데요, 2달 정도로는 전혀 소용이 없더라고요. 왔는데 너무 영어가 안 들려서 고생을 많이 했어요. 싱가포르에 와서 첫 회사를 퇴사하고 3

개월 정도 매일 가야 하는 영어 수업을 들었어요.

마 성인이 돼서 영어 공부를 한다는 게 쉬운 일이 아닌데요. 싱가포르에서 영어 공부를 해서 개발자로 다시 일을 하겠다는 목표가 있었던 거잖아요? 어떤 식으로 영어 공부를 하셨는지 공유해 주시겠어요?

김 저는 유튜브를 많이 이용했어요. 유튜브에 보면 짤막하게 나오는 강의 영상들이 많거든요. 요즘 유튜버들이 영어 교육 영상을 많이 올리더라고요. 그래서 그런 것 중에서 좀 듣기 쉬운 것, 느리게 해 주시는 분들 것 위주로 많이 들었어요. 그런데 영어 공부할 때 제일 도움이 많이 되었던 건 인터뷰를 준비하는 게 제일 도움이 많이 되었어요.

마 (웃음) 인터뷰를 준비하는 과정이 어떻게 영어 공부에 도움이 되었나요?

김 일단 인터뷰를 보러 가기 전에는 연습을 많이 하고 가야 하거든요. 그게 도움이 제일 많이 되었던 것 같아요.

마 최근에 싱가포르에서 개발자로 다시 일을 하기 시작하셨는데요. 이번 직장을 구할 때 어떤 게 희중님께 가장 중요했는지 궁금합니다.

김 저는 일단 회사 분위기도 중요했고요. 인터뷰를 진행하는 동안 면접관으로 들어오신 분들의 느낌 같은 부분을 잘 살펴봤어요. 같이 일하면 좋을 것 같다는 생각이 드는 게 중요했어요. 그리고 연봉도 당연히 전 직장보다는 많아야 했고요. 제일 중요한 건 제가 하고 싶은 분야를 할 수 있느냐가 중요했어요. 지금 직장 같은 경우는 굉장히 초기 스타트업이라 할 게 굉장히 많고요. 그리고 제가 원하면 무엇이든 하게 해 주는 그런 회사라서 선택을 하게 되었습니다.

마 입사하고 지금 한 달 정도 된 거로 아는데, 회사에서 어떤 일을 중점적으로 하고 계신가요?

김 지금 풀스택 개발자로 일하고 있는데, 백엔드보다는 프런트엔드 쪽에 집중을 하는 시기에요. 프런트엔드만 전담으로 개발하던 분이 나가게 되면서 제가 그 부분을 맡게 되었거든요.

마 희중님께서 예전에는 모바일 쪽에서 경력을 쌓으시고 서버 쪽도 경험을 쌓으신 거로 알고 있는데, 이번에는 완전히 새로운 분야로 옮겨 가셨어요. 그런 결정이 쉽지 않았을 것 같은데요. 왜 프런트엔드 쪽으로 포지션을 옮겨 갔는지 궁금합니다. 한국에서는 경력이 없는 분야로 옮겨 가기가 쉽지 않잖아요. 이번에 프런트엔드 쪽으로 포지션을 옮기면서 회사에 스스로를 어필하는 방법이 있었을 것 같아요.

김 어려운 부분이긴 한데요. 저는 지금 와서 고민을 하고 있는 부분인데, 제가 경력을 좀 난잡하게 쌓았거든요. 예전에는 그런 부분에 대한 고민이나 생각이 전혀 없었어요. 제가 안드로이드 개발을 하고 싶고 회사에서 시켜 주면 일단 하는 거고, 제가 백엔드를 하고 싶다고 했을 때 회사에서 시켜 주면 하는 거고요. 그런 생각으로 일을 해 왔는데, 제가 생각하기에는 싱가포르도 한국과 크게 다르지 않은 것 같아요. 일단은 경력이 있어야 면접 보기에 유리한 것 같고요. 저는 프런트엔드 경력이 없어서 프런트 쪽으로 지원했을 때는 서류에서 떨어진 적도 많아요. 저 같은 경우에는 풀스택 개발자로 2~3년 정도 일을 했는데, 비교적 옛날 경험이었거든요. 최근에는 1년 정도밖에 풀스택으로 개발을 안 해서, 어디 가서 저 프런트엔드 개발해 봤다고 말하기 힘들더라고요. 인터뷰를 볼 때 그래서 힘들었는데요. 그래도 이번 회사에 면접을 볼 때는 준비를 많이 하고 갔어요. 이번 회사가 거의 가장 마지막에 면접 본 회사 중의 하나였거든요. 그간 면접 준비했던 것들이 쌓이면서 답변이 막히는 질문은 거의 없었어요. 과제도 수월하게 했고요.

마 준비를 많이 하셨다는 건 인터뷰 준비를 많이 하셨다는 건가요? 포트폴리오를 준비하셨다는 건가요?

김 인터뷰 준비를 말씀드린 거고요. 회사에서 제출한 과제를 열심히 하기는 했는데, 프런트엔드 쪽으로는 따로 포트폴리오를 낼 게 없었어요.

마 그러면 기존에 풀스택으로 일하신 경험이랑 인터뷰를 따로 준비를 하셔서 그렇게 진행을 하셨군요. 프런트엔드가 다른 분야에 비하면 비교적 최근에 많은 개발자들의 관심을 받고 있는데요. 프런트엔드도 인터뷰를 준비하는 과정은 쉽지 않을 것 같아요. 깊게 들어가자면 정말 깊이도 있고요.

김 일단 구글에 프런트엔드 질문이라고 검색하면 많은 내용이 나오는데요. 일단 그걸 다 봤어요. 그리고 깊게 많이 팠어요. 초반에는 대충 훑어보고 나갔는데, 그렇게 인터뷰를 보면 볼수록 더 깊이 있는 질문들이 나오거든요. 그럴 때 막히더라고요. 그래서 질문에 대해서 다각도로 생각하려고 노력을 많이 했어요.

마 싱가포르에 처음 오시면서 상상했던 것과 실제로 일을 해 보시면서 느끼는 차이점이 있을 것 같아요. 그런 부분에 대한 경험을 나눠 주시겠어요?

김 일하는 건 비슷한 것 같은데요. 싱가포르에서는 일단 야근이 거의 없고요. 휴가를 되게 자유롭게 쓰는 분위기에요. 재택근무하는 사람도 있거든요. 출퇴근 시간도 크게 중요하게 생각하지 않고요. 싱가포르의 일하는 문화는 전반적으로 좋은 것 같아요.

마 희중님께서 한국에서 스타트업을 경험하시고, 이렇게 싱가포르에서 생활을 하고 계신데요. 앞으로 개발자로서 어떤 계획을 가지고 계신가요?

김 저는 사실 그런 계획 같은 걸 잘 안 세우는 편이기는 해요. 그래도 이번에는 개발을 조금 더 폭넓게 해 보고 싶다는 욕심이 있어요. 개발을 할 때 제가 약한 부분들이 있는데, 그런 부분을 채우고 싶고요. 경력도 어느 정도 쌓였기 때문에, 시니어급 개발자가 되기 위해서는 조금 더 깊이 있게 공부를 해야 할 것 같아요. 더 많이 경험해 보고, 더 깊게 공부해 보고 싶네요.

마 희중님, 늦은 시간에 시간 내주셔서 감사합니다. 희중님께서는 한국 스타트업에서 긴 시간을 경험하셨기 때문에, 한국에서 스타트업의 꿈을 꾸는 사람들에게 도움이 될 것 같아요. 그리고 지금 싱가포르에서 일하고 계시니까, 해외 취업을 생각하는 개발자분들에게도 오늘 들려주신 이야기가 도움이 될 것 같아요.

김 감사합니다.

인문학도,
개발자되다

1판 1쇄 발행   2018년 11월 30일
1판 3쇄 발행   2020년 10월 30일

저   자 | 마르코
발 행 인 | 김길수
발 행 처 | (주)영진닷컴
주   소 | (우)08507 서울특별시 금천구 가산디지털1로 128 STX-V타워
　　　　　4층 401호
등   록 | 2007. 4. 27. 제16-4189호

ⓒ2020. ㈜영진닷컴
I S B N | 978-89-314-5959-3

도서문의처 | http://www.youngjin.com   **YoungJin.com Y.**
영진닷컴